ILUSTRES PERDEDORES

Todos perdieron algo.
Todos nos ganaron para siempre.

Emmanuel Ramiro

Ilustres perdedores / Emmanuel Ramiro - 1a ed. -
LIBROFUTBOL.com, 2021.

232 páginas; 22,9 x 15,2 cm.

ISBN 978-987-8370-36-1
1. Fútbol.
CDD 796.33409

ILUSTRES PERDEDORES
De Emmanuel Ramiro

Maquetación: Luciano Medvetkin
Foto del autor: © Emmanuel Ramiro

LIBROFUTBOL.com
Olga Cossettini 1112 - oficina 8F - Ciudad de Buenos Aires - Argentina

ediciones@librofutbol.com

+54 9 11 2215 1982

@librofutbol

1ª edición: agosto 2021

ISBN 978-987-8370-36-1

CONTENIDO

Marisa, Antonio; el primer nieto ha salido libro.

PRÓLOGO

La primera vez que me reclamaron para escribir un prólogo fue para el libro titulado *Ahogados en la orilla*, de Carlos Molina. El subtítulo despeja cualquier duda sobre la temática de la obra: "Grandes derrotas de la historia del deporte". Que años después me soliciten otro prólogo sobre un trabajo que lleva por nombre *Ilustres perdedores* es un asunto que me hace reflexionar. Parece evidente que existe una asociación entre mi persona y la calamidad deportiva.

Constatado el hecho, no me queda más remedio que asumirlo con entereza, incluso con cierto orgullo. La derrota, entendida como lo que pudimos ganar o lo que directamente perdimos, ofrece el consuelo de la evocación permanente. Observen al Bogart de Casablanca. El mito de Rick reside en la glorificación de la derrota. Que ella se vaya con otro es el requisito imprescindible de la inmortalidad. Pierde al amor, ganan el bar y la literatura. Otro tanto podríamos decir del Jack Dawson de Titanic. La historia de amor es perfecta porque él desaparece en las profundidades del Atlántico. Hizo bien ella en no dejarle sitio en la tabla, así evitó una lenta decadencia de michelines y decepciones. El fracaso es un final tan abierto que ni siquiera es un final. Volvemos eternamente a lo que pudo ser, al amor de la infancia o al gol de Cardeñosa (ya ven, al final lo marcó).

De esto trata *Ilustres perdedores*. De tipos que imaginaron el final donde estaba el principio. De los desastres esplendorosos que cantaba Zorba el Griego. Y del corazón de la gente. Los grandes campeones nos subyugan, pero cuando pasa el tiempo descubrimos que es más vivo el recuerdo de los campeones pequeños, o de los que nunca lo fueron. Mientras escribo pienso en Poulidor, tenido por el eterno segundón de la historia del ciclismo y en realidad el corredor más querido de cuantos han nacido en Francia. Hace falta estar enfermo de nostalgia para

acordarse de un tenista sueco llamado Mikael Pernfors, sin más gloria que haber sido finalista de Roland Garros en 1986. Pues yo me acuerdo, porque quise ser él por muchas y poderosas razones: yo también era bajito y tenía un Lacoste azul. Lo recuerdo con la misma nitidez que rememoro las oportunidades perdidas. Igual que recuerdo mejor los besos que me negaron que los que me dieron.

Para acotar el universo en expansión del fracaso, este libro pone el foco en el fútbol, en personajes conocidos y en otros que descubrirá el lector para, a continuación, sentirse fascinado por ellos. Quisiera aclarar que no se trata de perdedores al uso, en tanto ellos hicieron realidad el sueño frustrado de muchos de nosotros: jugar en grandes equipos. En comparación con ellos, y en muchos sentidos, todavía salimos perdiendo. Lo que les ocurrió es lo que sucede tantas veces, que la vida se atraviesa como un mal hueso en la garganta. Sus vidas nos atrapan porque todavía nos cuesta aceptar que los ídolos del deporte sean totalmente humanos, tendemos a pensar que están inmunizados contra desgracias corrientes como la mala suerte en sus múltiples variedades.

Cada historia daría para una novela en la que el fútbol sólo es el decorado Por los relatos que aquí se describen circulan espías, nazis y policías de la Stasi, también intolerantes, incomprendidos y enamorados. Lutz Eigendorf se fugó a Occidente cuando era el futbolista estrella de la Alemania Oriental. Convertido en hombre libre soñaba con reunirse con su familia, pero el gobierno 'democrático' no soportó la afrenta y se vengó con la ira del mil demonios. No esperen aquí finales con beso, aunque los besos no faltan, ni los vítores. Algunos se vieron condenados por esas mismas aclamaciones, como Matthias Sinderlar, el hombre de papel, un tipo valiente aun antes que un futbolista extraordinario.

Y qué decir de Moacir Barbosa, dos veces muerto por el único crimen de estar en el momento inoportuno en el lugar inadecuado. O de Canhoteiro, un nombre evocador que se ha traspapelado en los archivos del fútbol como tantas promesas incumplidas. Dejó escrito Albert Camus que todo lo que sabía con mayor certeza sobre la moral y las obligaciones de los hombres se lo debía al fútbol. De eso trata este libro, del mundo que se mueve alrededor de un balón que gira.

Al autor lo conocerán a través de estas páginas, que es la forma adecuada de presentarse. Yo lo vi por primera vez un día que llamó a nuestra puerta, una pequeña redacción que habíamos montado en una plaza de postal. Lo vi nuevamente en las sucesivas veces que volvió a llamar, hasta que por fin le hicimos sitio, o mejor será decir que nos lo hizo él a nosotros. Hay personas (pocas) tan determinadas, tan absolutamente convencidas del camino, que no se incorporan, sino que te incorporan, y en poco tiempo pasas de ser el guía con la linterna al prologuista de su primer libro. Emmanuel Ramiro tiene esa mirada.

De los más de mil goles que marcó Pelé, los más recordados son, curiosamente, los que no marcó. Se tienen por goles de Pelé remates que no acabaron dentro de la portería, pero que han quedado incluidos en la antología de su genialidad. Es la demostración del valor de las obras incompletas. No es necesario que todo acabe con un círculo perfecto. Son preferibles las líneas que no acaban, hasta las que no acaban bien. Aquí encontrarán un muestrario. El viaje, además de entretenido, les será de máxima utilidad. Ya no se volverán a sentir solos cuando fallen un penalti.

Juanma Trueba

CAPÍTULO 1

MOACIR BARBOSA. LAS DOS MUERTES DEL PORTERO

Las huellas del fútbol, tal y como lo conocemos hoy, no se extienden hasta la antigua Grecia. Y eso que el deporte ya estaba allí, concretamente desde que en el 776 a. C. se disputaron los primeros Juegos Olímpicos de la Antigüedad. Aunque lo cierto es que los atletas que saltaban a la palestra tras años de formación y entreno rendían un culto al cuerpo muy parecido al que vemos ahora en la gran mayoría de futbolistas, la pelota no estaba invitada a aquella fiesta. De hecho, tardaría bastantes siglos en estarlo, y cuando lo hizo fue a regañadientes. En tiempos de Platón, Aristóteles o Sócrates (el filósofo, no el futbolista), en cambio, sí se trazaron las líneas maestras de nuestra civilización y los pilares sobre los que se asentaron los relatos y las epopeyas deportivas, los mitos y leyendas que mucho tiempo después seguirían alimentando la superación del ser humano. La esencia del *Citius, Altius, Fortius* remite a aquellos días.

Los mismos en que Aristóteles escribió su tratado sobre la *Poética*. Una obra que es, sobre todo, un estudio de la tragedia entendida desde un punto de vista artístico. Esta consiste en imitar situaciones serias con lenguaje elocuente y pulcro, dándole un carácter completo y espectacular, marcando cada segmento con secuencias dramáticas que movilicen las emociones más intensas y que culminen en una catarsis final de los protagonistas y el público, con la que se expíen tales pasiones. En la tragedia lo fundamental es la trama, y esta se manifiesta a través del comportamiento de los personajes frente a las situaciones de la vida. Unos personajes que oscilan entre dos extremos de una misma cuerda que conecta la dicha con la miseria. La misma que transitó Moacir Barbosa a lo largo de su vida.

Meses después de su nacimiento, Brasil perdía ante Argentina la quinta edición de la Copa América, pero esta vez él no tuvo nada que ver. En Rio Branco, en el estado de Acre, al noroeste de Brasil, había nacido en 1921 un niño que pronto mostraría su predilección por la pelota. Lo hizo como lo hacían todos: corriendo detrás de ella con el único deseo de marcar goles. La portería llegaría después. El primer hogar en un terreno de juego para Moacir Barbosa sería el costado zurdo, bien pegado a la línea de cal. Como extremo izquierdo despuntó en el Almirante Tamandaré, mientras se ganaba la vida trabajando para la empresa de limpieza del Laboratorio Paulista de Biología. La siguiente oportunidad le llegó en el Clube Atlético Ypiranga, un modesto club de São Paulo. Era 1941, y solo cuatro años después estaría defendiendo la portería del Vasco da Gama, uno de los grandes equipos de Río de Janeiro.

Barbosa nunca se había puesto bajo palos en un partido oficial hasta que no llegó a Ypiranga. En el modesto club paulista descubrieron a un portero seguro y ágil, que sorprendió a todos por su destreza bajo los palos. La portería, como suele suceder con los regalos envenenados, se presentó ante él por casualidad, como un cheque en blanco hacia la titularidad, como un gran escaparate en el que lucir siempre su atlética figura. Moacir atendió así el encargo de su cuñado, a la postre dueño del equipo, ante la ausencia de guardameta. Sería algo temporal, le dijeron. Jugó la friolera de 1.300 partidos bajo palos. Sin guantes, pero con rodilleras, pronto llamó la atención de los grandes equipos locales, aunque no fue hasta 1944 cuando, apadrinado por el mítico Domingos da Guia, se marchó al Vasco da Gama, lo que supuso también un traslado de ciudad. Atrás quedaba São Paulo. Río de Janeiro sería su nuevo hogar.

Vasco da Gama y su lucha contra el racismo

El Clube de Regatas Vasco da Gama ya era un histórico a mediados de la década de los 40, camino de su cincuentenario. Había sido fundado en 1898 por un grupo de remeros, que inspirados en las celebraciones del cuarto centenario del descubrimiento de la ruta marítima hacia las Indias (1498), decidieron darle al club el nombre del portugués que culminó dicha hazaña: el navegante Vasco da Gama. Ya en los meses siguientes a su fundación, el fútbol experimentó una explosión de popularidad en Río de Janeiro, y la nueva entidad anhelaba trasladar al césped sus éxitos en el agua. En noviembre de 1915, una fusión con el Lusitania lo permitió, cuando nació la sección de fútbol del Vasco da Gama.

El cariz polideportivo de la entidad se ha ido multiplicando a lo largo de los años con secciones de atletismo, voleibol, fútbol playa, baloncesto o halterofilia, en las que se ha competido bajo el nombre del mítico almirante, todos ataviados con la vestimenta y el escudo característicos del club. Una camiseta negra con una franja diagonal blanca que cruza el pecho, en el que reluce en el sector izquierdo la cruz de la Orden de Cristo, la misma con la que Vasco da Gama surcó el Atlántico. La combinación de negro y blanco simboliza la integración racial y étnica, en un país donde a principios del siglo XX el esclavismo campaba a sus anchas y los negros tenían prohibida su participación en la gran mayoría de los deportes. En la lucha contra el racismo, el *Vascão* fue un club pionero al incluir la elección del primer presidente de raza negra, Cândido José de Araújo[1], en la historia de los clubes deportivos de Río.

La atmósfera resultaba menos asfixiante y la integración deportiva de los negros ya era mayor cuando Moacir llegó a São Januario, la casa del Vasco da Gama desde 1927. Allí se hizo rápidamente el dueño de la portería en un equipo que iba a dominar el fútbol brasileño en los siguientes años. El portero sería pieza fundamental de *O Expresso da Vitória*[2], apodo con el que se conoce al equipo que conquistó cinco títulos estatales entre 1945 y 1952 y el Campeonato Sudamericano de Campeones (1948), un torneo que la Conmebol reconoce como precursor de la Copa Libertadores. Disputado en Santiago de Chile, los pupilos de Flávio Costa lograron el título terminando la liguilla invictos ante equipos legendarios como el Nacional de Atilio García, el Colo-Colo o La Máquina de River Plate, comandada todavía por Pedernera, Labruna y Loustau, junto a las primeras apariciones de un joven llamado Alfredo Di Stéfano. Esa tarde, Barbosa levantó una muralla inexpugnable para negar el gol una y otra vez a los *Millonarios*. El 0-0 final dio el título a los brasileños y confirmó a Moacir como el mejor cancerbero sudamericano después de encajar solo tres tantos.

Aquellos años de esplendor del Vasco da Gama se explican a través de su devastadora delantera. Para alcanzar los títulos, el equipo se aposentó en dos férreos pilares: el cancerbero Barbosa y el imponente zaguero Ely. Su contundencia y exuberancia física les convertían en un escalón insalvable para los rivales. Por delante de ellos se situaban

1 Fue elegido presidente el 7 de agosto de 1904.
2 El expreso de la victoria.

Maneca y Danilo, muy dotados en el trato de balón y con una visión panorámica. Posiblemente los mejores creadores de juego que hayan visto nunca con la camiseta cruzmaltina. Ambos eran los encargados de surtir de munición a los artilleros, un tridente formado por Ipojucan, Chico y Ademir de Menezes. Sus grandes actuaciones con el Vasco da Gama abrieron la puerta de la *seleção a Moacir.* Con él en la portería, Brasil volvería a alzar una Copa América 27 años después. Ocurrió en 1949, apenas 14 meses antes del Maracanazo.

Brasil se paseó por el torneo. Como era habitual entonces, la competición consistió en una liguilla entre los ocho países que acudieron al torneo. Especialmente significativa resultó la ausencia de Argentina, sumida en una huelga de futbolistas que le impidió conformar siquiera un combinado nacional. De goleada en goleada, Brasil alcanzó la última jornada y se vio las caras con Paraguay, que le derrotó 2-1. Los goles de Ávalos y Benítez remontaron en escasamente 10 minutos el gol inicial de Tesourinha. La revancha se disputó apenas tres días después, el 11 de mayo de 1949, ya que ambos combinados habían terminado empatados a 12 puntos. La respuesta brasileña fue demoledora. Heridos en su orgullo, los brasileños pasaron por encima de los paraguayos con otra goleada de escándalo (7-0). Moacir no solo dejó la portería a cero con sus intervenciones sino que además levantó el Campeonato Sudamericano de Selecciones en casa, ya que la final se jugó en el estadio São Januario ante 55.000 espectadores.

Brasil 1950: la fiesta que acabó en tragedia

El Brasil que se despereza en el amanecer de la década de los 50 es un país que busca formar su identidad. Son varios mundos compartiendo un vasto territorio, un gigante dormido marcado por las desigualdades, por diferentes culturas y por el mestizaje. En 1950 Río de Janeiro todavía es la capital de un país que parece orbitar alrededor de sus playas, de Copacabana a Ipanema, con el Corcovado amenazante desde las alturas, en un carnaval sin fin. Esa era la imagen que se proyectaba al exterior, potenciada en aquel momento por el altavoz de la pelota. Y eso que por entonces Brasil no era el país del *futebol*. Eso llegaría después, con los títulos mundiales. Por no haber no había ni un campeonato nacional, solo potentes torneos regionales, como el Carioca en Río o el Paulista en São Paulo, que habían labrado su tradición desde los años 20. "Estábamos orgullosos de ver los estadios, pensábamos que debíamos ser un país importante", anotaría tiempo después el escritor brasileño João Máximo, testigo privilegiado de la tragedia que su país estaba a punto de vivir personificada en la figura de Moacir Barbosa.

Pero ese orgullo no daba de comer a los 54 millones de brasileños que poblaban un país eminentemente pobre aunque emergente, con una gran cantidad de recursos mal repartidos. La mayoría de la población residía en zonas rurales. Más de la mitad no sabía leer ni escribir. Y las favelas formaban parte del paisaje, aunque todavía no eran las barriadas sobrepobladas y gobernadas por la violencia que nos enseñó *Ciudad de Dios*. El hombre encargado de dirigir los designios de esa población era un militar electo, admirador de Mussolini, que derivará en dictador de carácter nacionalista y populista. Getulio Vargas era el presidente del país que organizaba la cuarta Copa del Mundo de Selecciones, la primera tras la Segunda Guerra Mundial.

Las cámaras también accedieron a los estadios, aunque la televisión, ya existente en EE.UU., Alemania o Gran Bretaña, era un objeto del futuro en Brasil, inalcanzable para la gran mayoría de su población pese a que la primera cadena brasileña, TV Tupi, inauguró sus retransmisiones poco después del Mundial, el 18 de septiembre de 1950. La radio era hasta entonces el único lazo con el mundo exterior, incluido lo que ocurría en el resto del país. Así que iba a ser la radio la transmisora de la peor pesadilla del país en todo el siglo XX. Fue a través de las ondas como la gran mayoría de los brasileños escucharon el discurso de Ângelo Mendes de Morais. El alcalde de Río de Janeiro estaba en Maracaná el 16 de julio de 1950, e instantes antes de que comenzara la final del Mundial se dirigió a los espectadores y a los propios futbolistas en estos términos: "Vosotros, que de aquí a unos minutos seréis campeones del Mundo. Vosotros, que no tenéis rival en todo el planeta. Vosotros, a los que ya os saludo como campeones. Yo cumplí mi palabra construyendo este estadio, cumplan ahora su deber ganando la Copa del Mundo". Consciente de lo que les esperaba, Obdulio Valera, capitán uruguayo, soltó una frase a sus compañeros que la historia se encargaría de encumbrar: "Los de afuera son de palo". La prensa escrita tampoco se quedó atrás anticipando la victoria. El periódico *O Mundo* amaneció esa mañana con una foto en portada del equipo y el titular "¡Aquí los campeones del Mundo!". En medio de un país que busca reafirmar su autoestima, encontrar una identidad común, los jugadores que saltan en ese momento al césped del Maracaná no son vistos como un grupo de deportistas, representan más bien un conjunto de

soldados defendiendo a su patria. Esa es la identificación que impera entre los *torcedores*.

"Sabíamos que Brasil si te marcaba uno o dos goles en los primeros 45 minutos te goleaba. Entonces había que mantener la puerta cerrada y así fue. Al descanso nos fuimos con 0-0", rememoraba años después Alcides Gigghia al intentar entender las claves de la victoria charrúa más recordada. El plan uruguayo seguía su curso, ya que fue un primer tiempo descafeinado de la *seleção*, en el que el propio Moacir tuvo que intervenir en varias ocasiones para conservar el empate, un resultado que le hubiera bastado a los brasileños para conseguir el título. Dos minutos después de la reanudación, Ademir conectó con Friaça en las inmediaciones del área, el 7 se internó dentro de la zona de castigo y cruzó un disparo raso que ponía en ventaja a los locales. El carnaval se desataba en Maracaná, Brasil acariciaba con los dedos la Copa, pero pronto sería desterrado del paraíso.

La venganza se cocina lenta pero alcanza como un escalofrío a las 200.000 almas que poblaban Maracaná. Mediada la segunda mitad, un contragolpe fugaz de Gigghia por la banda derecha termina en centro al primer palo, donde Juan Alberto Schiaffino se anticipa a su marcador y sorprende con su remate a Moacir Barbosa. El centrocampista empata el partido y el tanto cae como una bofetada entre la hinchada. "Ellos quedaron fríos. No hubo una reacción de los jugadores, ni por parte de la hinchada", recordaba Gigghia, la serpiente en el edén brasileño. Suya fue también la jugada del 2-1 cuando el partido encaraba su epílogo. Todo nació en los pies de Obdulio Varela que proyectó el balón para la carrera de Alcides, este hizo una pared con Julio Vázquez y se internó en el área. Corría el minuto 79 del partido y esta vez Gigghia amagó con el centro atrás. Cuando golpeó con dureza el balón, el cancerbero brasileño ya había mordido la manzana. El paso a la derecha que había dado Moacir para intentar anticipar la jugada fue su sentencia de muerte. El balón se coló entre el palo y la mano de Barbosa. Una puñalada en el costado para el portero. Una herida que durante los próximos once agónicos minutos desangra a un país. "Cuando Reader dio el pitido final, el Maracaná se convirtió en el teatro de un enorme velatorio", escribió Mario Filho.

Centro de Friaça que intenta cabecear Jair. El árbitro señala el final del partido. El encuentro termina con la victoria uruguaya. Uruguay es Campeona del Mundo de 1950. La multitud está naturalmente devastada aquí en Maracaná. Sonido Radio Nacional Brasil.

Entran a jugarse los minutos adicionales por los descuentos. Ya se puede sacar el córner por parte de Friaça. Uruguay 2, Brasil 1. Viene el córner... salta... y ¡terminó el partido! ¡Terminó el partido! ¡Uruguay Campeón! ¡Acaba de terminar el partido en Río de Janeiro! Uruguay, señoras y señores, oyentes de Radio Sarandí, ¡Campeón por cuarta vez! No pueden ustedes imaginarse la emoción, la alegría, ese algo indescriptible que te viene del pecho a la garganta. Que se alumbra, y que no permite que el pensamiento fluya de forma clara y terminante, para que lidie con la presión, se haga también, señoras y señores oyentes, comprender, y estimo que ustedes sabrán disculpar. Imagino la enorme alegría, el enorme entusiasmo, y las caravanas incesantes que en nuestro Montevideo y en toda la República Oriental del Uruguay, en las primeras colinas y cuchillas, en las calles de nuestra fértil campaña, habrán de festejar el título ganado por Uruguay. [...] Compatriotas, no tengo por qué negarlo, que me están cayendo lágrimas de emoción, para decirles alborozados que somos campeones del mundo, pero campeones del mundo legítimamente, honorablemente, Uruguay 2, Brasil 1. Carlos Solé, narrador uruguayo de Radio Sarandí.

La condena

Es la primera muerte de Moacir Barbosa, la que le alcanza en mitad del escenario, en un Maracaná convertido en "un enorme velatorio". Toda la responsabilidad de la derrota caerá sobre sus hombros. Los primeros llantos de los aficionados le dan una pista de lo que está por venir. "En todos los lugares, en todos los países, existen catástrofes nacionales, algo así como lo ocurrido recientemente en Hiroshima. Nuestra catástrofe, nuestro Hiroshima fue la derrota frente a Uruguay en 1950", con tal crudeza relata el escritor y dramaturgo brasileño Nelson Rodrigues aquella tarde en Maracaná. Lágrimas y silencio, sollozos y pesadumbre toman el lugar reservado para la fiesta y el éxtasis. Lejos, muy lejos quedan ya las bromas durante la semana previa a la gran final que golpean como un boomerang las entrañas de todos los brasileños: "Este va a ser un partido difícil, quizá ganemos por 4-0", se había escuchado en la caseta brasileña. También se han esfumados los agasajos que llegaron cuando el viento soplaba a favor: desde relojes caros a entradas vitalicias para el cine, pasando incluso por cargos políticos en el ayuntamiento de Río de Janeiro.

Más lejos aún resultaban ahora las buenas intervenciones de Moacir Barbosa. Durante toda la Copa del Mundo, el portero brasileño había tenido actuaciones muy sobrias. Las goleadas de Brasil habían facilitado que sus paradas no fueran decisivas, pero hasta el día de la final había respondido con la agilidad y la seguridad que le habían convertido en el dueño de la portería brasileña. Poco o nada de eso le importa ya a Moacir, que vuelve a casa en bus, ante la indiferencia de quienes le rodean. Nadie comió nada del banquete que tenían preparado en su casa. Ni siquiera los perros quisieron darse un festín. Moacir se dio de bruces con la realidad, como si al cobijo de los suyos hubiera sido plenamente consciente de la pesadilla, y las lágrimas asomaron por primera vez en su rostro aquella tarde.

Los dedos inquisidores comenzaron a señalarle dos o tres días después. Cuando algunos diarios de tirada nacional escribieron frases del tipo: "Barbosa no fue capaz de detener un tiro suave", el mensaje empezó a calar entre los aficionados, deseosos por otra parte de encontrar un culpable ante la mayor tragedia de sus vidas. El estigma del racismo también sobrevolaría la cancha. Siempre latente, nunca suficientemente erradicado en un país tan marcado por el mestizaje como Brasil, Barbosa se había convertido en el primer cancerbero negro que defendía su portería. Después del Maracanazo hubo que esperar más de 50 años hasta que otro portero negro, Dida, tomara su relevo en un Mundial.

Era como si su ángel lo hubiera abandonado, por más que sus paradas bajo los palos siguieran siendo brillantes. La competencia iba *in crescendo* gracias a las grandes actuaciones de Gylmar dos Santos Neves o Castilho y la fortuna le terminó poniendo la zancadilla en aquel encuentro frente al Botafogo. De nuevo en Maracaná, el estadio de sus pesadillas, y a poco más de un año del siguiente Mundial, Barbosa se fracturaba la pierna. Esa lesión le impidió defender el marco brasileño en la Copa del Mundo de Suiza 1954, en lo que hubiera sido su segundo Mundial. Aunque para entonces la presencia de jugadores del *Almirante* en la *canarinha* era poco menos que testimonial: el Vasco da Gama componía la base de la *seleção* en 1950 y tras el *Maracanazo* desaparecieron todos. De hecho, el conjunto carioca pasó de ser admirado por todo el país a ser denostado y los protagonistas de aquella pesadilla solo encontraron cierto alivio tras disputar un partido amistoso frente a Peñarol, en 1951. En Montevideo volvieron a verse las caras con seis de los Campeones del Mundo de la Celeste, en un partido en el que las paradas de Moacir volvieron a resultar decisivas para que *El Gigante de la Colina* se impusiera por 3-0 a los charrúas.

Muy probablemente acabo de ver, y así se lo transmito, la mejor actuación de un portero en un partido. Las paradas de Moacir Barbosa han cerrado el arco a los uruguayos cuando estos más apretaban. Luíz Mendes, narrador del partido en Radio Globo.

La prensa brasileña se hizo eco de aquella gran actuación en unos titulares que hablaban de desquite y redención. La torcida brasileña sintió aquel partido como una venganza de lo ocurrido y recibió a los jugadores del Vasco da Gama como héroes en el aeropuerto. Dos semanas después, el 22 de abril de 1951, ambos conjuntos volvieron a verse las caras, esta vez en Maracaná, en el lugar de la tragedia. Allí estaban de nuevo los Schiaffino, Gigghia, Roberto Míguez, Máspoli y, por supuesto, el capitán, Obdulio Valera. Pero los cariocas volvieron a imponerse, 2-0 con goles de Friaça y Ademir, y el alma de los 93.000 espectadores de aquella tarde se sintió un poco más aliviada. *O Jogo da Vingança* tituló mucho tiempo después la revista *Placar*, recordando aquel partido.

Pero la venganza resultó efervescente y mucho más efímera de lo esperado. Al fin y al cabo la copa la tenían los uruguayos. Y la sentencia de Moacir no se iba a olvidar por un par de amistosos. Barbosa volvió a defender la portería brasileña solo una vez más tras el Maracanazo, poco importó que siguiera coleccionando paradas en el Vasco da Gama hasta 1955, cuando se marchó del club.

Lo que sí consiguieron aquellos amistosos fue fraguar una amistad que perduró en el tiempo y que trascendió a la derrota o la victoria en Maracaná. Consciente de que aquello les había unido para siempre, un grupo de brasileños y de uruguayos, de los que aquel 16 de julio de 1950 saltaron al Maracaná, siguieron en contacto los años posteriores. Tanto unos como otros se unían para partidos benéficos o amistosos en ambos países y el capitán Obdulio Valera se esforzaba para que los antiguos oponentes fuesen recibidos con el mayor respeto. Las heridas de aquel día nunca se reabrían. Barbosa fue uno de los que participó en aquellos encuentros. Así los recordaba uno de sus verdugos, Alcides Gigghia: "Nos hicimos amigos. A veces ellos venían a Montevideo y quedábamos con ellos. A veces nosotros íbamos a Río y nos juntábamos allí. Es algo insólito por momentos, ¿no? Se lo cuento a la gente y no me cree".

Tras fracturarse la pierna, Barbosa no volvió a ser el mismo. En 1955 ya no tenía sitio en el Vasco da Gama y comenzó un período de sesiones por clubes menores como Santa Cruz o Bonsucesso. De los terrenos de juego también se marchó en silencio y con el dolor clavado en su rostro. Ocurrió en 1962, cuando apuraba sus últimos días de fútbol en el modestísimo Campo Grande de Río de Janeiro. Después de realizar una parada sintió un pinchazo en la ingle. Sabía que se había lesionado, y allí, en un pequeño campo de fútbol de Río de Janeiro, casi sin testigos y acompañado por el doctor del equipo, colgó los guantes cojeando.

Volver a Maracaná

Sin fútbol Barbosa perdió el último refugio que le quedaba. El calor de un aplauso tras una gran estirada, la determinación a la hora de salir en un uno contra uno, la elegancia para descolgar un balón bombeado. Con la retirada todo se convirtió en pasado. En recuerdo. En postales de otro tiempo. Y ninguna más dolorosa que aquella tarde en Maracaná. La pesadilla recurrente. Una imagen que volvía a su presente, hasta en los lugares más insospechados, como en aquel supermercado en el que una mujer reconoció al portero de Brasil en el Mundial de 1950 y no dudó en advertir a su hijo: "Mira, hijo, este hombre hizo llorar a Brasil". No era la primera vez que lo señalaban, tampoco sería la última. El rechazo de sus compatriotas también lo sufrió cuando retirado del fútbol tuvo que ponerse a buscar otro empleo. Fueron varias las negativas, hasta que el fútbol, o mejor dicho, Maracaná, le dio una segunda oportunidad. Barbosa fue contratado por la Concejalía de Deportes de Río de Janeiro como funcionario para trabajar en el complejo deportivo. Junto al estadio se habían construido unas piscinas municipales y durante tres décadas Moacir se encargó de su mantenimiento y control. Allí, junto al estadio más grande del mundo, a escasos metros del epicentro de sus pesadillas, tenía que jugar el partido de vuelta.

La inspiración le llegó una noche de San Juan. Nada más redentor que el fuego. El caso es que Moacir se enteró de que iban a cambiar las porterías de Maracaná, que los viejos postes de madera serían sustituidos por otros de aluminio, más modernos, tal y como imponían las nuevas directrices de la FIFA. El antiguo portero convenció a los dirigentes del estadio para que le regalaran los tres palos de la portería en la que Gigghia había dinamitado los sueños de un país. Él, que nunca había querido volver a pisar ese césped, se asomó de nuevo al coliseo carioca para recibir el presente. Los postes malditos ardieron con fuerza, como si las almas de los 200.000 espectadores de aquella tarde de julio insuflaran aire a aquellas brasas. El pasado ardía. La culpa se convertía en humo y los recuerdos en rescoldos. Rescoldos que pese al intento de exorcismo, prenderían con fuerza cada vez que alguien mencionara su nombre.

Fue lo que sucedió en la concentración de la selección de Brasil en 1994, previa al Mundial de EE.UU. Barbosa había sido contratado por la BBC como colaborador para hablar del portero de la *canarinha*, Claudio Taffarel, y acudió a uno de los entrenamientos, días antes de enfrentarse en un amistoso a Uruguay. Allí pretendía encontrarse con el portero que estaba a poco más de un mes de convertirse en Campeón del Mundo, pero le impidieron tanto la entrada como la charla con el cancerbero. Barbosa estaba desolado y la prensa, la brasileña y la internacional, tardó poco en hacerse eco de la noticia. El señalado en esta ocasión fue Mario Lobo Zagallo, el entrenador de Brasil en el Mundial de México '70 y ayudante 24 años más tarde de Carlos Alberto Parreira. "Es gafe. Tiene una maldición", sentenció el veterano técnico, y Barbosa se marchó.

También lo hizo de Río de Janeiro. A mediados de los 90 había buscado un lugar más tranquilo donde pasar los últimos días con su mujer. En Praia Grande, cerca de São Paulo, era prácticamente un desconocido, pero la vida volvió a golpearlo con fuerza en 1997, cuando su esposa Clotilde falleció víctima de un cáncer. Para entonces, el Vasco da Gama ya le había otorgado una pensión vitalicia reconociendo así la figura de uno de los mejores porteros brasileños de todos los tiempos. En esos últimos años se prodigó por platós y emisoras de radio, aunque su frase más icónica la había pronunciado ya: "En Brasil la pena máxima por cometer un crimen son 30 años. Yo llevo pagando 50 años por un crimen que no cometí". Delante y detrás de las cámaras nunca advirtió un error propio en el gol de Gigghia: "Técnicamente Gigghia hizo lo incorrecto pero le funcionó. Yo hice lo correcto y fallé. Algunos han aceptado mis explicaciones y otros no. Si fallé o no, ya no lo sabremos. No hay forma de retroceder en el tiempo". Esa era una pesadilla recurrente para Barbosa, que soñaba con el gol de Gigghia casi todos los días a base de revivirlo entre amigos y familiares, en platós de televisión o en entrevistas de radio. La imagen siempre estaba ahí, fresca como una foto recién revelada, de esa estirada infructuosa.

Moacir Barbosa murió el 7 de abril de 2000, a los 79 años. Y a pesar de lo publicado y de no tener descendencia, no lo hizo solo ni arruinado ni abrazado a la bebida, como otros compañeros de su generación. En una entrevista realizada apenas un mes antes de su fallecimiento se le ve feliz y en paz consigo mismo, consciente de todas las vicisitudes que tuvo que superar a lo largo de su vida, rodeado por su hija adoptiva, Tereza Borba, el marido de esta (un gran fan de Vasco da Gama) y los amigos que se habían convertido en su familia: "Cuando Dios me llame para jugar en su equipo, yo lo intentaré detener. Pero hoy me siento realizado", dijo al periodista.

Su leyenda cuenta también con su propia banda sonora. La compuso, en un nuevo giro del destino, un cantante uruguayo, Tabaré Cardozo, consciente de que hay condenas que solo se alivian en el más allá. Porque cantar una tragedia, es cantar a la vida.

Cuida los palos Barbosa
Del arco del Brasil
La condena de Maracaná
Se paga hasta morir...

Barbosa posa para los fotógrafos meses antes del Maracanazo

CAPÍTULO 2

ANDREAS BREHME. PATEAR PENALTIS Y FAKE NEWS

El reloj del estadio Olímpico se aproxima a las 21:45, el sol ha caído definitivamente en la Ciudad Eterna y lo siguiente que cae en ese 8 de julio, cercano ya al minuto 90, es Rudi Völler tras una entrada de Sensini. El colegiado mexicano Edgardo Codesal, ginecólogo de profesión, ayuda a parir un penalti que va a definir aquella Copa del Mundo. Transcurrirán todavía siete u ocho minutos hasta que Andreas Brehme, lateral izquierdo tan elegante en su zancada como ambidiestro, golpee al esférico con su pierna derecha. Él es el elegido después de que Matthäus se quitara de en medio: "Lothar no quería tirar el penalti y yo me encontraba en buena forma", confesará después el defensa germano. Andreas tiene tiempo para repasar los 4 penaltis que Sergio Goycochea ha parado en el torneo. En definitiva, es uno de los artífices de que Argentina haya alcanzado la final. Por eso Brehme ajusta su lanzamiento a la cepa del palo. El cancerbero argentino adivina la dirección pero llega tarde al encuentro con el esférico. El Olímpico de Roma es un volcán de banderas germanas. La venganza culmina cuatro años después. Alemania borda su tercera estrella sobre el pecho gracias al solitario gol de Brehme.

—"No fue penalti".

Pero hay victorias que, en ocasiones, se construyen sobre una mentira.

—"No estoy arruinado".

Algo similar ocurre con las noticias, solo que ahora hemos puesto apellido a esos engaños: *fake news*.

Una locomotora ambidiestra

La historia de uno de los mejores laterales izquierdos de Alemania arranca en Hamburgo. Allí nació en noviembre de 1960, y su idilio con la pelota comenzó en el modesto Barmbeck Uhlenhorst. En la época juvenil fichó por el FC Saarbrücken con el que dio sus primeros pasos en el profesionalismo, aunque el salto a la élite le llegó de la mano del 1.FC Kaiserslautern. Tenía 21 años cuando arribó al vetusto Fritz-Walter Stadion y no tardó mucho en hacerse el dueño del carril izquierdo. Durante cinco temporadas fue un imprescindible de la zaga de *Die Roten Teufel* (Los Diablos Rojos) y uno de los motores del equipo, a pesar de ocupar una posición tan escorada en el campo. Sus cabalgadas y su potente disparo conformaron una de las mayores amenazas del conjunto de Renania. En 154 partidos con el Kaiserslautern marcó 34 goles. Su gran rendimiento no pasó desapercibido ni para el seleccionador, Franz Beckenbauer, ni para el gigante teutón, el Bayern de Múnich. Los bávaros se hicieron con sus servicios en el verano de 1986.

A ese Bayern llega un magnífico defensor, especializado en la marca al hombre, tan propia de la época. Para ello se apoya en su físico: Andreas es un jugador rápido y correoso, lo que le convierte en un obstáculo difícil de superar. Pero su juego adquiere otros matices en Múnich. Los bávaros dominan la Bundesliga con puño de hierro y arrollan a sus rivales ante la mayor pegada y calidad de sus jugadores. Así que Brehme convierte la banda izquierda en una autopista por la que abrir las defensas más cerradas y regalar asistencias a sus compañeros. Su polivalencia y su capacidad para golpear el balón con las dos piernas abren un abanico de posibilidades al Bayern, que tiene en el 3 a un magnífico lanzador de faltas y penaltis. Fue en aquella época cuando Brehme comenzó a cultivar el gusto por patear desde los once metros con la derecha.

Sería Udo Lattek, entrenador de los bávaros, quien provocaría ese *update* en su carrera. El técnico polaco, consciente del potencial con el que cuenta en el costado izquierdo, adelanta unos metros a Brehme y le ofrece toda la banda. Más carrilero que interior, además, le libera de labores defensivas colocándole en los partidos más exigentes a un compañero por detrás, habitualmente Helmut Winklhofer. Aquel todopoderoso Bayern, que tenía una columna vertebral conformada por Pfaff en la portería, Matthäus, Rummenigge y Uli Hoeness, se pasea por Alemania donde conquista la Bundesliga y la Supercopa alemana. Lo que se le resiste es la Copa de Europa. El sorprendente

Oporto de Artur Jorge, liderado por Paulo Futre, se lleva la Orejona a orillas del Atlántico. Brehme degusta, un año después de haber perdido el Mundial de México, el sabor de una nueva derrota. En esta ocasión, la imagen icónica es la del taconazo del argelino Rabah Madjer con el que el Oporto iguala la final. Dos minutos después Juary les daría la puntilla.

Pero aquella experiencia en el Bayern es corta, Brehme solo está dos temporadas en el club del Mia San Mia. Tiempo suficiente para establecer una amistad con Lothar Matthäus, que se cultiva en el terreno de juego a través de combinaciones y desmarques, pero que se termina de pulir lejos del césped. Esa amistad excederá las fronteras alemanas y se seguirá retroalimentando en su siguiente aventura en el Calcio. Ambos fichan por el Inter de Milán, y el dúo se convertirá en trío con la incorporación de Jürgen Klinsmann. Al equipo entrenado por Giovanni Trapattoni se le conocerá como el Inter de los alemanes y peleará en una Serie A donde se juntan los mayores talentos del planeta. Andreas Brehme encaja a la perfección en ese equipo, y durante gran parte de su trayectoria con los *neroazzurri* despliega el mejor fútbol de su carrera. Trapattoni lo proyecta menos en ataque y lo coloca en una zaga de cuatro defensores, con el de Hamburgo ocupando el lateral izquierdo. Pese a ello marca 12 goles en 154 partidos en la Serie A. El Inter logrará arrebatar un *Scudetto* al Milan de Sacchi y al Nápoles de Maradona. Un año después de haber levantado la Copa del Mundo en el Olímpico de Roma, hace lo propio con la Copa de la UEFA. El escenario es el mismo, ya que el Inter se impone en la final a doble partido frente a los romanos por un global de 2-1.

Brehme y la conexión maña

En el verano de 1992, Andreas Brehme está cerca de fichar por el FC Barcelona. Johan Cruyff lo quiere para reforzar el carril izquierdo en una posición donde solo dispone de Juan Carlos como defensor de garantías. Pero Bosman todavía no ha dado un golpe encima de la mesa y la UEFA solo permite que haya cuatro extranjeros por plantilla en un equipo. El Barça tiene el cupo completo con Koeman, Laudrup, Stoichkov y Witchsge, aunque Johan intenta sacarse a este último de encima para hacerle hueco. No lo consigue, y así se activa la vía maña. En este punto, es necesario explicar que en 1987 Andreas Brehme se ha casado con una esbelta chica rubia originaria de un pequeño pueblo

de Aragón. La joven, que responde al nombre de Pilar Martínez, es natural de Utebo, una localidad que dista tan solo siete kilómetros de Zaragoza.

El que fuera presidente del Real Zaragoza, Miguel Beltrán, también hunde sus raíces en Utebo. Tanto él como su hermano Arturo son muy aficionados al fútbol, dos grandes zaragocistas que además compartían amistad con el matrimonio formado por Andreas y Pilar. De este modo, cuando los hermanos Beltrán son conocedores del fichaje frustrado de Brehme por el Barça, activan los resortes para intentar traerlo a Zaragoza. Lo primero que hacen es hablar con el director general del Zaragoza, que en ese momento es Javier Paricio, buen amigo también de la familia. En esas primeras conversaciones se suma Carlos Tardío, empresario aragonés y antiguo jugador del Zaragoza. Así se empieza a tejer la red para fichar al campeón alemán, que en ese momento cuenta ya con 31 años. Andreas desecha otras propuestas de la Liga española como las del Atlético de Madrid o el Sevilla. La cercanía entre Zaragoza y Barcelona y la conexión, a su vez, entre la Ciudad Condal y Milán, resultarán claves para alcanzar un acuerdo.

"Mi mujer no tuvo nada que ver en mi decisión. Ella estaba bien en Italia, pero antes de ir a Alemania prefería España", reconoció Brehme en varias entrevistas posteriores. Pesó más el proyecto deportivo que se estaba formando en la capital maña, germen del equipo que años después levantaría la Recopa. De hecho, la familia de Brehme, con Pilar a la cabeza, se quedó en Milán y solo acudieron a Zaragoza en visitas puntuales. La primera de ellas, el 16 de julio de 1992, el día de la presentación de Brehme como flamante fichaje zaragocista. El lateral alemán firmaba por dos años y disparaba la ilusión de una afición que por primera vez en su historia contaba con todo un campeón del mundo en sus filas.

Aunque las expectativas empezaron a rebajarse casi desde el primer día que el alemán pisó suelo zaragozano. No ayudaron precisamente las declaraciones del día de su presentación: "Si he fichado por este equipo es porque no he podido hacerlo por el Barça, ya que Johan Cruyff no ha podido desprenderse de Richard Witschge; ni por el Atlético de Madrid, con el que tuve contactos a través de Bernd Schuster". Pura sinceridad alemana, quizá demasiada para el primer día. Tras el revuelo que causaron sus declaraciones, Brehme rebajó posteriormente varios grados su explicación para dejarlo en un lacónico: "Si venir del Inter al Zaragoza hubiera sido un paso atrás, no hubiese venido". Lo cierto es que el lateral llegó a la capital del Ebro con categoría de máxima estrella y lo dejó claro desde el primer minuto, no solo en las declaraciones. Su contrato, el más alto de la plantilla, también contaba con letra pequeña. Según recuerdan varios protagonistas de aquellos días, consiguió que el club aceptara una cláusula en su contrato para tratarse con médicos alemanes de su máxima confianza ante cualquier percance físico. El primero llegó ese mismo verano, antes de empezar la temporada. El segundo fue justo antes de empezar las vacaciones de Navidad, lo que le permitió regresar antes a casa. "En Navidades dijo que estaba lesionado y hasta Zaragoza llegaron noticias o rumores de que en realidad estaba esquiando en una estación de esquí, en Kitzbühel (Austria). El tipo era un poco sospechoso porque no daba muchas explicaciones a nadie. Se marchaba y se marchaba. Y, claro, ocurría en fechas señaladas", explica Andrés Ramírez, periodista de *El Periódico de Aragón*, que entonces cubría la actualidad del Zaragoza.

Pero no eran esas las únicas escapadas que recuerdan en Zaragoza. Durante su período en la capital aragonesa, tanto su mujer Pilar como sus dos hijos (Riccardo y Alessio) seguían viviendo en Milán. "El trayecto Zaragoza-Barcelona se lo conocía de memoria, lo hacía a toda pastilla, tardaba una hora y poco hasta el aeropuerto de El Prat. Con el coche hacía verdaderas barbaridades para estar unas horas con su familia. Aprovechaba los días de descanso para irse para allá. Eso te demuestra que aquí en Zaragoza apenas hacía vida, tuvo poca empatía con la ciudad. Si tenía el martes libre, el lunes por la tarde ya estaba en Milán y el miércoles por la mañana cogía el primer vuelo de Milán a Barcelona. Luego de nuevo con el coche de vuelta a Zaragoza. Eso sí, siempre fue muy profesional y nunca llegó tarde a un entrenamiento", comenta Andrés. A Brehme le gustaba la velocidad tanto dentro como fuera del terreno de juego y lo demostraba con su coche biplaza en el que montó a más de un periodista. "Le salvó que no había tantos radares como ahora", resumen.

Pese a todo esto, Víctor Fernández (que entonces tenía la misma edad que su jugador estrella) supo llevar con cierta mano izquierda los privilegios que suponía tener a todo un campeón del mundo en su plantilla. De inicio le otorgó un rol más protagonista y menos sacrificado al colocar a Andreas Brehme como interior izquierdo. Eso le liberó de cargas defensivas y le permitía explotar más su calidad técnica. Pero su temporada fue más bien irregular. Una de sus actuaciones más recordadas en La Romareda fue un partido de Dieciseisavos de final de la Copa de la UEFA, que enfrentó al Zaragoza frente al Caen francés. Octubre apuraba sus últimos días, y Brehme saltaba al campo con el

10 a la espalda. Su participación resultó fundamental para levantar el 3-2 de la ida con el que llegaron los galos a La Romareda. Y eso que comenzó fallando un penalti. Esta vez su tradicional lanzamiento con la pierna derecha se terminó estrellando en la madera. No obstante, poco después se resarcía de todo aquello marcando con un zurdazo el primer gol del partido. Los maños se impusieron por 2-0 pasando a la siguiente ronda. Allí realizaron otra gran eliminatoria frente al Borussia Dortmund, pero finalmente fueron apeados de la Copa de la UEFA en octavos de final. Los alemanes, que luego serían subcampeones, se impusieron en la ida por 3-1 y aguantaron el resultado en La Romareda. A los instantes finales se llegó con empate a uno. En el minuto 90 señalaron un penalti a favor de los maños y Brehme lo transformó, pero apenas quedaba tiempo para poder empatar la eliminatoria. El 2-1 final dejó un regusto amargo en los zaragocistas.

Una ruptura inesperada

Algunos de sus compañeros le recuerdan como un jugador altivo y hasta cierto punto distante, "iba un poco a su bola". Aunque también destacan su profesionalidad y compromiso con el club cada vez que saltaba al terreno de juego. Tampoco generó mal ambiente en la caseta; lo que sí les sorprendió más a sus compañeros era que siempre se movía con un abogado para que le aconsejase ante cualquier negocio personal o cualquier tema que hubiese que tratar con el club. "De hecho, a Brehme lo que le sorprendía era todo lo contrario, que hubiera jugadores como Darío Franco, centrocampista argentino que jugaba entonces en el Zaragoza, que no tuviera representante o abogados para aconsejarle en las decisiones. Tenía una mentalidad muy alemana en ese sentido", reconocen algunos de los que jugaron con él.

Pero la relación entre Brehme y el Zaragoza se va a romper en la víspera del domingo de resurrección de 1993. El 11 de abril, el CD Tenerife de Jorge Valdano rinde visita a la capital maña. Víctor Fernández comunica el día antes a Andreas Brehme que lo necesita como lateral izquierdo, "lo tiene que colocar ahí para disputar ese partido, que esté preparado". El encuentro corresponde a la jornada 29 de aquella Liga, y el Zaragoza viene de sufrir un duro correctivo en el Bernabéu, donde han perdido por 4-0. Ese es en realidad el último partido de Brehme con la camiseta blanquilla. Su vinculación con los maños está a punto de saltar por los aires. Todo se precipita cuando el germano le dice a Víctor Fernández que no quiere jugar como lateral izquierdo, que "físicamente no se ve en condiciones para jugar en ese puesto". Andreas argumenta también que su rendimiento en el centro del campo está siendo muy bueno y que el equipo pierde más que gana con ese cambio. Víctor no consigue imponer su criterio y tras no llegar a un acuerdo, Brehme abandona la concentración del equipo. El entrenador se ve obligado entonces a comunicárselo a la gerencia del club, lo que termina de crucificar al defensor alemán.

El 13 de abril la noticia salta a los diarios deportivos: "El Zaragoza decide rescindir el contrato de Andreas Brehme", titulaba el *Mundo Deportivo*. Han pasado apenas 9 meses desde su llegada a la capital maña pero el consejo de Administración, con Alfonso Solans y Javier Paricio a la cabeza, se muestran inflexibles. Tras escuchar las explicaciones del jugador no dudan en tomar la decisión y respaldar así a su técnico, Víctor Fernández, ante el resto de la plantilla. "A día de hoy Brehme deja de pertenecer a la disciplina del Real Zaragoza", explicó ante los medios el director general de la entidad, Javier Paricio. Brehme, por su parte, se marchó de Zaragoza sin hacer ninguna declaración aunque en su trayecto desde la ciudad deportiva de los maños hasta las oficinas del club subió a su coche a Andrés Ramírez. Al periodista de *El Periódico* le confirmó los motivos de su adiós: "ese acto de indisciplina fue el que lo desencadenó todo. Me dijo que él no se veía ya jugando ahí y que ayudaba más al equipo en el centro del campo". Brehme se marchó de Zaragoza perdonando casi 100 millones de pesetas, después de firmar un contrato de dos temporadas a razón de 70 millones por cada una de ellas. El defensor alemán solo cobró la parte proporcional de esa primera temporada y durante todo este tiempo nunca ha hecho una declaración altisonante sobre el club maño o sobre el propio Víctor Fernández.

Andreas Brehme disputó en total 31 partidos con la camiseta blanquilla entre Liga, Copa y Copa de la UEFA. En sus estadísticas destacan cuatro goles y una asistencia. Ya sin su participación, el Zaragoza terminó esa temporada (92-93) noveno clasificado en Liga, a ocho puntos de los puestos europeos. Por su parte, Brehme volvió a Alemania y allí cerraría su círculo como futbolista enfundándose de nuevo la camiseta de su primer club en la Bundesliga. Con el Kaiserslautern todavía conocería el descenso a los infiernos y la gloria. La cara B del fútbol la descubrió en 1996, cuando por primera vez en su historia Kaiserslautern descendió a la 2.Bundesliga. Un año después lograban el ascenso y en la temporada 1997/98 el equipo dirigido por Otto Rehhagel conquistaba de manera

sorprendente la Bundesliga. En el atardecer de su carrera deportiva, Andreas Brehme ponía el broche de oro a casi 20 años como profesional con un título que hacía las veces de epílogo. Después de todo aquello, a sus 38 años, colgaba las botas.

Patear una fake news

Fue en octubre de 2014, 24 años después de ese penalti, cuando Andreas volvió a aparecer en nuestras vidas. Lo hizo cuando el diario alemán *Bild* convulsionó el mundo del fútbol con aquel titular: "Andi Brehme, dios del fútbol y ejecución hipotecaria". No escatimaba en tipografía el periódico más leído de Alemania para anunciar el ascenso y caída a los infiernos del mito alemán. La noticia, firmada por el mítico a la par que polémico jefe de redacción Kai Diekmann, abundaba en que Brehme debía 400.000 euros a un socio empresarial y que "estaba al borde de la indigencia". En los siguientes días no se rebajó el grosor de los titulares: "Embargan al héroe del fútbol", mientras que las informaciones explicaban que los protagonistas, Brehme y su socio, habían llegado a los tribunales por dicho impago y que para saldar esa cuenta, tras un registro domiciliario, el juez había ordenado quitarle la casa.

Como un anzuelo lanzado a un banco de pirañas, la prensa alemana se abalanzó sobre el ídolo para devorarlo, para regocijarse en sus miserias, para convertir al héroe caído en el protagonista perfecto de una novela por fascículos. El canal de televisión y radio, Deutsche Welle, fue el siguiente en sumarse a la investigación y aportar nuevos datos. Fueron ellos los que apuntaban que las deudas acumuladas venían de lejos, de varios años atrás, y que el importe de las mismas rondaba "una suma cercana a los 200.000 euros que el ex-futbolista recibió a modo de préstamo privado y que ha declarado no estar en condiciones de pagar". Las informaciones también hacían hincapié en que el último trabajo conocido de Brehme en el mundo del fútbol fue en 2006, como técnico asistente en el Stuttgart junto a Giovanni Trapattoni. En ese momento obviaron otros desempeños relacionados con el fútbol aunque fueran desde la tribuna de comentaristas. Durante el Mundial de 2010 ejerció esa labor para Sky Alemania.

En medio de toda esa vorágine, la situación sentimental de Andreas Brehme sí era delicada. El futbolista alemán había comenzado los trámites de separación de la que hasta entonces era su esposa y madre de sus hijos, la zaragozana Pilar Martínez. La prensa sensacionalista alemana encontró ahí una nueva veta para alimentar los rumores del drama personal que vivía el ex-futbolista. Abandonado por su esposa y arruinado, el cóctel seguía ganando en grados amarillistas. "El divorcio no fue fácil, pero estoy en muy buenos términos con mi ex-esposa española y tenemos dos hijos maravillosos. A nivel laboral, siempre estuve muy ocupado", reconoció el propio Brehme recientemente al recordar esa época.

Pero nadie preguntó en mitad de la tormenta al protagonista, o quizá Andreas no quiso atender a rumores indecorosos. El caso es que seis años después, el programa *Los Otros de Movistar+* dio con él en Múnich y contó su verdad: "Eso se publicó en los periódicos pero no hay nada de cierto en ello. Tuve en una ocasión un problema con un antiguo socio y ese tema se llevó a los tribunales pero yo gané el juicio. No fue necesario que me ayudara nadie", reconoció ante la cámara el ex futbolista alemán. Brehme también negó que pusiera en venta alguna de sus casas y que hubiera vendido alguna de ellas para enjugar sus deudas: "No podía perder mi casa de ninguna manera. Eso estaba fuera de toda discusión. Tengo una casa en Kitzbühel, un piso en Múnich y otro en Italia. Esa posibilidad nunca estuvo encima de la mesa. Se trataba de una disputa entre mi socio y yo y por eso nos separamos", concluyó Brehme.

Alarmado por lo que contaba la prensa alemana, Franz Beckenbauer salió como tantas otras veces al corte. El que fuera seleccionador nacional aquella tarde de 1990 en Roma y leyenda del fútbol germano, reclamó una solicitud de ayuda económica para el que fuera su pupilo a través del Sindicato de Futbolistas Profesionales (VDV). Ulf Baranowski, portavoz del VDV, se refería así a esas ayudas en 2014: "intentamos enseñarles a los futbolistas cómo evitar esas situaciones en las que no se sabe cómo ganar dinero fuera del terreno de juego. Nuestro consejo es muy claro: hay que tener un plan B, aprender otra profesión y ahorrar para crear un puente entre el momento de la despedida del fútbol y el de empezar a vivir con un plan B".

El interés mostrado por Beckenbauer, al que le une una gran relación según el propio Brehme, multiplicó exponencialmente el eco de la noticia, dándole un nuevo impulso. El Káiser había demandado ayuda y la ayuda llegó desde diferentes flancos. Uno de ellos fue a través del ex-futbolista germano Oliver Straube, que jugó cuatro temporadas en la Bundesliga. Straube fue un jugador de fútbol ramplón cuyo paso por el Núremberg o el Hamburgo fue testimonial. Entre ambos disputó una decena de partidos en total. Donde sí alcanzó cierta regularidad fue en el modesto Unterhaching, hoy hundido en la tercera división germana, pero con el que por entonces llegó a anotar siete goles en la Bundesliga. Su carrera como entrenador tampoco despegó demasiado tras colgar las botas en 2009, así que sus ahorros los invirtió en diversas empresas. En 2014, y tras las noticias que llegaron sobre Andreas Brehme, este le ofreció trabajo. "Nosotros estamos dispuestos a emplear a Andreas Brehme como ayudante en nuestra firma de limpieza de canalizaciones. Allí él se enterará de lo que es trabajar de verdad limpiando sanitarios e inodoros. Eso le servirá para enterarse de cómo es la vida y mejorar su imagen. Eso sí es ayudar a Brehme". Después de aquello el titular salió solo: "De campeón del mundo a limpiar inodoros". Y dio la vuelta al mundo.

"No conozco a ningún Oliver Straube y personalmente ni me enteré cuando salió la noticia. Si alguien está tan enfermo como para decir algo así, yo desde luego no le conozco", dijo recientemente Brehme, para cumplir esa máxima que tantas y tantas veces escuchan los estudiantes de periodismo durante la carrera: "Que la realidad no te estropee un buen titular".

Aunque mucho menos recorrido periodístico ha tenido una iniciativa llevada a cabo por el propio Brehme en este particular 2020. El jugador que pasó sus mejores años como jugador en Italia, enrolado en las filas del Inter de Milán, decidió durante esta pandemia tener un gesto de apoyo con el país donde además se coronó como Campeón del Mundo. En mitad del confinamiento, el ex futbolista alemán decidió subastar dos balones del Mundial de Italia'90 firmados por todos los componentes de la selección germana que bordó la tercera estrella para la *Mannschaft*. Los ingresos recaudados fueron a parar a las personas más perjudicadas en el país transalpino por el Covid-19. "Siempre me mantuve cerca de ese país y su gente. Así que estoy feliz de ayudarles", resumió Brehme cuando se conoció la noticia.

Durante su dilatada carrera deportiva, el lateral teutón que jugó en el Kaiserslautern, Bayern de Múnich, Inter de Milán, Zaragoza y vuelta al Kaiserslautern, amasó una fortuna cercana a los 6 millones de euros. Además disputó los Mundiales de México'86, Italia'90 y EE.UU.'94. Y su situación actual no parece, ni de lejos, la de alguien que haya tocado fondo. Después del 2006 su presencia en la esfera pública se redujo drásticamente: apenas un par de anuncios para los que prestó su imagen y las labores de comentarista que realizó para Sky Alemania en el Mundial de Sudáfrica 2010. En ese tiempo Brehme se dedicó a invertir parte de su fortuna y se convirtió en socio de tres empresas. La que más éxitos le ha reportado es la empresa de césped para eventos deportivos de la que es socio mayoritario: "Ahora mismo estamos instalando césped híbrido, suena un poco raro pero está compuesto en un 98% de césped natural y un 2% artificial", contó el propio Andreas. Entre sus clientes se sitúan equipos como el Real Madrid o el Hamburgo SV y se están expandiendo por el resto de Europa. Zaragoza es su próxima parada: "Vamos a intentar poner el césped allí, aprovecharé mis contactos en el club para ir con mi socio y presentarles nuestro césped".

Pero Brehme no se detiene ahí. El héroe de Italia'90 para toda una generación de alemanes quiere seguir presente en los terrenos de juego de media Europa. Ahora ya no corre al galope por esas praderas verdes, ahora se muestra meticuloso y ensimismado con el corte y las características de esos tapetes que un día fueron su patio de recreo. Hoy, vestido de traje, son su principal negocio y fuente de ingresos. De alguna manera, nada ha cambiado en la vida de Brehme, pues los sueños se siguen tejiendo sobre esos tapices, entre los que aparecen el nuevo césped retráctil del Santiago Bernabéu o el pasto del remozado San Siro. Ahí quiere dejar Brehme sus huellas para dar un nuevo impulso a su vida. El anhelo de este alemán es que en esa futura noticia, en la que su nombre dé la vuelta al mundo, no haya invento alguno.

Andreas Brehme posa con la Copa del Mundo conquistada en el Mundial de Italia'90

CAPÍTULO 3

JÓZSEF BOZSIK. EL COMUNISTA EJEMPLAR

Gyorgy Szepesi agarra el micro con fuerza, con las dos manos, mientras grita para espantar el miedo que recorre su cuerpo. La voz de Radio Magyar retransmite para todo un país lo que debe ser un día histórico para Hungría, pero la tensión crece en Budapest. También en el Wandorfkstadion de Basilea donde la final de la Copa del Mundo se balancea entre la gesta y el desastre. No habrá medias tintas para Alemania y Hungría sea cual sea el resultado. A poco menos de diez minutos para el final y con 2-2 en el marcador, la incertidumbre repiquetea en las gargantas de los presentes. También en la de Szepesi, transmisor de un desenlace que no es el esperado.

¡Bozsik pierde el balón! Se lo ha robado Schaffer y el árbitro no ha querido señalar falta. Alemania se lanza contra la portería magiar. El centro de cabeza lo despeja Lantos, el balón cae al borde del área. ¡Atención!, porque ahí aparece Rahn, el delantero alemán, amaga, recorta, dispara...

El silencio se rompe al unísono. *Tor, Tor, Tor*[3], un grito que se extiende por las gradas del estadio suizo de Berna. A Szepesi solo le sale un lamento: "¿Qué hiciste, Bozsik?", antes de derrumbar a todo un país: "Gol de Alemania, señores. Gol de Alemania a seis minutos para el final". Aquello se conocerá como el Milagro de Berna, quizá el único tachón de Bozsik en una hoja de servicios inmaculada.

---

3 **Gol en alemán**

Kispest, los años felices

No es la primera decepción de su vida pero sí la que dejará una herida más profunda. El instante con el que soñaron desde que se juntaban en la calle de la alegría del barrio obrero de Kispest para dar patadas a un balón, se les ha esfumado entre los dedos. Ocsi consuela a Cucu, y este hace lo propio con su amigo de la infancia sobre el embarrado césped suizo. Ocsi es el apodo familiar del mayor talento de la historia del fútbol húngaro. Ocsi es Ferenc Puskás. Cucu es su amigo más fiel. Cucu es József Bozsik. Ambos se hicieron amigos con apenas tres años, cuando la familia de Bozsik se mudó al número 20 de la calle Újtemetö. Puskás (escopeta en magiar) vivía en el 19. Pronto empezaron a tejer una amistad que era capaz de salvar casi todos los obstáculos: "Ideamos un sistema de golpes en la pared para decirnos: ¿Jugamos?", contó el propio Ferenc en su autobiografía *Puskás por Puskás*.

Su amistad se hizo tan estrecha que se convirtieron prácticamente en hermanos. Bozsik ejercía de hermano mayor, ya que había nacido año y medio antes que Puskás. Ya desde pequeño Cucu era el reservado de la pareja, un chico tranquilo al que no le gustaba meterse en problemas. Al contrario de lo que le ocurría a Ferenc, Bozsik no exteriorizaba sus emociones, mucho menos sus preocupaciones o sus inquietudes. El fútbol le apasionaba, y quizá por ello su carácter calmado solo entraba en combustión cuando alguien le robaba con malas artes el balón. Así lo recordaba su amigo de la infancia: "Entonces se ponía furioso y amenazaba con irse del campo. A veces tuve que ir corriendo detrás de él para calmarlo". Fue en aquellas tardes eternas en el barrio de Kispest, a las afueras de Budapest, en la margen oriental del Danubio, donde mucho antes de formar parte de los magiares mágicos se produjo la magia. Los trucos entonces se hacían con una pelota de trapo.

Todo empieza a encajar casi sin querer, como el engranaje de un reloj. El destino comienza a colocar las piezas de ese gran puzle que es la vida. Nándor Szucs es una de ellas. Una de las más importantes. El encargado de la sección juvenil del Kispest Athletic Club lleva un buen rato parado de pie en el descampado observando a ese grupo de chicos correr tras el balón. Le ha fascinado la elegancia y la forma en que Bozsik conduce el cuero, pero entonces Puskás se escapa por la banda con el balón pegado al pie y lanza un tremendo zurdazo que se cuela en la portería. El destino está a punto de cambiar para ambos, los dos entrarán a formar parte del Kispest esa misma tarde. Es 1938 y su amistad seguirá alimentándose durante las siguientes dos décadas en la que vestirán la misma camiseta.

Bozsik es el primero de la familia que entra en el club. Sus cuatro hermanos seguirán sus pasos. El siguiente es Itsván que será portero, los tres restantes alcanzarán el equipo sub-18 pero ahí terminarán sus respectivas carreras deportivas. Los primeros pasos de Bozsik en el club son con el equipo alevín. Tiene 12 años y Nándor Szucs, convertido ya en el Tío Nandi, será su entrenador.

Aquello le permitió a Bozsik y a su inseparable Puskás alimentar su pasión por el fútbol a través de los partidos que veían del primer equipo. Solo tenían que enseñar su carnet de alevín a la entrada del estadio Sárkány para que les dejaran pasar. Otro cantar eran los partidos de fuera de casa, en los que había que agudizar el ingenio. Ataviados con el uniforme oficial del Kispest y una mochila, Bozsik y Puskás atravesaban la ciudad hasta llegar al campo del rival. Una vez allí entraban al estadio con aires de futbolista profesional y normalmente conseguían "colarse" en el recinto deportivo. Incluso las derrotas dolían menos, apaciguadas por las sugerentes aventuras que florecían al ir y al venir del estadio. Ni siquiera ir cargados con el equipaje de futbolista les molestaba.

Las paredes entre ambos se extendían más allá del terreno de juego. Y alcanzaban otros escenarios como el cine, las tardes en Budapest bebiendo *frocs* (una mezcla barata de vino y soda muy popular entre la clase trabajadora húngara) o los viajes de ida y vuelta en tranvía hasta su barrio. En una de esas un día se preguntaron: "¿Por qué pagar? Podemos ir corriendo a casa y ahorrar dinero". Así que empezaron a retar al tranvía. Tenían 16 años, esa edad en la que uno se atreve con todo. Bozsik y Puskás también. Poco les importó los casi dos kilómetros y medio de trayecto o lo peligroso de la aventura. Al principio les costó ponerse a la par del tranvía, pero al cabo de un tiempo no solo lo alcanzaron sino que incluso lo adelantaron. Y no eran los únicos que disfrutaban con el reto, los conductores también lo hacían.

Debutar entre bombas

Bozsik solo tenía 14 años cuando comenzó la guerra, pero el hedor a barbarie y muerte tardaría todavía unos años en llegar a Budapest. Pese a todo, los tiempos de cambio soplaban ya a orillas del Danubio y algunos productos empezaban a escasear. La harina o la carne se consideraron objetos de lujo, pero el fútbol, siempre dispuesto a mirar para otro lado cuando la vida se retuerce, continuó disputándose con total normalidad. Es cierto que por entonces no había enfrentamientos en suelo húngaro pero también lo es que el gobierno magiar se alineó del lado de la Alemania nazi casi desde el inicio del conflicto, por lo que cada vez más jugadores de fútbol fueron mandados al frente. Escopetas y fusiles sustituyeron a balones y botas y en ese contexto, ya en la temporada 1943-44, debutó Bozsik. Tenía 18 años y aquella temporada también se jugó completa pese a las numerosas bajas en los diferentes equipos y lo avanzado del conflicto.

En realidad, fue la contienda mundial lo que precipitó el debut de Bozsik. Su primera vez con el Kispest fue el 14 de marzo de 1943, frente al Vasas FC, el equipo de la Asociación Húngara de Trabajadores del Acero. Cucu tenía 17 años y perdió en su debut 1-0. Quizá por ello tardaría en volver a hacerse un hueco en el equipo. Tanto que a Puskás le dio tiempo de alcanzar a su amigo del alma y debutar con el Kispest unos meses después. Bozsik fue el primero en dar la enhorabuena a Puskás cuando se enteró de que su amigo había sido convocado por el primer equipo. Para no ser ni más ni menos que Bozsik también lo hizo con derrota, 0-3 frente al Nagyvárad, que posteriormente conquistaría el campeonato.

Entre partido y partido Bozsik aún tiene tiempo de regatear al destino. Recién cumplidos los 18 años está en edad de movilización militar, y eso con el mundo en guerra, puede tener unas consecuencias drásticas. Pero precisamente por jugar en el primer equipo de Kispest AC ha conseguido un permiso especial y está en la reserva. Nunca será llamado a filas. Cucu solo tiene que acudir a un cuartel general cada pocos días, en el que para matar el tiempo montan partidillos de fútbol con otros compañeros en idéntica situación. Puskás se deja caer por allí en alguna ocasión. Entre partido y partido, la Segunda Guerra Mundial se aproxima a Budapest en forma de nubarrones.

El 19 de marzo de 1944 un rosario de paracaidistas germanos tiñe el cielo de Budapest de incertidumbre. A ras de suelo el rugido de las motos y los blindados nazis alcanzan el corazón de la capital magiar con la estrecha colaboración de la ultraderecha húngara. Ese día el Kispest visita el estadio del Ferencvaros para disputar el correspondiente partido de Liga. Bozsik y Puskás son de la partida y ambos lideran la victoria ante 12.000 espectadores frente al club más popular de toda Hungría. A pesar de ello, la noticia que abre los periódicos al día siguiente no será su victoria. El fútbol deja paso a la guerra que desembarca en Budapest con todo su arsenal de dramatismo y penurias. Las batallas a orillas del Danubio parten aún más en dos a una ciudad ya de por sí dividida entre los barrios de Buda y Pest. Por las grandes avenidas de esta última avanzan con paso firme los soviéticos, mientras que las pequeñas calles de Buda se convierten en una ratonera para los nazis y la ultraderecha húngara liderada por Ferenc Szálasi. La nieve y el frío del invierno de 1945 dotarán a la estampa de una épica inhumana. El primer ministro húngaro, Szálasi, cercado por los soviéticos, huirá hacia la frontera austriaca. Es diciembre del 44, y el Apocalipsis se cierne sobre Budapest. Allí se vivirán todavía algunas de las batallas más sangrientas de la Segunda Guerra Mundial, hasta que en febrero de 1945 el ejército soviético libere la ciudad. En su huida, los nazis volarán por los aires los cinco históricos puentes de la ciudad. En la reconstrucción será de nuevo el balón quien empiece a sanar esas cicatrices.

"Salimos de los sótanos en los que nos habíamos escondido durante la batalla para liberar la ciudad y nos fuimos corriendo al campo de fútbol", contó Puskás en su biografía. La vida intentaba abrirse paso tras la barbarie y fue en un terreno de juego, balón mediante, donde se reencontró con su inseparable Bozsik. Por allí aparecieron también unos soldados rusos dispuestos a compartir una pasión común. El partidillo se montó en un abrir y cerrar de ojos y tanto Bozsik como Puskás reconocieron tiempo después la calidad de aquellos hombres con un balón en los pies. Tras la primera pachanga repitieron al día siguiente y los soviéticos se presentaron con un par de kilos de harina. A fuerza de jugar terminaron haciéndose amigos. No hay mayor cómplice que el balón para tejer cualquier sociedad. Incluso las más insospechadas.

Pese a todo, el fútbol profesional no volvió a Hungría hasta el verano. La liga magiar comenzó el 6 de mayo pero en esa edición solo compitieron clubes de Budapest. Así evitaban los desplazamientos. Al Kispest de Bozsik se le notaban los meses de inactividad y al equipo le costó arrancar. Tampoco ayudaron los resultados, donde se combinaron victorias sufridas y abultadas goleadas. El Ferencvaros les metió 7-0, el Ujpest les endosó ocho. Finalmente acabaron cuartos en una liga conformada solo por 12 equipos. En los siguientes años, Bozsik se asentó en el once titular y se convirtió en el mediocentro de referencia del Kispest, y su desarrollo le valió su primera convocatoria con Hungría. Ocurrió el 17 de agosto de 1947, en un encuentro amistoso

frente a Bulgaria. Bozsik tenía 22 años y las piezas del *Aranycsapat*[4] se van colocando sobre el tablero de la historia.

Sin duda, el manto protector de su gran amigo Ferenc Puskás, que debutó en agosto de 1945 con la selección, resulta trascendental en estos primeros días como internacional. Cucu Bozsik es visto por los más críticos como un jugador lento, alguien que ralentiza el juego y que amasa demasiado la pelota. Tardará en desterrar esos prejuicios hasta que su inteligencia táctica sobre el terreno de juego incline la balanza a su favor. Bozsik será imprescindible en la mejor selección húngara de la historia. Tanto, que el centrocampista impuso un récord que tardaría más de 50 años en ser superado. Hasta 2016, cuando el portero Gábor Király alcanzó las 102 internacionalidades, Bozsik era el magiar que más veces había defendido a su país (101), anotando además 11 goles.

El renacimiento magiar en plena posguerra

Pero en aquellos días en los que Europa se despojaba de los peores recuerdos de la guerra, los futbolistas no eran los privilegiados que hoy conocemos. Y menos un futbolista del Kispest. Así que Bozsik y Puskás decidieron montar un negocio para completar su sueldo. El club era consciente de que no podía pagarles un sueldo acorde con su desempeño en el campo y les ofreció ponerles una ferretería en la carretera principal de Kispest para que ganaran un extra. Allí se vendía de todo pero no pagaba casi nadie. La generosidad de Cucu y Ocsi chocaba frontalmente con sus planes empresariales. Por si fuera poco, llevaban apenas unos meses abiertos cuando el gobierno decidió nacionalizar el pequeño comercio. A los dos amigos les dieron una pequeña compensación: "Y nosotros que pensábamos hacernos ricos. Fue el fin de nuestra carrera como tenderos", dijo Puskás.

En su corta carrera profesional, József Bozsik ha vivido varios momentos históricos que marcarán su trayectoria como futbolista. En un espacio de tiempo relativamente corto ha conocido una Hungría dominada por el puño de hierro de Miklos Horthy, ha sufrido en sus propias carnes los rigores de una guerra mundial y la colaboración de su país con los nazis, y finalmente ha descubierto la llegada del comunismo, impuesto tras la liberación de Budapest por el ejército soviético. Hungría se encuentra ahora atrapada al otro lado del telón

4 Equipo de oro en magiar

de acero y el fútbol no va a ser ajeno a los vericuetos de la historia. El 18 de diciembre de 1949, aprovechando el 40 aniversario del Kispest, el club cambia de nombre y también de propiedad. Desde entonces se le conocerá como Honvéd FC, que en magiar quiere decir "los defensores de la patria". Su nuevo dueño será el propio ejército húngaro y la recomendación parece haber llegado por parte del seleccionador nacional, Gusztáv Sebes, hasta altas instancias gubernamentales. El Kispest es un pequeño equipo del cinturón obrero de la capital con apenas 4.000 aficionados. No hay prejuicios o fobias alrededor de él –como sí ocurría con el Ferencvaros, más afín a la extrema derecha. Y además cuenta con dos de los mayores talentos del país, Bozsik y Puskás. Es la combinación perfecta para convertirlo en el equipo del nuevo régimen.

Se busca la supremacía del gobierno a través del balón sin perder de vista la imagen internacional que el país quiere ofrecer en los próximos acontecimientos deportivos. Ahí vuelve a aparecer Sebes, quien exige a las autoridades que los jugadores seleccionables tienen que reunirse en dos grandes equipos para dotar de mayor compenetración al plantel y facilitar el trabajo al seleccionador. El Honvéd y el MTK Hungária (equipo de la policía secreta de Hungría) son los dos elegidos. Así es como el conjunto de Bozsik y Puskás se puebla de estrellas: Grosics en la portería, Budai y Czibor en el centro del campo y Kocsis en la delantera, conforman un equipo temible que tomará el testigo del Grande Torino tras la tragedia de Superga, hasta convertirse en la referencia europea durante el primer lustro de la década de los cincuenta.

Esa máquina perfectamente engrasada conquista de un flechazo a la afición con un fútbol vistoso y ofensivo. Es el germen de lo que más tarde conoceremos como Fútbol Total de los neerlandeses. El Honvéd no solo se benefició del talento de sus estrellas, también de las antipatías que despertaba la policía secreta del régimen comunista para que los aficionados más neutrales se decantaran por ellos frente al MTK. El equipo del ejército, con la única ausencia de Hidegkuti, se convirtió además en la columna vertebral de la selección magiar. Los títulos comenzaron a caer como fruta madura. En la primera campaña desde su concepción, la de la temporada 1949-50, arrasa con 23 victorias y solo tres derrotas. Su fútbol alegre se explica a través de los 84 goles marcados y los 29 encajados. A finales de 1950 vuelven a ganar otro campeonato, este más corto, solo de 15 partidos, aunque se imponen con la misma contundencia. Solo pierden un encuentro. La historia se repetirá en la Liga de 1952, en la de 1954 y en la de 1955.

Todas ellas con Bozsik liderando el centro del campo del equipo del pueblo húngaro.

El centrocampista era el timón de sus equipos. Lo fue en el Honvéd y lo fue en la selección de Hungría, ya fuera actuando como mediocentro puro o como volante derecho. A ello le ayudaba su gran visión de juego. Cucu tenía un buen desplazamiento en corto y en largo, era una especie de *quaterback* capaz de lanzar contragolpes o de adaptarse a un estilo de juego más asociativo, hábil incluso en esas circunstancias de dar el último pase. Las crónicas de la época hablan de él como un jugador cerebral, al que le gustaba poco complicarse y con una buena técnica. De hecho, se destaca que era diestro pero que también utilizaba la izquierda en algunos de esos desplazamientos de balón. Su especialidad, sin embargo, era la conducción de balón apoyada en una poderosa zancada con la que superar las líneas rivales con facilidad. Arrebatarle el balón tampoco era sencillo, por lo que el boceto de Bozsik se aproxima bastante a esos todocampistas que no estaban exentos de calidad.

Su posición en el campo le ayudó a desarrollar una personalidad fuerte, con madera de líder, y que luego cultivó también fuera de los terrenos de juego. Bozsik creía firmemente en la ideología comunista, hasta el punto de convertirse en un miembro más del partido. Desde el gobierno rápidamente supieron utilizar su figura para proyectar en él al deportista ejemplar para las nuevas generaciones. Cucu nunca había roto un plato, era obediente y sumiso ante las directrices gubernamentales y eso le colocaba en las antípodas de compañeros como Puskás, Grosics o Czibor. Su lealtad tanto al partido como a Hungría se había puesto a prueba tras una gira por Francia y Luxemburgo, que el Kispest realizó en 1947. Bozsik recibió una oferta de dos millones de francos para fichar por un equipo francés. Ni siquiera la consideró.

Pero Bozsik no es el único que tiene determinados privilegios por pertenecer al equipo del ejército. El sueldo mensual de un futbolista en aquella Hungría ronda los 1.600 florines, una cifra que permite vivir a cualquier futbolista con el suficiente desahogo pero sin lujo alguno. Cuentan también con otra serie de ayudas sociales, como acceso a viviendas estatales, cupones de ropa y comida o prioridad a la hora de adquirir artículos sometidos a racionamiento. En un estado comunista como Hungría el deporte profesional no existe, por lo que para recibir ese sueldo se ideaban atajos, como incluir a los futbolistas en el ejército –es el caso de Bozsik o Puskás–, o formar parte de algún ministerio o empresa pública. En la práctica, ninguno de ellos cogerá un fusil, como mucho pasarán por la oficina para fichar, y vuelta al campo de entrenamiento.

Después de no acudir a la Copa del Mundo de 1950, los Juegos Olímpicos de Helsinki 1952 se convierten en la gran obsesión del fútbol húngaro. Gusztáv Sebes lleva trabajando en este proyecto desde que en enero de 1949 se hiciera cargo de la selección. Es la primera gran oportunidad de comprobar sus progresos, además de convertirse en un escaparate mundial para presentar las virtudes del sistema socialista. El equipo llega a Finlandia dos semanas antes del comienzo de los Juegos, para aclimatarse mejor a las condiciones del país. El debut se produce el 15 de julio de 1952 y Hungría solventa el encuentro frente a Rumania sin muchos problemas, pese al 2-1 final. El siguiente escollo es una Italia huérfana de ídolos tras la tragedia de Superga. Los magiares, sin pisar el acelerador, se imponen por 3-0 a los transalpinos. En cuartos de final espera Turquía, un equipo obsoleto cuyo fútbol está a años luz de la modernidad que representan los húngaros. El 7-1 refleja la distancia entre ambos y supone el estreno goleador de Bozsik, que colabora con el quinto tanto de la goleada. Para entonces, el fútbol de los magiares es el centro de atención del torneo olímpico, su superioridad táctica y su compenetración lo equiparan al Ballet del Bolshoi. Y eso que su mejor actuación está por llegar.

Esta se produce en semifinales, frente al rival más poderoso de cuantos se han cruzado en su camino en estos Juegos. Pero el 28 de julio de 1952 Suecia es barrida, igual que sus predecesoras, por una tormenta perfecta, la que desatan sobre el estadio Olímpico de Helsinki y ante más de 30.000 espectadores los Puskás, Kocsis, Hidegkuti y compañía. El 6-0 es inapelable y la superioridad de los magiares queda de manifiesto desde el primer minuto, cuando Puskás inaugura el marcador. La armonía de su juego resulta perfecta y los nórdicos terminan rendidos ante una nueva exhibición, aplaudiendo con fuerza al final del encuentro. Los titulares avanzan lo que está por llegar: *The Golden Team*, el equipo de oro.

La final, disputada el 2 de agosto de 1952 frente a Yugoslavia, resulta mucho más competida. La presión y las expectativas atenazan las piernas de los magiares, tanto que Puskás falla un penalti en el minuto 38 de partido. Con empate a cero se llega al descanso, y el marcador se mantiene inalterable a poco más de veinte minutos para el final. Ahí emerge de nuevo Puskás para redimirse de su fallo anterior. Tras ganar la posición a dos rivales, se deshace del portero con un quiebro y empuja el balón a la red. Es un gol liberador para Hungría, que muestra lo mejor

de su repertorio en esos minutos finales. Czibor pondrá el broche con el segundo tanto en el ocaso de la final. La superioridad magiar resulta incontestable tras cinco victorias en cinco encuentros, en los que solo ha recibido dos goles y ha marcado una veintena. Hungría ha tocado techo, Bozsik y sus compañeros nunca más vivirán días tan luminosos como los de aquel verano del 52. En la cima del mundo nadie piensa en la desescalada. Menos aun cuando cuelga de tu cuello una presea con la diosa Niké y aquella inscripción imborrable: XV Olympia – Helsinki 1952.

Wembley y una exhibición histórica

El siguiente hito de la historia del fútbol magiar se cocina también en Helsinki. Allí se encuentran el presidente de la Federación Inglesa, Stanley Rous, y su homólogo húngaro, Sándor Barcs. Tras una conversación amistosa, en sus cabezas comienza a revolotear una idea tentadora: "Un Inglaterra-Hungría en Wembley, ¡suena increíble!", pensará Barcs. "Es hora de que los dos mejores equipos del mundo se enfrenten", dirá Rous, cargando sus palabras con toda la flema británica posible. En noviembre de 1953, los ecos del exquisito juego magiar han llegado hasta el último rincón de la vieja Europa. A ello han ayudado las varias giras que tanto el Honvéd como la selección han realizado a lo largo y ancho del continente. Pero el 25 de noviembre de 1953 es la primera vez que los magiares mágicos pisan suelo británico. Ese día, en Wembley, los inventores del balompié descubren el fútbol moderno.

Fue la noche del 3-6. Fue la noche de Hidegkuti como falso 9. Fue la primera vez que un oponente de más allá del canal de la Mancha profanaba Wembley. Fue la confirmación de que el mejor equipo del mundo hablaba magiar. 60 segundos es todo lo que necesitaron los hombres de Gusztáv Sebes para dejar desparramados a los ingleses sobre el césped de Wembley. Fue lo que tardó Nándor Hidegkuti en marcar el primero de sus tres goles aquella tarde. El 9 fue la reina en el tablero de ajedrez de Wembley, sus indescifrables movimientos capaces de alternar el centro del campo con las zonas de remate, eran señuelos en los que caía una y otra vez la defensa inglesa. El ataque en tromba de los magiares, basado en la velocidad y la armonía de sus movimientos constantes, desarboló a los locales, que perdían 1-4 a la media hora. Fue Bozsik quien le sirvió en bandeja a Puskás el cuarto tanto con un libre directo desviado finalmente por su gran amigo. Cucu se sumará a la fiesta con el quinto, conseguido tras el descanso al que se llega con 2-4 en el marcador.

Siempre dispuesta a titulares grandilocuentes, la prensa inglesa catalogará el encuentro como "El partido del siglo". En realidad, se trataba de maquillar una humillación que fue más allá del resultado final. Ese 3-6 se quedó incluso corto después de que los magiares dispararan hasta en 35 ocasiones a portería por siete los británicos. Todo ello coronado por la obra maestra de Puskás, esa pisadita en el 1-3 con la que dejó sentado al capitán inglés, Billy Wright, en un quiebro nunca antes visto. El ciclón magiar lo explicó a la perfección Bobby Robson, testigo de excepción aquella tarde: "Aquel partido cambió mi forma de pensar. Creíamos ser los maestros y ellos los alumnos y fue al revés. No conocíamos a nadie, ni siquiera a Puskás. Nos enfrentamos a marcianos. Nos demolieron". Hungría acababa de abrir una nueva era en el fútbol mundial, un partido cuyo legado perdurará hasta nuestros días, una victoria curiosamente inspirada en las enseñanzas de un técnico británico, Jimmy Hogan, un total desconocido en las islas británicas, pero no en Budapest, donde entrenó al MTK, y del que Sebes tomó buenos apuntes.

Pese a la derrota no termina ahí la relación entre Hungría e Inglaterra. Sedientos de venganza, los británicos plantean un partido de vuelta en terreno magiar. Varios meses después de la derrota en Wembley, Inglaterra viaja a Budapest para restañar su honor. Se volverán hechos jirones a las islas y con un 7-1 en la maleta. Winterbottom, el seleccionador inglés, no ha aprendido nada de la derrota de Wembley. Anclado en el pasado, el fútbol moderno de Hungría le resulta indescifrable. Nadie duda unas semanas antes del inicio de la quinta edición de la Copa del Mundo que la referencia futbolística en esos instantes es la Hungría de Gusztáv Sebes.

Suiza, un sueño convertido en pesadilla

Una vez en Suiza, Hungría despliega su juego como un rodillo, haciendo bueno el papel de favorito. No le pesan las expectativas al conjunto de Sebes, que casi sin despeinarse supera sus dos primeros compromisos con sendas goleadas. Corea del Sur se lleva nueve y Alemania, ocho. Con los germanos volverán a verse las caras en la final, y entonces el veterano Sepp Herberger sacará provecho de esa derrota humillante, dando a entender que todo formaba parte de un plan preestablecido. Eso es lo que tiene revisar la historia con el triunfo de tu lado, es como jugar con uno más. Pero antes de llegar al partido definitivo hay que superar dos escollos durísimos, y en ambos Hungría no podrá contar con Puskás, lesionado. El primero se convierte en la Batalla de Berna, una lucha sin cuartel donde sorprendentemente el fútbol queda en segundo plano entre dos de los equipos más talentosos del planeta: la vigente subcampeona, Brasil, y el conjunto magiar.

El británico Arthur Ellis fue el colegiado de ese partido: "Pensé que iba a ser el mejor partido que jamás hubiera visto. Estaba en la cima del mundo. Si la política y la religión tenían algo que ver con eso, no lo sé, pero se comportaron como animales. Fue una desgracia. Fue un partido horrible. En condiciones normales tendría que haber expulsado a tantos jugadores que el partido se tendría que haber suspendido. Mi única intención era que el encuentro pudiera acabar". No resulta baladí la mención a la política y la religión de los dos contendientes. Y es que en los días previos, la prensa se había encargado de recordar el océano ideológico que separaba a ambas naciones. Los brasileños fueron catalogados de "ultra católicos", en contraposición a los "ateos magiares". Fútbol, política y religión, un cóctel demasiado cargado. El corresponsal del periódico *The Times* explicaba así lo sucedido en el partido: "Nunca en mi vida he visto entradas tan crueles, derribos de oponentes como si llevasen una guadaña, seguidos de actitudes amenazantes y golpes maliciosos cuando el árbitro no estaba mirando". El seleccionador Gusztáv Sebes, que necesitó cuatro puntos de sutura en el rostro tras verse involucrado en la trifulca postpartido, ahondó en los detalles: "El partido no terminó con el pitido final. Los fotógrafos y fanáticos brasileños inundaron el terreno de juego y apareció la policía para despejar el campo. Los jugadores se enfrentaron en el túnel, hubo una pequeña trifulca camino de los vestuarios. Todos entraban en estampida, tanto aficionados como jugadores y miembros de la seguridad". Puskás fue el desencadenante de esa trifulca postpartido a la que hacía referencia Sebes, tras lanzar una botella al brasileño Pinheiro.

Hungría, que se adelantó pronto en el marcador con un 2-0, vio cómo Brasil igualaba la contienda mientras la temperatura subía a ras de césped. Prueba de ello fue el encontronazo entre Nilton Santos y Bozsik, que ese día ejercía de capitán ante la ausencia de Puskás. Ambos se enzarzaron a puñetazo limpio en mitad del campo y terminaron expulsados. La misma suerte corrió Humberto Tozzi, que tras patear salvajemente a Lóránt, vio la tarjeta roja. Finalmente Hungría se impuso por 4-2, aunque la victoria dejó secuelas. Y a la vuelta de la esquina esperaba la campeona del mundo, una Uruguay que no había perdido ningún partido en los Mundiales.

En esas semifinales tampoco pudieron contar con Puskás. Su tobillo seguía entre algodones y lo reservaron para una hipotética final. El riesgo de no alinear a tu mejor hombre era muy elevado, aunque Sebes respiró aliviado al sí poder hacer lo propio con Bozsik. Las expulsiones entonces no acarreaban una suspensión posterior, y Cucu volvió a ejercer de capitán desde el centro del campo. El partido estuvo marcado por la niebla, que arropó como un manto el estadio Olímpico de Lausana y que dificultaba la visión de los 37.000 espectadores que abarrotaban las gradas. El encuentro frente a Uruguay volvió a ser una lucha sin cuartel donde la nobleza, esta vez, se impuso a la violencia. Hungría se adelantó en el marcador al inicio del partido y amplió diferencias nada más volver del descanso. Pero entonces los hombres de Sebes empezaron a pensar en la final y bajaron el pistón del acelerador. Uruguay, peleona y orgullosa, puso las tablas en el marcador en un suspiro. El partido se marchó a la prórroga. Allí emergió Sándor Kocsis, Cabeza de Oro, quien con dos testarazos guió a los suyos a la primera final de una Copa del Mundo. Los magiares, exhaustos, recibieron la felicitación de los campeones del Mundo. Los uruguayos acababan de ceder la corona.

Berna, un quiebro de la Historia

Llueve en Berna el 4 de julio de 1954. Aunque Puskás no repara en ese detalle menor. Se ha recuperado a tiempo para la final de la Copa del Mundo, y toda una nación respira aliviada. Hungría está ante el partido más importante de su historia, y a él acude como favorita ante una Alemania que ha llegado al campeonato de tapada, en plena reconstrucción social y deportiva. Pero Sepp Herberger es un viejo zorro de los banquillos, toda una institución en Alemania. El seleccionador teutón lo era ya en 1938, cuando Hitler dominaba con puño de hierro el país, y ahora se sabe ante la oportunidad de su vida. Después de la goleada de la primera fase, ha planteado este partido a conciencia. Él sí ha aprendido de aquella derrota y señala a sus pupilos los dos hombres que tienen que anular: Bozsik y Hidegkuti. Ellos son la escuadra y el cartabón magiar, los jugadores encargados de suministrar de balones

al resto. Cortocircuitar esas conexiones con la sala de máquinas es la primera vía para ganar el partido.

Pero el plan germano parece saltar por los aires a los ocho minutos. Los malos augurios magiares desaparecen en un santiamén, lo que tarda Puskás en saberse recuperado tras marcar el primer gol y Czibor en ampliar las diferencias. A los 10 minutos, Alemania recorta distancias por obra de Morlock, tras una mala salida de Grosics. La final ha amanecido soleada de goles pero pronto las nubes van alicatando el cielo de Berna. El último rayo de sol ilumina a Fritz Walter, el capitán germano, que bota un centro medido desde el córner para que Rhan en el segundo palo ponga la igualada. Como si de un amante despechado se tratara, Hungría se lanza al ataque sin miramientos, pero esta vez sus acometidas no concluyen con besos y flores. A cambio, los palos cuadrados o el barro del WankdorfStadion se convierten en los principales aliados de los alemanes. Las musas ya no están del lado magiar. La climatología tampoco.

Llueve mientras los futbolistas se marchan al descanso y la final se enfanga definitivamente. Los alemanes han hecho de la resistencia su estrategia principal para mantenerse con vida en la final. Y en los segundos cuarenta y cinco minutos están más frescos que los húngaros. Los pupilos de Sebes perdonan una y otra vez, Puskás empieza a resentirse de su maltrecho tobillo y el drama aumenta cuando Rhan hace el tercero para los alemanes. Faltan poco más de cinco minutos para el final y como si de una entrega del *Ministerio del Tiempo*[5] se tratara, Puskás llega presto para reescribir la historia. Marca el 3-3 pero en medio del festejo observa al juez de línea –el galés Benjamin Griffiths– con la bandera levantada. Desgraciadamente, Hungría no puede permitirse agentes ministeriales que viajen en el tiempo. La mejor generación magiar de la historia saborea el amargor de la derrota después de 32 partidos y más de cuatro años de invicta. La Generación de Oro quedará impregnada para siempre con el perfume de aquella decepción. Una ocasión perdida que provocará la ira, la desilusión y el enojo de sus aficionados.

Los héroes han perdido su capa. No hay nadie esperándoles al cruzar la frontera. No hay bandas de música, ni aficionados coreando su nombre. Tampoco ramos de flores con los que agasajarles. Todo

---

5 *Ministerio del Tiempo*. Serie original de Televisión Española cuya trama consiste en que la historia de España no se vea alterada. A ello se dedican los agentes ministeriales, que viajan en el tiempo para que el curso de la historia no cambie. Una de sus máximas, precisamente, es que sus actuaciones en el pasado no cambien el futuro

lo contrario, el caos se ha apoderado de Budapest nada más finalizar el partido. Los disturbios se han extendido por el resto del país. Hay sollozos de rabia y decepción. Otros pagan el desconsuelo con el mobiliario urbano, hay destrozos y conatos de incendios. Hay incluso una partida de sellos con la leyenda Campeones'54 que jamás verá la luz. La policía se ve obligada a cargar contra los aficionados. La cólera deja paso a la pesadumbre. No se ha perdido simplemente un partido de fútbol, es la derrota moral de toda una nación y eso traerá consecuencias. La primera es buscar culpables, y los jugadores son los primeros señalados. Insultos y amenazas se repiten en los meses posteriores al Mundial. Les esperan incluso hasta en las puertas de su casa para provocarles o pedirles explicaciones. El enfado no se rebaja ni siquiera cuando cada uno de los integrantes regresa a la disciplina de sus equipos. El Honvéd sigue concentrando el grueso de la selección y sus partidos se convierten en un abucheo constante, sobre todo cuando juegan fuera de casa. Las críticas arrecian también sobre Gusztáv Sebes: el orfebre que ha diseñado el Equipo de Oro es ahora hostigado por sus propios compatriotas. La memoria en el fútbol siempre ha sido una especie en extinción. La Federación Húngara respalda a su técnico pero es un apoyo más de cara a la galería que efectivo. Sebes no tendrá el mismo poder de decisión que antes y pese a todo va renovando el equipo con caras nuevas que suponen una inyección de vitalidad para los Puskás, Bozsik, Hidegkuti y compañía. Los magiares (todavía) mágicos enlazarán 18 victorias consecutivas con la mente puesta en su próximo objetivo: defender la medalla de oro en los JJOO de Melbourne 1956.

El frío descenso desde la cima

Antes de que 1954 termine, el Honvéd rinde visita a las islas británicas. Allí se encuentra otro de los equipos del momento, el Wolverhampton Wanderers de Stan Cullis. Son los campeones de Inglaterra y un equipo prácticamente inexpugnable en su coqueto estadio, el Molineux. Cullis ha tomado buena nota de la final del Mundial y ha regado el césped de su estadio hasta la extenuación. La pradera ha mutado en barrizal. Un terreno ideal para el *kick and rush* inglés. Una losa para las combinaciones magiares. Pese a las circunstancias, el Honvéd se marcha al descanso con 0-2 y a Billy Wright, defensa internacional y estrella de los Wolves, se le vuelve a representar como en sus peores pesadillas Puskás haciéndole su mítico regate en el 3-6 de Wembley. Sin embargo, tal y como ocurrió en Berna, el rival remonta en los últimos minutos. Esa victoria desata la euforia en la prensa británica. El *Daily Mirror* abre en primera plana con el titular "Wolves the Great". "Nunca un partido como este", subrayará un sumario. Puskás, Bozsik, Kocsis, Czibor y compañía ya no son invencibles y en esa escalada de elogios el columnista del *Daily Mail*, David Wynne-Morgan, proclama a los Wolves como "campeones del mundo". Aquellas crónicas son leídas por Gabriel Hanot, que refutará titulares tan gruesos al día siguiente en *L'Equipe*: "¡No, Wolverhampton! ¡No sois campeones del mundo todavía!". Hanot explica que no basta con vencer a los húngaros, que habría que enfrentarse también a otras grandes escuadras del continente para conseguir tal distinción. La idea no cae en un cajón del olvido, sino que sigue revoloteando por la redacción de *L'Équipe* en los siguientes meses. El Honvéd, sin pretenderlo, ha puesto la primera piedra en el edificio más grande de la arquitectura futbolística europea: la Copa de Europa.

Y pese a todo, paradojas del destino, llegará con retraso a la máxima competición continental. El Honvéd sigue cosechando triunfos funcionariales en una Liga que se le queda pequeña, mientras el ambiente político y social del país se va enturbiando. Bozsik, Puskás y compañía se imponen sin demasiados problemas en la Liga de 1955, con un balance que deja bien a las claras su superioridad: 20 victorias, cinco empates y una sola derrota en 26 encuentros, con 99 goles a favor y 47 en contra. Eran tiempos de delanteros, más que de defensores. En la primavera de 1955, mientras se dirimía aquel campeonato, estaban teniendo lugar en París las reuniones previas del Comité Directivo de la futura Copa de Campeones de Clubes Europeos. El representante húngaro fue Gusztáv Sebes, a la postre vicepresidente de la UEFA y subsecretario de deportes de Hungría, al que aquel "invento" no terminaba de convencerle. Y es que en los inicios de la Guerra Fría todo lo que viniera del otro lado del telón de acero se veía con recelo. La Copa de Europa era una idea francesa y Hungría mandó al MTK Budapest (segundo clasificado) como representante magiar para la primera edición.

1956 será el principio del fin. El primer indicio es una derrota. Han pasado casi dos años desde que los magiares mágicos hincaran la rodilla en la final de la Copa del Mundo de 1954, pero esa tarde de febrero vuelven a saborear la derrota en Turquía. La siguiente escuece aún más. Es en casa frente a Checoslovaquia. La Generación de Oro nunca había perdido en el Nepstadion de Budapest y Gusztáv Sebes ya no tiene red de seguridad. Tras ese partido es despedido. Sus pupilos, sin embargo, todavía le darán alguna que otra alegría. En septiembre, la selección viajará hasta Moscú para enfrentarse a la URSS. Allí un gol de Czibor bate a Lev Yashin y Hungría vence 0-1. La próxima vez la Unión Soviética no se dejará sorprender. Su contraataque será bastante más contundente.

La selección está concentrada a 70 kilómetros de Budapest, preparando los próximos compromisos internacionales, cuando el 23 de octubre de 1956 estalla la Revolución húngara. La revuelta comenzó con una inocente protesta estudiantil que congregó alrededor de 20.000 manifestantes por el centro de Budapest. La tensión aumentó de temperatura cuando la AVH (policía política húngara) intentó impedir que los estudiantes entraran en el edificio de la radio estatal abriendo fuego desde el interior. Los desórdenes y la violencia se ramificaron por todo el país, por lo que la URSS invadió Budapest y otras regiones del país el 4 de noviembre. La resistencia húngara continuó hasta el día 10. Más de 2.500 húngaros y 722 soldados soviéticos murieron durante los enfrentamientos. Casi 200.000 húngaros tuvieron que huir de su propio país en calidad de refugiados. Algunos de ellos con apellidos tan ilustres como Puskás, Czibor o Kocsis.

En mitad de esos días convulsos el Honvéd tiene que hacer su debut en la Copa de Europa. La liga húngara de fútbol ha sido suspendida *sine die*. Cualquier actividad deportiva está paralizada. Ni se entrena ni se juega, pero la UEFA les insta a disputar su partido correspondiente de cuartos de final. Tras el éxito de la primera edición, el conjunto magiar sí participa en esta ocasión y tiene que viajar a España para verse las caras con el Athletic Club, actual campeón español. Desde el gobierno provisional magiar les consiguen un salvoconducto oficial. Nada les puede interesar más a las altas instancias del Partido que dar la impresión de normalidad. Tardarán tres semanas en llegar a Bilbao, hasta que el 22 de noviembre dos zurdos intercambian banderines en San Mamés: Piru Gaínza y Ferenc Puskás son los capitanes de ambos equipos. En una abarrotada Catedral, 37.000 espectadores disfrutan del juego y del triunfo de los locales. Los rojiblancos se imponen por 3-2. Todo queda en el aire para el partido de vuelta. Aunque la cabeza de Bozsik y del resto de sus compañeros está en otras cosas.

Ninguno regresa a Hungría, el equipo permanece en Bruselas y allí se disputa la vuelta frente al Athletic en la víspera de la navidad de 1956. De nuevo, el encuentro se convierte en un maravilloso intercambio de golpes entre dos escuadras de marcado carácter ofensivo. Puskás pondrá el 3-3 en los últimos minutos, pero serán los bilbaínos los que accedan a la siguiente ronda. Poco les importa a los magiares la eliminación, pasar hubiera supuesto una preocupación más. Horas antes del encuentro, los integrantes de la plantilla del Honvéd han votado la propuesta del Flamengo que tienen encima de la mesa: 10.000 dólares por cada partido jugado a los pies del Corcovado. Bozsik ha mostrado sus reticencias a viajar y ha animado a sus compañeros a volver lo antes posible a su país. Cucu no se siente cómodo traicionando el ideario político de sus superiores, pero poco cuentan sus razones ante la suculenta oferta brasileña. El Sí gana la votación y todos aceptan el resultado final.

Un café en Santiago

Bozsik y Puskás ya se lo han dicho todo cuando llega el momento del adiós. Cuando miren atrás recordarán aquellos días de Copacabana, mientras el mundo tal y como lo conocían caía a su alrededor, y ellos solo tenían que preocuparse por seguir jugando con la pelota. Es el canto del cisne, las últimas frases del capítulo central de sus vidas. Bozsik volverá a su patria. Puskás iniciará su particular peregrinar por Europa hasta que en Madrid descubra un segunda primavera. El destino, siempre caprichoso, les podría haber reunido entre bocadillos de calamares y algún que otro chotis, pero Bozsik ha rechazado una oferta del Atlético de Madrid y solo desea reunirse con sus cuatro hermanos en Budapest. Siendo miembro honorífico del Parlamento magiar y un firme defensor de los códigos socialistas, espera atenuar el golpe de las sanciones que le esperan a su vuelta con la misma habilidad con la que frenaba a los mejores jugadores del mundo sobre el césped. En la esquina de la despedida, Cucu y Ocsi se dan un largo abrazo. Después de toda una vida juntos sus caminos se dividen, casi no volverán a verse.

El talento se escapa a borbotones de Hungría, mientras el club y la selección que hizo soñar a miles de compatriotas se desmembra. La huida de Puskás, Kocsis y Czibor deja herida a la selección y hunde al Honvéd en el anonimato, por más que en 1959 alce la Copa Mitropa (Copa de la Europa Central). Bozsik se convierte entonces en el capitán del equipo y en el deportista ejemplar y comprometido con su país, encumbrado como el verdadero y único líder de una Hungría que se clasifica para la Copa del Mundo de 1958, pero en la que nada volverá a ser igual. Los magiares han perdido su magia, aunque todavía cuentan con Hidegkuti, Budai, Grosics, o el propio Bozsik. Su paso por Suecia es breve, caen en primera ronda en un grupo liderado por la anfitriona. Lo hacen con cierto suspense, ya que tras empatar con la Gales de John Charles en la clasificación será necesario un partido de desempate. Pero esta vez los galeses se imponen por 2-1.

Bozsik no vistió otra camiseta que no fuera la del Honvéd durante toda su carrera deportiva. En el equipo de su vida jugó hasta los 37 años, convertido en capitán y estrella. Solo Budai le acompañó como representante de la época dorada y entre los dos no consiguieron devolverle a la gloria. En 1962, al poco de retirarse, coincidió con su viejo amigo Ocsi, aunque para ello tuvieran que cruzar un océano. Fue en Chile, en otra Copa del Mundo. A ella acudió Cucu Bozsik en calidad de embajador deportivo de Hungría, "respetado y querido por el pueblo", como le presentaba el gobierno comunista. Cucu y Ocsi se reencontraron en Santiago. Puskás estaba todavía en activo y vivía una segunda juventud como flamante delantero del Real Madrid. Naturalizado español en ese Mundial, defendió los colores de su país de adopción. La conversación que se alargará durante horas resulta un cruce de caminos entre gestas futbolísticas, recuerdos familiares y anécdotas de sus nuevas vidas. Será también la última vez que se vean las caras.

Poco después Bozsik alternará los despachos con los banquillos. Al vestuario baja como técnico durante una temporada y media, entre enero de 1966 y septiembre de 1967. En total dirige 47 partidos y no volverá a sentarse en la banqueta hasta 1974, cuando coge las riendas de la selección magiar. Entonces será el corazón el que le lance el primer aviso y tras un infarto leve deja su puesto pocas semanas después de su designación. El 31 de mayo de 1978 su corazón se quiebra definitivamente a los 52 años. Todo un país llora al hombre ejemplar, orgullo de la Hungría comunista y perfecto capitán del Honvéd, hasta el punto de que el estadio lleva hoy su nombre. Todos menos su amigo Puskás, a quien la noticia le cae como un mazazo, acuden a su entierro. Cuando Ocsi regrese a su patria las primeras visitas serán a la tumba de su madre y a la de Cucu, su viejo amigo de la infancia. Son los deberes del exilio.

Jozsef Bozsik concentrado en el centro de la imagen, junto al resto de magiares mágicos antes de disputar la final del Mundial 1954. A su derecha están Ferenc Puskas, Gyula Grosics, Gyula Lorant y Nandor Hidegkuti, y a su izquierda Zakarias, Mihaly Lantos, Buzanszky, Mihaly Toth, Sandor Kocsis y Zoltan Czibor.

CAPÍTULO 4

SAMUEL OKUNOWO. LOS DOS RESCATES DE OKUNOWO

Los primeros en llegar a la barriga de África fueron los portugueses, atraídos por el exotismo de sus playas e impulsados por ese ardor aventurero que desarrollan los que nacen con una ventana frente al mar. Lo desconocido se escondía más allá de una naturaleza frondosa y todavía virgen. Al acecho iban los ingleses. Y fueron estos los primeros en explorar el interior de África Occidental a finales del siglo XVIII, con Nigeria como puerta de embarque. Una vez abolido el comercio de esclavos (1807) no quedó más remedio que penetrar tierra adentro por el cauce del río Níger en busca del nacimiento del mismo. El interés entonces se centró en los productos de la zona, en materiales preciados para una Europa que echaba humo en plena revolución industrial. El aceite de palma se convirtió en oro molido, tanto que los británicos denominaron aquellas tierras como *Oil Rivers* (ríos de aceite) y desarrollaron gran parte de sus productos cosméticos (jabones) o alimenticios (margarina, helados) con él. El caucho o el algodón completaron el pódium de la expoliación. El proceso colonizador británico no culminó hasta 1914 con la creación de la *Colony and Protectorate of Nigeria*, dirigida por Frederick Lugard. A partir de ahí Gran Bretaña comenzó a extender definitivamente su sistema cultural y administrativo por una Nigeria que no volvería a ser independiente y libre hasta octubre de 1960.

Casi tres siglos después de que los primeros portugueses y británicos establecieran puestos de comercio de esclavos en el delta del río Níger, un futbolista va a emprender el camino a la inversa. En ese viaje no son las materias primas ni los ricos minerales de la zona lo que se exporta. Esta vez la aventura hacia lo desconocido está sazonada por el talento que orbita alrededor de una pelota y una condición física imponente. La velocidad es otra de las virtudes que convierten a nuestro protagonista en un producto exótico y atractivo para ser moldeado por manos expertas. A Samuel Okunowo Gbenga aquel viaje, con apenas 17 años, le va a cambiar definitivamente la vida. Se la va a salvar, incluso. Aunque esto lo descubrirá muchos años después. Portugal es solo una estación de paso hasta el destino final en aquella primavera de 1997, cuando el Barça lo rescata por primera vez en su vida para convertirlo en el primer jugador africano que integra su cantera. El puente hacia Europa es la Meridian Cup, hoy un torneo desaparecido.

Meridian Cup, puerta de embarque

La Meridian Cup fue un proyecto conjunto auspiciado por los máximos organismos futbolísticos de Europa (UEFA) y África (CAF), con el objetivo de promover el intercambio cultural y deportivo entre los jóvenes futbolistas de ambos continentes. El torneo, en el que participaban ocho selecciones juveniles sub-17, se disputaba cada dos años e iba cambiando de sede, alternando los dos continentes. En dos fases los ocho conjuntos, cuatro por cada continente, se enfrentaban primero en una liguilla de dos grupos de cuatro equipos. Los dos primeros clasificados pasaban directamente a semifinales. La inauguración de aquella primera edición tuvo lugar el 30 de enero de 1997 en Lisboa, donde la anfitriona Portugal, junto a Francia, Grecia y España, fueron las representantes europeas. África estaba representada por Ghana, Guinea, Costa de Marfil y Nigeria, pero solo las Águilas Verdes alcanzaron las semifinales tras ser segundas del Grupo B. "Era la primera vez que jugaba al fútbol en Europa. Anteriormente, en 1994 y en 1995, había jugado torneos con la sub-17 en diferentes países de África", reconoce Okunowo.

Nigeria era la gran potencia africana del momento, después de su gran papel en el primer mundial de su historia, el disputado en EE.UU. en 1994. Entonces, solo un penalti en la prórroga de los octavos de final marcado por Roberto Baggio, les alejó de una gesta mayor después de ir ganando gran parte del partido. Aquellas buenas sensaciones tuvieron su continuidad en los Juegos Olímpicos de Atlanta 1996. Las Águilas Verdes sorprendieron al planeta fútbol colgándose la medalla de oro y proclamándose campeonas olímpicas con un equipo liderado por Kanu, Jay-Jay Okocha, Taribo West o Emmanuel Amunike. En las categorías inferiores nigerianas también se empezaban a ver los frutos de una apuesta decidida por el fútbol ofensivo y de la superioridad física de sus jugadores.

"Llegamos a la final y levantamos la Copa", dice Okunowo, pero a partir de ahí los recuerdos le bailan porque en semifinales no jugaron frente a España como él asegura. En semifinales se deshicieron sin muchos problemas de Portugal (2-0), quizá por ello el recuerdo del partido se ha difuminado en la cabeza de Samuel más de 23 años después. Fue en la final donde Nigeria se impuso a España en un partido muy reñido, en el que el lateral destacó por su derroche físico y su velocidad. "Cuando jugamos frente a España recuerdo que nos enfrentamos a Xavi Hernández, que más tarde sería mi compañero. Nosotros jugamos muy bien y fue ahí donde los ojeadores del Barça se fijaron en mí", revela el futbolista africano.

El primer rescate: de Ibadán a La Masía

Así que mientras un informe sobre sus características de juego volaba hacia Barcelona, él se marchaba con el trofeo bajo el brazo de vuelta a su Ibadán natal. Allí, en los campos de tierra de la *African Grammar School*, en la capital del estado de Oyo, al suroeste de Nigeria, había cultivado su amor por la pelota. Una pasión que desde muy pequeño le alejó de otras actividades más peligrosas pero muy extendidas entre los chicos de su edad. Sus padres se mostraron orgullosos y satisfechos de que su pequeño solo tuviera ojos para el balón y canalizara así toda su energía. "El equipo en el que empecé era el del colegio al que iba y era muy pequeño. Teníamos clases por la mañana y entrenábamos por la tarde. Y ahí poco a poco íbamos creciendo, íbamos mejorando en esas instalaciones que pertenecían al colegio", recuerda hoy Samuel Okunowo. De hecho, aquella época formativa iba a resultar fundamental para alcanzar el profesionalismo, algo que entonces era poco menos que una quimera. Su calidad llamó pronto la atención del Liberty Boys Club, un equipo local que le descubrió jugando en la escuela. El Liberty era un equipo con una gran reputación en Ibadán y con un estilo de fútbol ofensivo. Aquella fue la primera gran oportunidad para Okunowo de demostrar todas sus cualidades y no la desaprovechó. Su rapidez y resistencia pronto lo llevaron al lateral derecho, desde donde destacaba por su aportación ofensiva, y pocas veces era sorprendido a su espalda por los rivales.

El siguiente paso lo alejó de la infancia mientras la competitividad empezaba a ganar terreno en su vida. En el Exide Sparkers ya no se jugaba para divertirse, ya se jugaba para ganar. Pero Okunowo seguía siendo uno de los mejores del equipo. Con 14 años, la encrucijada con la que se encontró Samuel y su familia fue la de intentar compaginar una educación superior con el fútbol, que cada vez resultaba más exigente. Entonces llegó la propuesta del Kawahara Bombers y todo encajó como un botín sobre la media del futbolista. La entidad deportiva combinaba unos buenos planes de estudios con un gran equipo de fútbol. Así que la progresión no se detuvo y Okunowo terminó doblando la siguiente esquina de su carrera para adentrarse definitivamente en la calle del profesionalismo. Tenía 16 años cuando el Shooting Stars Club de la liga profesional nigeriana se interesó por él. El niño prodigio de Ibadán daba el salto a uno de los clubes más potentes de Nigeria. Allí no solo apreciaron sus cualidades físicas, también valoraron muy positivamente su mentalidad y sus deseos por aprender y mejorar siempre. La madurez que mostraba sobresalía entre el resto de sus compañeros adolescentes y las puertas de la selección en categorías inferiores se abrieron para él definitivamente.

Unos días después de volver de la Meridian Cup, el presidente del Shooting Stars le cita en las instalaciones del club. Antes que con él, se ha reunido con un representante del Barça que ha viajado hasta Nigeria para interesarse por la situación de Okunowo. Lo ha hecho además con un intermediario nigeriano para que no se escape ningún detalle. La comitiva azulgrana expresa al presidente de Los Guerreros, el señor Ogunjobi, el deseo de llevarse a Okunowo a Barcelona.

—"Quieren que vayas a Barcelona durante dos semanas para probar. Ellos te han visto en Portugal pero quieren probarte de nuevo en sus instalaciones, con sus técnicos y los directivos observándote. Si todo va bien te ficharán", cuenta con tranquilidad Samuel. Una calma que no abandonó para responder a su presidente.

—Muy bien, perfecto. Pues a ver si hay suerte.

23 años después de aquella escena, Okunowo asegura que no tuvo ni miedo a la responsabilidad ni vértigo por lo que se le venía encima: Nada más y nada menos que la oportunidad de su vida. Pero él insiste en que solo necesitaba un poco de fortuna para demostrar lo que valía. Puede que la inconsciencia sea el único aliado posible para asaltar el cielo.

—Como futbolista tienes que estar preparado para cuando te llaman. Para aceptar los retos que vienen y aprovechar las oportunidades.

Es lo último que dice Samuel antes de zambullirse por primera vez en la nueva vida que le espera en Barcelona. Con esa filosofía llega a la Ciudad Condal, es marzo de 1997 y por delante tiene dos semanas para convencer a unos tipos que se han especializado en seleccionar y pulir a las mejores promesas del fútbol español. Pero Okunowo también gana ese partido y hace buenos los informes de la Meridian Cup. En ese mes firma una especie de contrato, aunque por problemas burocráticos la firma oficial se retrasa hasta noviembre. Previo pago de 60.000 euros al Shooting Stars, Okunowo se incorpora en abril al filial, dirigido entonces por Juande Ramos. Este lo empieza a colocar de pivote organizador, al estilo de Guardiola o Sergio Busquets, y de central corrector. Las dos semanas que está a prueba las pasa en La Masía, donde comparte habitación con otra joven promesa africana, Babangida, entonces en el cadete. Pero la competición se termina a primeros de mayo y Samuel no ha podido debutar porque su condición de extracomunitario se lo impide al estar el filial en 2º División B (fútbol no profesional). Así que después de dos meses en Barcelona, Samuel vuelve a Nigeria y, según cuenta, se reincorpora a su antiguo equipo, el Shooting Stars, para echarle una mano en el final de Liga. Agradecido y comprometido, juega hasta junio con ellos. Son días de vino y rosa para Samuel, convertido ya en un ídolo en su ciudad natal, pero ni siquiera entonces la austeridad y la calma le abandonan.

—Era todavía un niño en ese momento y no recuerdo que celebráramos nada especial. No hicimos ninguna fiesta ni nada por el estilo. En realidad, en ese momento no era muy consciente de todo lo que me había sucedido, aunque van pasando los días y me doy cuenta de lo grande que es el club donde voy a estar. Pero mi cabeza decía "hay que trabajar y trabajar", yo solo estaba pensando en jugar al fútbol. Esa era mi ilusión. Yo había firmado el contrato con el Barça B, y yo pensaba, "vale, en tres meses o dentro de un año, si sigo así puedo jugar en el primer equipo". Mucho trabajo y suerte, es lo que pensaba en ese momento.

En julio vuela de nuevo a Barcelona. Y La Masía vuelve a recibirle con los brazos abiertos. Allí coincide con algunos de los mejores futbolistas de la historia del Barça, y no solo eso, además se entrena con ellos, comparte rondos con los Puyol, Xavi, Víctor Valdés, Pepe Reina, Gabri o con Mario Rosas. En el mítico caserón azulgrana también se encuentra con un jovencísimo Andrés Iniesta, aunque reconoce que quizá por

su timidez o quizá por no dominar todavía muy bien el castellano, no entabló grandes amistades con ellos. Lo de fantasear con llegar al primer equipo no se verbalizaba, era un anhelo interior.

Pero los obstáculos y los inconvenientes se reproducen casi desde el principio. Okunowo solo puede entrenarse con el Barça B porque la normativa no ha cambiado, y con el filial luchando por ascender a segunda división (será campeón del G.III de 2º B y ascenderá finalmente) él como extracomunitario no puede jugar ni un solo minuto en la liga de 2º B. Así que el Barça organiza partidos amistosos para que Okunowo pueda ir acoplándose a sus compañeros. Todos los jueves, además, se enfrentan al primer equipo. Es el día favorito de Samuel.

—"¡Samu, venga a jugar!", y yo me ponía muy contento.

Así transcurre su primera temporada como azulgrana en la que Okunowo nunca pierde la fe. El ascenso del filial a segunda división le abre un nuevo panorama competitivo. Por fin podrá ayudar a sus compañeros del B y enfundarse la camiseta culé en partido oficial. Pero en el verano del 98 Louis Van Gaal, siempre atento a los jóvenes, llama a diez canteranos para que hagan la pretemporada. Samuel es uno de ellos. Dos semanas después, solo cinco se quedan en el primer equipo: Xavi Hernández, Mario Rosas, Ibán Cuadrado, Jofre Mateu y Samuel Okunowo. De repente su vida pega un acelerón y en menos de un mes ha convencido a Van Gaal para disputarle el puesto de lateral derecho a todo un campeón de Europa como Michael Reizeger. Además no es una temporada cualquiera, el Barça está a poco menos de 6 meses de iniciar los fastos por su centenario. Es una campaña marcada en rojo para la entidad catalana, que culminará con la final de la Champions League en el Camp Nou. Todos los culés tienen depositadas en esa fecha, 26 de mayo de 1999, las esperanzas de una temporada que se presume histórica. Pero el curso no será sencillo, lleno de altibajos, obstáculos y ruido mediático. La Supercopa de España resulta un prólogo de lo que está por venir. En el primer partido oficial de la temporada, Okunowo es titular. Pero el recuerdo de la ida de la final de la Supercopa de España frente al Mallorca es triste para Samuel.

—Es un partido especial para mí. Creo que jugamos bien pero no tuvimos la suerte necesaria para ganar ese partido.

La preocupación gobierna las horas previas al partido. Okunowo sabe que los ojos de todos los aficionados estarán puestos en su sorprendente debut, en lo que será su primer partido oficial con el

Barça. Entonces recuerda que su representante al verlo nervioso, se acercó y habló con él para tranquilizarlo.

—Samu, hay muchos partidos por jugar, más de 1.000 en el futuro, ya lo verás. Este de hoy es solo uno. No tienes que estar preocupado, hay que ir con la cabeza alta, porque la siguiente semana habrá otro partido, y luego otro, y luego otro. Y tú has conseguido llegar aquí por ti mismo. Confía en ti.

Pese a las palabras de su representante, el Barça terminó perdiendo aquel partido (2-1) y aquel título frente al Mallorca. Okunowo asegura que él jugó bien, aunque todo queda en un segundo plano cuando pierde. Incluso cuando no conseguía dejar la portería a cero se iba contrariado a casa, "como defensa tu deber es que no te marquen gol. Pero si el rival marca y además perdemos, eso me fastidia mucho".

No iba desencaminado su representante, pues después de aquel estreno en Mallorca llegaron más partidos. El siguiente es el debut liguero frente al Racing de Santander, donde Okunowo también jugó de titular. Ese día, los azulgrana mantuvieron su portería a cero como le gustaba a Samuel, pero no pasaron del empate (0-0) en el Sardinero. Y es que a esas alturas Louis Van Gaal ya se había convertido en el gran valedor del nigeriano. El ex entrenador del Ajax desarrolló una especial relación con Samuel, con la confianza abriéndose paso a través de pequeños estímulos.

—Van Gaal era un tipo muy claro. Desde el primer día me dio confianza, pero no me engañaba. Me decía que estaba rodeado de cracks pero que eso no me tenía que importar, que lo importante era rendir bien. Lo que me exigía era que fuera siempre a tope, ya fuera un partido amistoso, uno de Liga, de Copa o de Liga de Campeones. Yo sabía que no tenía la calidad que tenían otros compañeros míos y eso él también me lo hacía saber.

Samuel recuerda con una mirada nostálgica aquellas conversaciones con Van Gaal, "sabía mucho de fútbol y me explicaba algunas características que tenía que desarrollar para mi posición". Asegura que el entrenador holandés con sus charlas y consejos nunca le metió más presión, todo lo contrario, le ayudó a mejorar, eran estimulantes para él, una motivación más.

—"Samu, tú tienes que aprender, aprender y aprender", me decía Van Gaal.

Okunowo sacó la vertiente más paternal y protectora del holandés, lejos de la cara más agria que veíamos de Van Gaal en las salas de prensa, inmortalizado en aquel ya mítico "siempre *negatifo*, nunca *positifo*". Las conversaciones se convirtieron casi en rutinarias después de cada entrenamiento.

—Cuando acabábamos de entrenar solía acercarse a mí y preguntarme: "¿cómo estás?, ¿te sientes muy fatigado? ¿Alguna molestia?". En esas charlas me decía que me fijara en los defensas de nuestro equipo, que observara sus movimientos, que aprendiera de ellos. Siempre se preocupó mucho por mí.

Tanto, que si en alguna ocasión no habían hablado después del entrenamiento, Louis Van Gaal no dudaba en descolgar el teléfono y llamar a Samuel. Eso solía ocurrir dos días antes del partido, incluso le avisaba si iba a ser titular en el encuentro del fin de semana. Entonces le explicaba lo que quería que hiciera en ese partido, a qué tipo de jugador se iba a enfrentar, si era un extremo rápido o un volante o si el delantero centro solía caer a banda. Van Gaal le decía que no se preocupara, que todo saldría bien y que al día siguiente lo trabajarían en el campo de entrenamiento.

—"Samu, ya sabes lo que hablamos ayer", recuerda Okunowo parafraseando a Van Gaal.

Esa era su manera de enseñarle y de protegerle. Y así, entre charlas didácticas y llamadas de teléfono, Samuel fue haciéndose un hueco en el lateral derecho del Barça a base de trabajo, compromiso y una mente siempre despierta para aprender y mejorar.

—Yo sabía perfectamente que no era un crack, era el típico jugador africano poco conocido y de repente me veo rodeado de los mejores jugadores del mundo, de jugadores famosos, de Rivaldo, de Figo, de Guardiola, de Xavi, y lo que intentaba era fijarme en ellos para aprender. Mi obsesión era estar siempre en forma y trabajar, porque estaba convencido de que así iba a estar en la lista de convocados para jugar.

Gracias a esa mentalidad, sus piernas le llevaron a donde su cabeza ni siquiera había imaginado: a los grandes estadios de Europa para disputar la Champions League. Mucho más que un sueño para Samuel, que de pronto se vio en el banquillo de Old Trafford, en un partido en el que le tocó ver el espectáculo desde la barrera (3-3). Sí que saltó al césped del vetusto Olímpico de Múnich, para enfrentarse a unos bávaros que infundían miedo con Khan, Effenberg o Elber en sus filas

(1-0). También estaría presente la noche del *hat-trick* de Rivaldo a los *Red Devils* en el Camp Nou. En esa ocasión, los que atraparon la remontada a última hora fueron los locales (3-3), pero los pupilos de *Sir* Alex Ferguson dieron un recital en un estadio que meses más tarde se colaría de por vida en la historia en mayúsculas del United. Lejos de lo que pudieran pensar los aficionados azulgrana de entonces, Okunowo disfrutó aquellos partidos. El nigeriano estaba pisando la luna.

—Para nada salía con miedo en esos partidos. Estaba contento de poder jugar con todos esos cracks a mi lado y enfrentarme a Beckham, a Dwight Yorke, a Andy Cole o Ryan Giggs. Aquello fue fantástico, posiblemente son los mejores recuerdos que guardo como futbolista.

Y es que los obstáculos iban a aumentar en el mercado de invierno. Después de negociaciones que se alargaron durante meses, el FC Barcelona se hacía con los servicios de los gemelos De Boer, Frank y Ronald, en diciembre de 1998. Louis Van Gaal utilizó a Ronald como comodín en varias posiciones del campo y una de ellas fue el carril derecho. Allí se terminó produciendo un atasco ya que tres jugadores, Reiziger, Ronald de Boer y el propio Okunowo se disputaban el puesto. Los dos primeros venían de ser campeones de Europa con el entrenador que ahora estaba sentado en el banquillo del Camp Nou, por lo que Samuel lo tenía todo en contra. Okunowo los recuerda como grandes jugadores a los que respetaba mucho, pero él quería competirles el puesto.

—Pensaba que si a lo largo de la temporada había cincuenta partidos y yo terminaba jugando 10 o 15 ya era una gran victoria para mí. Así era como me motivaba. Siempre pensaba en que podía jugar más en el futuro.

El último partido de Gbenga Samuel Okunowo con la camiseta del Barça fue el 17 de enero de 1999. El encuentro se disputó en el Benito Villamarín y los azulgrana se impusieron cómodamente por 0-3. Ahí desaparece el rastro de Okunowo como culé. Un rastro que nos deja 21 partidos a su espalda, 1.408 minutos jugados con 15 titularidades y un bagaje de 8 victorias, 5 empates y 8 derrotas. El nigeriano, casi a la misma velocidad con la que se instaló en el primer equipo, desapareció, no quedó vestigio alguno de él ni en el once titular ni en las convocatorias. Su efecto efervescente se diluyó. Samuel no recuerda que hubiera ningún motivo más allá del incremento de competencia entre sus compañeros que explique sus ausencias. Pese a todo, el entonces 22 azulgrana puede presumir en su palmarés de haber

ganado la Liga que el Barça conquistó por segundo año consecutivo bajo el mando de Louis Van Gaal. Para entonces, eso sí, el destino de Samuel Okunowo está lejos de Barcelona.

Lisboa, una segunda oportunidad

La siguiente parada de este viaje vuelve a ser Portugal. De nuevo Lisboa para abrazar un futuro que por momentos parecía ilusionante, una plataforma para reengancharse a la élite que, como cualquier piloto inexperto, necesita de muchas horas de vuelo. Antes de decidirse por el Benfica portugués, Okunowo ha consultado la decisión con Van Gaal. Es el técnico holandés quien le recomienda que se marche del Barça, quien le insiste en que busque un equipo donde pueda jugar, que es eso lo que necesita, para mejorar y para volver con más confianza al Barça. La idea de Samuel también es esa, marcharse para crecer y volver con más fuerza, con más conocimientos del juego, con más experiencia en la élite. Esa idea, la de volver, no se le irá nunca de la cabeza.

—Empecé muy bien en Portugal. Me sentía muy cómodo en el equipo y me dieron confianza desde el principio, pero el inconveniente allí fueron los muchos partidos que tenía con la selección de Nigeria.

En 1999 la FIFA todavía no había unificado los calendarios de África y Europa en cuanto a las competiciones internacionales, por lo que Samuel se encontró a lo largo de la temporada con la disyuntiva de elegir entre su equipo y su selección, ya que había partidos de clasificación para la Copa de África que se disputaban a la par que la liga portuguesa. La Copa de África se celebró del 22 de enero al 13 de febrero y tuvo a Ghana y Nigeria como los países anfitriones. El torneo se convirtió en una prioridad para las Águilas Verdes y Samuel Okunowo era consciente de que tenía que acudir a la llamada de su país. No era solo una cuestión de sentimiento o patriotismo, ausentarse de una convocatoria nacional supondría una sanción por parte de la FIFA. Así que Samuel se perdió un gran número de partidos con los lisboetas, no alcanzó la regularidad deseada y eso derivó, según él, en el descontento del Benfica, que vio cómo no pudo contar con una de sus grandes apuestas de futuro. Okunowo jugó la Copa de África en la que su selección fue subcampeona tras perder la final frente a Camerún. Perdió en los penaltis después de empatar a dos el partido. Peor suerte corrió en los Juegos Olímpicos de Sydney 2000, a los que Okunowo también acudió. Allí fue protagonista negativo al meterse un gol en propia puerta en el empate de su selección frente a la Italia de Pirlo. Las Águilas Verdes no pudieron defender el título olímpico conquistado cuatro años atrás y cayeron en cuartos de final por un contundente 4-1 frente a Chile, a la postre medalla de bronce.

De manera imperceptible, casi sin darse cuenta, Okunowo está perdiendo el tren de la élite. Las puertas se le han cerrado en su cara y en la estación del destino los trenes pasan muy de tarde de tarde. El siguiente tardará casi dos décadas en llegar. Por lo pronto, cuando regresa al Barça tras los Juegos Olímpicos, el entrenador ya no es Louis Van Gaal. Su puesto lo ocupa ahora Lorenzo Serra Ferrer, quien nada más llegar le comunica que no cuenta con él y que debe buscarse un destino, una salida. Pero las ofertas no llegan, o no llega ninguna que colme los deseos de Samuel. Así que se queda en el Barça pero sin ficha. El nigeriano se sigue entrenando para no perder la forma y en ese deseo por recuperar el puesto y volverse a sentir futbolista, el infortunio se ensaña con él. En un entrenamiento se rompe el cartílago de la rodilla izquierda y esa lesión le obliga a pasar por el quirófano. Es abril del 2001 y Okunowo estará más de tres meses en el dique seco. Es el golpe definitivo. Esa lesión lo expulsa definitivamente del paraíso futbolístico. Ya no pisará más la élite.

—Son cosas del fútbol. Golpes que te da. Estuve casi un año sin poder jugar entre la recuperación y las molestias que sentía luego. Me operó el doctor Cugat y fue un proceso de recuperación muy lento. Me molestaba mucho cuando inicié la recuperación, cuando intentaba volver a hacer ciertos ejercicios. El doctor ya me advirtió de que sería un proceso lento y que había que tener paciencia. Cuando no puedes jugar, cuando no puedes correr, estás un poco triste. Nos pasa a todos los futbolistas. A mí también.

Un vía crucis futbolístico

Lo que sigue a continuación es un peregrinar por las catacumbas del fútbol. Un descenso a los infiernos en el que cada paso que se da es un escalón que se baja. La escalera parece no tener fin, hasta que uno se da cuenta que el mejor refugio es el hogar, la primera casilla de esta andadura vital siempre está dispuesta a recibirte con los brazos abiertos. Volver a ella puede suponer en ocasiones un fracaso, otras veces es un verdadero alivio. Así que el particular vía crucis de Okunowo se inicia en Badajoz, allí lo cede el Barça para intentar que vuelva a recuperar la confianza siendo importante en un equipo de segunda división. Pero las molestias siempre presentes le impiden siquiera debutar. Y tras una nueva temporada en blanco, el Barça opta por darle la carta de libertad para que le sea más fácil encontrar equipo. Grecia y el Ionikos es la siguiente estación de su calvario. Pero allí tampoco puede despuntar, la confianza ha quedado extraviada en algún lugar de este periplo y la rodilla, maltrecha, no responde igual que antes. Las molestias se vuelven intermitentes y Samuel no consigue arraigar en ningún sitio. De Grecia salta a Rumanía, donde juega en el Dinamo Bucarest, de allí al SK Tirana de Albania, a continuación llega a Ucrania, el período de mayor estabilidad al jugar en dos equipos, el Metalurh Donetsk y el Stal Alchevsk. De allí viaja a las Maldivas, pero no para irse de vacaciones. Samuel Okunowo tiene entonces 30 años y se marcha al VB Sports Club de Maldivas con el único deseo de seguir corriendo detrás de la pelota.

—En Albania solo me reuní con los representantes del club. Cuando llegué allí no me gustó lo que vi y no llegué a jugar para el club. Solo estuve una semana y me di cuenta de que no quería jugar allí. No me gustaba el ambiente, la ciudad, lo que vi en el club", puntualiza Okunowo.

Samuel asegura que él solo buscaba jugar al fútbol en esos países, que lo que no quería era que su cabeza empezara a dar vueltas, él no podía estar parado. Por eso nunca pensó en tirar la toalla, en abandonar el fútbol y probar suerte en otros terrenos. Durante todo ese peregrinar su única obsesión era volver a dar un salto en su carrera hacia adelante, regresar a una liga importante. Okunowo asegura también que nunca tuvo problemas de pago en estos clubes, y aunque unos podían ser destinos más complicados que otros, él se centraba en jugar. Incluso en las Maldivas, donde las playas y el paisaje son solo algunas de las tentaciones de ese paraíso en la tierra.

—Fui para coger un poco la forma y seguir activo. Jugué allí tres meses. Había buenos campos de fútbol. Había un estadio en el que siempre juega la selección y este es uno de los mejores del país, tiene un buen césped y buenas instalaciones. También hay estadios rodeados de palmeras o al lado de la playa, claro, eso es lo habitual allí. Son campos muy bonitos para jugar. El de Maldivas era un equipo potente económicamente, era un club serio y a mí me pagaban siempre.

Desde que se marchó al Ionikos hasta que dejó el Waltham Forest, el siguiente paso tras las Maldivas completó un nuevo récord. En esos ocho años apenas había jugado más de una veintena de partidos. Así que fue casi un milagro que el Sunshine Stars se interesara por un jugador de 33 años, con unas rodillas reventadas y la confianza por los suelos. Pero a Samuel Okunowo todavía le quedaba un último sorbito de fútbol y se lo iba a tomar en Nigeria. El hijo pródigo volvía a casa en 2012 para colgar allí las botas, aunque el drama acechaba para ponerle una nueva zancadilla. El Sunshine Stars era uno de los grandes equipos de Nigeria, el principal de la ciudad de Akure, hasta donde tenía que desplazarse Samuel cada día para entrenar. Cuando llega, es uno de los más veteranos de la plantilla y un auténtico referente para sus compañeros, que lo ven como un trotamundos del fútbol, y que en ningún caso olvidan que llegó a jugar en el FC Barcelona. Un sentimiento que se reproduce entre directivos del club y entrenadores. Okunowo asegura que estaba en perfectas condiciones para jugar al fútbol en ese momento, aunque su figura ya era más valorada por lo que podía aportar gracias a su experiencia que por su rendimiento sobre el césped.

—Los niños y los más jóvenes podían aprender muchas cosas de mí. Yo les intentaba ayudar en todo lo que podía y fue un año que el fútbol me regaló para sentirme bien y a gusto con lo que hacía. Ese es el mejor recuerdo.

El segundo rescate: volver a empezar

El fundido a negro se produce de madrugada. Ocurre en los primeros días de julio de 2012. Okunowo cree despertar en el infierno, rodeado de llamas que devoran su casa, sus pertenencias, sus recuerdos, y también sus últimos días de fútbol. El incendio en una central eléctrica de Ibadán termina alcanzando su casa. Samuel consigue ponerse a salvo a tiempo pero a su alrededor un aroma a pesadumbre y desesperación se extiende hasta que a la mañana siguiente se confirman los peores augurios: las llamas lo han devorado todo. Es el golpe más fuerte de todos los sufridos en su vida.

—Lo primero que oigo son gritos de "¡Fuego! ¡Fuego! ¡Fuego!" y en ese momento me despierto. Se me hace muy difícil recordar todo aquello. Es el día más triste de mi vida. Se quemó toda mi casa, aunque yo al

menos me pude salvar. No tuve tanta suerte con mis pertenencias de futbolista, las camisetas que había guardado, los trofeos, las botas, las fotografías... todo se quemó.

Entre esas pertenencias también estaba la documentación oficial, lo que va a complicar aún más la reconstrucción de su vida. Sus amigos más cercanos, y principalmente su hermano, son los primeros en darle cobijo y ayudarle a superar un golpe que hace mella sobre todo en lo anímico. En esos momentos Okunowo todavía pertenece a la disciplina del Sunshine Stars pero según el defensor nigeriano, el club no estuvo a la altura de las circunstancias. Poco o nada hicieron por ayudarle y Samuel terminó colgando las botas de manera abrupta. Por primera vez en su vida el fútbol no era lo primordial.

Lo primordial ahora es reconstruir su vida, la misma que ha saltado por los aires en un abrir y cerrar de ojos. Esos primeros días transcurren en casa de su hermano, quien le abre las puertas para que pueda ir saliendo hacia adelante poco a poco. Afortunadamente, el resto de su familia no está con él cuando se produce el incendio, su esposa y sus hijos están en Inglaterra. Se quedaron allí para que los pequeños pudieran continuar en el colegio y con los estudios de una manera más adecuada que en Nigeria. En medio de todo ese caos, Samuel Okunowo es un recién jubilado del fútbol que tiene que aprender, no exento de dificultades, lo que se esconde más allá de la retirada como futbolista. En su caso, lo primero es solicitar los documentos oficiales que ha perdido en el incendio, sin los cuales no puede trabajar.

El fútbol va a tardar poco en volver a actuar de bálsamo. Tras el incendio comienza a asesorar a varios clubes locales, pero apenas recibe remuneración por ello. Poco después consigue unirse a un equipo de ex jugadores internacionales de Nigeria para jugar con ellos. No se trata de partidos oficiales, ni mucho menos, pero sí que entrenan dos tardes por semana y juegan partidos una vez al mes. Okunowo explica que era una manera de ayudar a todos esos jugadores que no tienen una profesión clara después de retirarse, aunque para él la principal ayuda era "evitar que me quedara en casa, así tenía alguna actividad que hacer. Así mi cabeza estaba bien. De alguna manera era volver a lo mismo de siempre: viajar con los compañeros y jugar al fútbol".

A pesar de vivir en la era de internet, la noticia del incendio que ha devorado la casa de Okunowo tarda en llegar a Barcelona. El 23 de julio del 2012 el *Diario Sport* se hace eco de unas declaraciones del propio Samuel Okunowo al portal Goal.com. Al día siguiente es entrevistado en COM Radio, una emisora catalana en la que solicita ayuda para salir de su país. Ese es el altavoz definitivo para que la noticia alcance la planta noble del Camp Nou. La Fundación del Fútbol Club Barcelona y la Asociación de Veteranos del club, a través de su presidente, Ramón Alfonseda, es el primero en mover ficha y llama a Samuel para ofrecerle su ayuda.

—"Samu, ¿qué necesitas? ¿Cómo podemos ayudarte?". Era la primera vez que hablaban conmigo pero ahí ya me preguntaron si quería volver a Barcelona o prefería quedarme en Nigeria. Ellos me ayudarían de todos modos, me dijeron. Ellos han estado siempre ahí y es de agradecer. Eso nunca lo voy a olvidar.

Desde esa primera llamada hasta que Okunowo vuela de vuelta a Barcelona transcurrirán cinco años. Samuel nunca perdió la esperanza en ese lustro marcado por la burocracia, por los innumerables documentos oficiales que tuvo que rellenar y un permiso de trabajo que se retrasó más de lo deseado. Desde la Agrupació de Veterans del Barça confirman la delicadísima situación en la que se encontraron: "No podía recibir ayuda ni dentro ni fuera del país, por lo que iniciamos los trámites para sacarlo de allí y traerlo de vuelta a Barcelona. Ahora, gracias a la Agrupació vive y trabaja en Cataluña. Juega con los veteranos, pero lo más importante no son los partidos o los entrenamientos. Lo más importante es la formación que estamos dando a personas como Samuel para afrontar un futuro para el que no estaban preparados. Ahora ya tiene trabajo y lo que queremos es que pronto pueda reunir a su familia en Barcelona".

A Samuel Okunowo se le acumulan hoy los sentimientos en su garganta. De allí salen palabras de agradecimiento y de alivio. Dice sentirse feliz y en deuda. Un sentimiento compartido por su familia, la que siempre estuvo a su lado, y la de ahora, esa que se junta algunas tardes en la Ciudad Deportiva de Sant Joan d'Espí para entrenar, con más barriga y menos pelo que antes, pero con las mismas ganas de siempre.

—Ahora poco a poco mi cabeza está bien porque cuando tú pasas muchos problemas hay que ir reponiéndose despacio. Estoy animado e ilusionado porque ahora entreno un par de veces a la semana con los veteranos y jugamos una vez al mes o así contra otros equipos. Esta pandemia mundial también nos ha obligado a parar a nosotros, pero yo estoy utilizando este tiempo para aprender catalán. Es muy importante para mí, porque cuando voy a ver a los niños en los hospitales o

participo en algún acto de peñas, la gente se alegra mucho de ver a un ex-jugador. A mí me gustaría poder responderles en catalán, hablar su lengua, es un signo de respeto y de agradecimiento para mí y más con todo lo que el club y la Agrupació han hecho por mí. Siempre les daré las gracias.

Gbenga Samuel Okunowo ha alcanzado su particular redención, a pesar de que esta remontada no haya alcanzado la primera plana de ningún periódico. Y eso que el resultado parecía insalvable allá por 2012. Ocho años después y tras dos rescates vitales, el marcador está a su favor, capaz incluso de ser él quien presta la ayuda y no quien la recibe. Ejemplo de perseverancia y resiliencia, Okunowo acababa de dar un paso más en su reconstrucción vital antes de que el Covid-19 dejara nuestras vidas en *stand by*. En la primera semana de marzo, unos días antes de que se declarase la pandemia mundial, Samuel había conseguido jugar con los Barça Legends en Colombia. Era su segunda primera vez con los azulgrana, un regreso al pasado en el que tirar paredes de nuevo con Puyol, Giovanni, Saviola, Rivaldo, Sergi o Miguel Ángel Nadal. Un lifting de 22 años. Un orgullo para Okunowo. Una ilusión por la que, mucho tiempo después, seguir corriendo detrás de la pelota.

El impuesto Okunowo

La Agrupación de Veteranos del Barça, como la de tantos otros equipos, tenía desde el mismo día de su fundación la misión prioritaria de ayudar a los antiguos jugadores del club que colgaban las botas y no encontraban facilidades y recursos para continuar con su vida. Los fondos limitados de la Asociación han sido en ocasiones la principal traba para llevar a cabo sus proyectos. Aunque esas cuentas son más boyantes desde que Xavi y Puyol se reunieron con Ramón Alfonseda para intentar colaborar de alguna forma con la entidad. El acuerdo al que llegaron es que los jugadores prestarían un tanto por ciento de su sueldo anual a la Agrupació con el fin de que se beneficiasen los antiguos jugadores más necesitados. Así se estipuló con los dirigentes que el 1% de su sueldo iría a parar a la Fundación del FCB y a la Agrupació de Veteranos. Desde el 1 de julio de 2010 todos los contratos de los jugadores del primer equipo del FC Barcelona incluyen esta cláusula.

Precisamente esa cláusula se conoció entre bambalinas del vestuario azulgrana como "Impuesto Okunowo", ya que el nigeriano solía pasarse a saludar a sus compañeros de vestuario en sus largos períodos de inactividad como futbolista y en alguna ocasión llegó a pedirles ayuda económica. Ante esta situación, agravada en el caso de Samuel tras el incendio que sufrió en su casa, Xavi y Puyol intentaron buscar una solución para que ningún antiguo jugador azulgrana pasara por lo mismo.

Samuel Okunowo defiende a Salihamidzic en el Olímpico de Munich en un partido de fase de grupos de la Champions League 98/99.

CAPÍTULO 5

LUTZ EIGENDORF. CUANDO DESERTAR ES MARCARSE UN GOL EN PROPIA PUERTA.

Cuando sube las escalinatas que dan acceso al Santiago Bernabéu, un escalofrío recorre su cuerpo. Todo ha merecido la pena, piensa. En ese estadio se jugará dentro de cuatro meses la final de la Copa del Mundo y Lutz Eigendorf se siente ante su particular final del Mundial cuando acaricia las briznas del coliseo blanco. Es el partido más importante de su trayectoria deportiva, allí juega con el Kaiserslautern el encuentro de ida de los cuartos de final de la Copa de la UEFA de 1982. Se enfrentan nada menos que al subcampeón de Europa y, pese al buen momento tanto personal como deportivo que vive, no puede impedir que su equipo pierda 3-1 frente a los merengues. Lutz salta al terreno de juego con el 3 a la espalda y no logra comprender la reacción airada de la grada a pesar de la victoria de los suyos. La bronca del Bernabéu se reparte entre los cambios de Vujadin Boskov y un Juanito irascible que ha terminado celebrando el 3-0 haciendo varios cortes de manga a la tribuna. Encima, el gol germano en los últimos instantes del encuentro ha abierto una espita a la remontada. La venganza de *Die Roten Teufel* (Los diablos rojos) se producirá apenas dos semanas después, aunque son otros demonios, con cara y ojos, los que a esas horas atemorizan a Lutz Eigendorf. También ellos culminarán su venganza.

Breves momentos de alegría pasajera

Explicaba su compatriota Arthur Schopenhauer en *El arte de ser feliz* que "la vida es deseo siempre insatisfecho; la vida oscila como un péndulo entre el aburrimiento y el dolor, transitando de un lado a otro a través de breves momentos de alegría pasajera". La frase bien podría ser una síntesis de la vida de Lutz y el partido de vuelta frente al Real Madrid uno de esos instantes de alegría pasajera. Para llegar hasta ahí sus compañeros se habían deshecho anteriormente del Akademik Sofia búlgaro y del Spartak de Moscú. Ambas eliminatorias suponían el desplazamiento al otro lado del telón de acero, por lo que Lutz no viajó. Los búlgaros, un equipo muy inferior al 1.FC Kaiserslautern opusieron poca resistencia y terminaron perdiendo los dos partidos. Más complicado resultó eliminar al todopoderoso Spartak de Moscú, el conocido como equipo del pueblo en la antigua Unión Soviética se impuso en la ida por 2-1. En la vuelta, los alemanes empezaron a mostrar de lo que eran capaces de hacer en el vetusto Betzenbergstadion cuando se impusieron por 4-0 a los soviéticos. En esa remontada también puso su granito de arena Eigendorf, que sorprendentemente jugó el partido de vuelta. También fue de la partida en la tercera ronda de la Copa de la UEFA. Esta vez el bombo los emparejó con el Lokeren de Bélgica, por lo que Lutz estuvo presente en ambos encuentros. En el Betze tocó remontar de nuevo el 1-0 de la ida. Aupados por su público, los hombres de Karl-Heinz Feldkamp dieron otra exhibición para superar por 4-0 a los belgas.

El Madrid, por tanto, estaba avisado de la mística que rodeaba al monte Betzenberg en las grandes noches europeas. Sobre las laderas de ese collado, al sureste de la ciudad, se encontraba el viejo estadio del 1.FC Kaiserslautern inaugurado en 1920. La coqueta y recogida casa de Los diablos rojos se convertía en un hervidero cada vez que la pelota echaba a rodar. Los aficionados jugaban su partido y en ese escenario solo les faltaba marcar algún gol. No necesitaron tanto la noche en que el Real Madrid les rindió visita, esta vez con Eigendorf en el banquillo y esperando su oportunidad. Los blancos fueron atropellados nada más salir. A los 17 minutos de contienda la ventaja que traían los españoles se había esfumado, este fue el tiempo que tardó el Kaiserslautern en igualar la eliminatoria. El infierno alemán acababa de prender la mecha.

A la eficacia teutona de esos primeros 20 minutos le siguió la desesperación blanca que aumentó tras un penalti fallado por García Cortés. El arbitraje casero del colegiado húngaro Karoly Palotei terminó de rematar a los merengues. A la media hora, San José fue expulsado. Antes del descanso, el que enfiló el camino de los vestuarios fue Laurie Cunningham. Pero las expulsiones no se detuvieron ahí, el Madrid terminó con ocho jugadores el partido después de que Pineda viera la roja en el minuto 65. Para entonces, los germanos ya ganaban 4-0 y la manita se redondearía 8 minutos después con el definitivo 5-0 de Geye. Con el encuentro y la eliminatoria resuelta, el técnico Feldkamp dio entrada a Lutz Eigendorf en el partido. El Kaiserslautern ponía un dique de contención para evitar sobresaltos.

Las crónicas del partido en España repetían machaconas términos como "humillación", "debacle", "noche negra" o se acomodaban en la cacareada "maldición blanca en Alemania". Así de contundente se mostraba Julio García Candau, enviado especial de El País a Kaiserslautern esa noche: "El Madrid dio pena porque un club con su historial no puede ser vencido y humillado como lo fue en Kaiserslautern. El ambiente fue hostil, pero el equipo madridista no supo responder con la mínima serenidad exigible a un conjunto profesional". Fue posiblemente la noche más feliz para Lutz Eigendorf en un terreno de juego. Se acababa de clasificar junto con su equipo para unas semifinales de la Copa de la UEFA, un torneo que poco o nada tenía que ver con el actual formato de Europa League. Entonces y hasta la ampliación de la Champions League a finales de los noventa, el torneo lo disputaban los segundos y terceros clasificados de las ligas europeas. Solo el campeón del campeonato local acudía a la Copa de Europa, lo que provocaba que el nivel de la Copa de la UEFA fuera altísimo, al coincidir varios equipos de las principales ligas europeas. En ocasiones incluso superaba el nivel de la máxima competición continental. Y en esas semifinales de la temporada 1981/82 el Kaiserslautern cruzó sus caminos con el IFK Goteborg entrenado por un joven de 34 años llamado Sven Göran Eriksson. La eliminatoria resultó muy reñida y se decidió por un detalle nimio. El partido de ida se disputó en territorio alemán y ambos conjuntos empataron a uno en el Betzenbergstadion.

El resultado no fue bueno y Lutz Eigendorf tenía el rostro apesadumbrado tras no disputar ni un minuto del partido. Su confianza se resintió, porque el fútbol era el único salvoconducto en una vida demasiado agitada.

Para el partido de vuelta, disputado el 21 de abril de 1982 en el Estadio Ullevi de Gotemburgo, no formó parte del once inicial. Los suecos se adelantaron al filo del descanso, pero Geye puso la igualada poco antes de la hora de partido. En el minuto 75, Lutz saltó al terreno de juego. Lo hizo sustituyendo a su compañero Funkel, aunque su aportación no logró desnivelar el encuentro. Con ese empate a uno concluyeron los 90 minutos reglamentarios, por lo que la eliminatoria necesitó de un tiempo extra para resolverse. En la prórroga, los suecos,

arropados por su gente, tomaron ventaja con un gol de Frediksson que olía a sentencia. El Kaiserslautern se revolvió, pero no logró empatar de nuevo la contienda. El Goteborg culminó su temporada alzando la Copa de la UEFA tras vencer a doble partido a otro conjunto alemán, el Hamburgo de Ernst Happel.

El partido de su vida

Lutz Eigendorf era la estrella del Dynamo de Berlín a finales de los setenta. Tras diez años en el club, había ido escalando desde las categorías inferiores hasta lograr su debut con apenas 18 años. Su poderosa zancada, sus artes defensivas y su buena salida con el balón le habían valido el apodo del Beckenbauer del Este. Su proyección lo había llevado a ser internacional con la RDA, la República Democrática de Alemania, en seis ocasiones cuando en marzo de 1979 encabezó la expedición del equipo berlinés que cruzó la frontera. El Dynamo de Berlin se desplazó el 19 de ese mes hasta Kaiserslautern para disputar un partido amistoso. Desde 1953, en los albores de la guerra fría, el Dynamo había pasado de ser el equipo de la policía a estar controlado por la Stasi, una instancia superior que remitía directamente al Ministerio para la Seguridad del Estado. En los últimos años de la década de los setenta, la Stasi, con Erich Mielke como director, se había propuesto potenciar al Dynamo de Berlín. En ese contexto el balón no solo servía para marcar goles, sino que detrás de cada golpeo a la pelota había una lucha por mostrarse más potentes y desarrollados que sus vecinos, la República Federal de Alemania (RFA). El desnivelado duelo deportivo se disputaba a ambos lados del muro. Se trató de otra ramificación de la Guerra Fría y es en ese escenario en el que surgió la capacidad técnica y el liderazgo de Lutz Eigendorf. En esa atmósfera, el apodo tampoco es casual. Ese Beckenbauer del Este solo se entiende dentro de la carrera fratricida emprendida por las dos Alemanias, de esa lucha de poder en la que el deporte también iba a saltar al terreno político, con el fútbol como altavoz y como uno de los escasos hilos en la gélida comunicación entre las dos Alemanias.

En esa carrera por imponer su forma de vida, el Dynamo de Berlín había fichado a los mejores jugadores de la Oberliga (el campeonato liguero de la Alemania del Este) y había realizado varias giras a un lado y otro del muro para enfrentarse a las escuadras más potentes, algo que también aprovecharon para transmitir la ideología comunista. En ese ambicioso proyecto Lutz Eigendorf era la piedra angular y con ese peso a su espalda saltó al terreno de juego del Betzenbergstadion, el hogar del Kaiserslautern. Lutz se moría por jugar ese partido, todo le sabía a nuevo, todo tenía el aroma de lo sugerente: el corte del césped, el tacto con el balón, la intensidad de los focos, o el ambiente que provocaban en las gradas los 11 600 espectadores que acudieron al estadio. Era apenas media entrada, pero ya más del doble de los que acudían a verlos a ellos cada fin de semana. Eigendorf encabezaba el once inicial planteado por Jürgen Borgs, el entrenador de un equipo que contaba en sus filas con jugadores como Frank Terletzki o el portero Bodo Rudwaleit. Todos ellos vistieron un rojo encarnado que se contraponía con el blanco del uniforme del Kaiserslautern, solo manchado por la marca publicitaria Streif. Una anomalía a ojos de un ciudadano del Este como Eigendorf.

Lo cierto es que el partido no tuvo historia y se resolvió con una contundente victoria para el Kaiserslautern por 4-1. Lutz, que había jugado con el 4 a la espalda, lideró la zaga y mostró gran parte de su repertorio. Sus galones en el equipo quedaron de manifiesto con las continuas correcciones que hacía a sus compañeros, así como su buena salida de balón con la que propició varios contragolpes. El defensa salió satisfecho con el trabajo realizado y a pesar de la derrota no temió por una posible reprimenda desde el partido. Perder entraba en los planes, pues su rival del oeste era superior táctica y técnicamente, solo en lo físico podían equipararse a uno y otro lado del muro. Lutz, al menos, había disfrutado de la experiencia, aunque ese contacto con los grandes jugadores de la Bundesliga, con estadios más grandes y ante equipos que les pongan en verdaderas dificultades, es lo que él anhelaba. Quizá por ello su cabeza se agitó bajo la ducha del vestuario rumiando su próximo contraataque.

La cena oficial tras el partido tuvo lugar en el Hotel Savoy y concentraba a ambos contendientes. Cada uno por su lado, eso sí. Allí se encontraba hospedada la expedición del Dynamo, que nada más terminar de cenar y escuchar los discursos oficiales se marchó de nuevo a sus habitaciones. A las cinco de la madrugada estaban convocados en el vestíbulo del hotel para partir de vuelta a su hogar. Pero Lutz, que compartía habitación con el capitán del equipo Frank Terletzki, no tenía sueño. Algo le bullía por dentro. Era consciente de que la aventura se acababa, que el mundo occidental que apenas había saboreado volvería en unas horas a ser un recuerdo melancólico. Una postal de una realidad paralela, tan próxima como imposible. El tedio

de la rutina volvería a apoderarse de todo y ni siquiera el fútbol calmaría esa desazón interior que llevaba tiempo anidando en sus entrañas. Entonces Lutz se miró en el espejo, se atusó el pelo y se armó de valor para salir de la habitación. Desnortado y temeroso, encontró refugio en el bar del hotel, donde una decena de personas disfrutaban de la velada. El destino le iba a dar el siguiente pase de gol: un empleado del Kaiserslautern lo había reconocido y se acercó a charlar con él.

Soy Rudi Merks, el director deportivo del Kaiserslautern, encantado.

Yo soy Lutz Eigendorf, jugador del Dynamo de Berlín.

Lo siguiente que hizo fue invitarle a una cerveza. Charlaron del partido de esa tarde, de aspectos tácticos, de las diferencias técnicas entre sus compañeros y los rivales, de lo lejos que estaba la Oberliga y la Bundesliga, del fútbol al otro lado del muro, del estilo de vida, de las comodidades que observaba en la Alemania occidental y de la escasez de motivaciones profesionales y personales de un hombre que vivía bajo la dictadura comunista. Casi sin querer, Lutz Eigendorf se había abierto en canal frente a Merks. Las cervezas habían colaborado. Ambos rieron y recordaron anécdotas de sus inicios, Merks le explicó su corta carrera profesional fruto de las lesiones, sus intentos por volver a sentirse futbolista y finalmente la necesidad de buscarse otras vías alternativas para seguir viviendo de su pasión. A las cuatro y media de la madrugada, el director deportivo del Kaiserslautern le recomendó a Lutz que se marchara a dormir, que debía descansar algo antes de emprender el viaje de vuelta. La respuesta de Eigendorf fue un gol por toda la escuadra.

—No pienso volver. Me quiero quedar en occidente.

—Pero... ¿y tu mujer? ¿y tu hija?, de las que me hablabas antes...

Fue lo primero que le salió a Merks, justo antes de que por primera vez en toda la noche un muro de silencio se levantara entre ellos dos. Lutz lo saltó sin remordimientos y confesó que su matrimonio no iba bien, "ni bien ni mal", balbuceó, para terminar reconociendo que el que no tenía las cosas claras era él. Lutz también dijo necesitar otra cosa, otros estímulos, otra vida, en definitiva, porque ya nada era como antes. Merks no sabía cómo achicar agua en medio de la tormenta emocional que tenía enfrente. El aguacero no parecía remitir ante la siguiente ocurrencia de Lutz.

—Lograré traerlas aquí, a mi hija Sandy y a mi mujer Gabriele. Empezaremos aquí de cero.

Merks pensaba que todo aquello era producto del alcohol, que Lutz no podía hablar en serio. Aquella reunificación familiar a este lado del muro parecía un castillo de naipes que la resaca del día siguiente se encargaría de demoler, una quimera que ni siquiera intentó rebatir. Lo que sí hizo fue sacar de su bolsillo una tarjeta y extendérsela a Lutz, quien recogió el guante de inmediato. El futbolista estrechó la mano del director deportivo y se despidió de él con un contundente: "Nos veremos, gracias". Eran casi las cinco de la mañana cuando Eigendorf abrió la puerta de su habitación.

LA HUIDA

El capitán Frank Terletzki estuvo presto para hacerle la cobertura. Media hora después, todo el equipo estaba desayunando en el comedor del Hotel Savoy. Lutz pidió el café cargado para intentar disimular el cansancio y difuminar el rojo de sus ojos. A las seis y cuarto toda la expedición estaba montada en el autobús para volver a casa. Antes de cruzar la frontera, el Dynamo de Berlín pararía en un pequeño pueblo, Giessen, a orillas del lago Lhan, al norte de Frankfurt. Allí tendrían poco más de un cuarto de hora para gastar el dinero occidental restante. Una especie de premio para los futbolistas que había sido acordado previamente con el teniente coronel Kirste, representante político del gobierno de Berlín oriental en el encuentro. Un auténtico privilegio para cualquier ciudadano del Este que ni siquiera podía imaginar a lo que sabía el tabaco Marlboro, cómo sentaban unos vaqueros Levi's o a qué sonaba el último disco de Queen.

—"¡Quince minutos!", insistió el entrenador Bogs mientras los futbolistas salían del autobús.

Lutz intentó pronto separarse del grupo. Se retrasó mirando varios escaparates e incluso les dijo a sus compañeros que siguieran, que más tarde los alcanzaría. Acto seguido dobló una esquina y aceleró el paso por una de las calles adyacentes a la zona comercial de Giessen. Cuando se creía alejado del grupo se topó con su compañero Riediger, el delantero y el defensa se saludaron y siguieron sus caminos, pero justo antes de meterse en otra calle, Eigendorf miró para atrás. Riedeger

se había quedado mirando. Lutz esbozó una ligera sonrisa nerviosa y se perdió tras la muchedumbre. Lo siguiente fue echar a correr sin un rumbo fijo hasta que advirtió un taxi y lo paró. Ni siquiera perdió tiempo indicándole la dirección al taxista. El futbolista simplemente le extendió la tarjeta que hace unas horas le había entregado Merks y el chófer puso rumbo a Kaiserslautern.

Los informativos al otro lado del muro hablaron de deserción en cuanto se conoció la noticia. No era el primero, ni sería el último, pero a todas luces la huida de Lutz Eigendorf, la estrella del Dynamo de Berlín, removió los cimientos de la República Democrática alemana. Gabi fue la primera en conocer la noticia. A las 12 de la noche dos funcionarios del Ministerio para la Seguridad del Estado se personaron en su casa. Son ellos los que con rostro hierático le explicaron que su marido no había regresado de Kaiserslautern y que se veían obligados a llevársela para tomarle declaración. Gabi explicó entonces que su hija Sandy, de dos años y medio, dormía en su habitación y que no se podía marchar. Uno de los funcionarios le aseguró que no debía preocuparse, desde el ministerio ya habían mandado a una compañera para que se encargara de la niña mientras a ella le tomaban declaración. Pasó toda la noche respondiendo preguntas, explicando por activa y por pasiva que su matrimonio funcionaba, que nunca había hablado con su marido la posibilidad de marcharse de la RDA, que Lutz tenía todo lo que se podía querer a este lado del muro, incluido una mujer y una hija, por lo que no entendía los motivos de su marcha. Es más, estaba convencida de que le había pasado algo y que en ningún caso se había fugado. ¿Por qué haría una cosa así? Si además en el fútbol todo le iba genial, contaba con la confianza del entrenador, era internacional con la Selección y titular en el equipo de su vida...

—"Ese es el principal problema, que juega en el equipo de nuestras vidas", la interrumpió el capitán de la Stasi Rainer Clement, quien en esos momentos la interrogaba.

Las preguntas se sucedieron hasta las 8 de la mañana, cuando por fin dejaron a Gabi irse a casa. No era la única que tenía que dar explicaciones. Un abogado perteneciente al órgano de investigación de la Stasi, Günter Winfried Hey, había llegado hasta Brandemburgo, donde vivían los padres de Lutz, Jörg e Ingeburg Eigendorf. Fue el padre quien respondió a las preguntas con las que intentaban escudriñar el paradero desconocido de su hijo. Para entonces, Gabi ya estaba en casa. Pero el domicilio familiar era un nido vacío del que Sandy, la pequeña hija del matrimonio, también había volado. El partido no había hecho sino comenzar para la Stasi.

Un monstruo llamado Erich Mielke

La línea que separa al superviviente del asesino se vuelve difusa en una vida tan agitada como la de Erich Fritz Emil Mielke. Nacido en 1907 en el seno de una familia acomodada de convicciones socialdemócrata, mostró desde muy joven un alto compromiso con las ideas comunistas. En 1925, en los convulsos tiempos de la República de Weimar, se hizo miembro del partido comunista alemán (KPD) y en 1928 estaba trabajando como reportero del periódico Rote Fahne. No contento solo con portar el carnet de la hoz y el martillo, se alistó también en la organización paramilitar de su formación política. Así fue como participó en el asesinato de dos oficiales de la Policía en 1931, en pleno auge del nazismo, lo que provocó su huida de Alemania. Ahí se salvó por primera vez de los nazis. Su exilio fue primero Amberes, aunque el destino final lo llevó a la Unión Soviética, donde comenzó a trabajar para el NKVD, el servicio de inteligencia y seguridad en los tiempos de Stalin. Desde allí fue destinado a España para participar en la Guerra Civil. Como aliado de la República española sirvió como comisario político en el Servicio de Información Militar y no dudó en colaborar en las purgas contra quienes eran tachados de anticomunismo. Tras el fin de la contienda volvió a Moscú para convertirse en un discreto funcionario.

El golpe de timón de su vida se produjo cuando conoció al general Ivan Serov, jefe de la policía secreta de la Unión Soviética (KGB) del que supo ganarse su confianza. Fue Serov quien lo envió en 1949 de vuelta a su Alemania natal, concretamente a Berlín, como alto funcionario del aparato policial de la recién creada República Democrática de Alemania. Al poco tiempo ingresó en el Ministerio para la Seguridad del Estado y su ascensión no se detendría hasta 1957, cuando fue nombrado ministro de Seguridad y jefe de la Stasi. Mielke tenía el respaldo de los soviéticos que tutelaban el régimen instaurado en la orilla este de Alemania, pero incluso entonces supo guardar un premeditado segundo plano. Su nombre y sobre todo su rostro nunca aparecían en los medios, aunque sin su destacado papel no se puedan entender las tres siguientes décadas en la RDA que nos llevan hasta la caída del muro de Berlín.

Para el historiador alemán John Koehler, Mielke convirtió la Stasi en un instrumento para la opresión de la población de Alemania oriental, así como también elevó hasta la máxima sofisticación a uno de los servicios de inteligencia más efectivos del mundo. La Stasi se convirtió en un cuerpo mastodóntico y temible para los ciudadanos. En su máximo apogeo llegó a tener 85 000 agentes en nómina, a los que se sumaban los cerca de 180 000 informantes que colaboraban en el espionaje y delación de los 16 millones de habitantes de la RDA. Cualquier desliz, ya fuera en forma de comentario hostil o actitud sospechosa, por no hablar ya de mantener contacto con cualquier disidente, era castigado con severas penas de cárcel.

En el enorme complejo de la Stasi, situado en Normanstrasse, se llegaron a almacenar millones de informes sobre los ciudadanos elaborados a partir de las confidencias de amigos, compañeros de trabajo e incluso esposas. Mielke manejaba el organismo con puño de hierro y no le temblaba el pulso para decretar asesinatos o torturas contra todo aquel que mostraba un mínimo indicio de ser enemigo de la RDA. Ejecutor en la sombra, pasaba gran parte de su tiempo en sus habitaciones privadas del granítico edificio de Normanstrasse, desde donde el viejo estalinista lo veía todo, lo oía todo y lo sabía todo. Fruto de su experiencia vital había desarrollado un auténtico talento para la burocracia y para gestionar la inmensa organización que construyó. También para la conspiración, ya que desempeñó un papel esencial en el movimiento que colocó a Erich Honecker al frente del Partido Comunista de la RDA, desplazando a Walter Ulbricht en 1971. Aquello reforzó su poder, por si no tenía ya suficiente, y le valió una preciosa mansión en Wandlitz, regalo de Honecker por su lealtad.

Erich Mielke también era el presidente del Dynamo de Berlín desde su ascensión como jefe de la Stasi. El club berlinés había pasado en 1953 a estar controlado por el Ministerio para la Seguridad del Estado y entre sus primeras medidas figuró la de 'obligar' a las estrellas del Dinamo de Dresde, el mejor equipo de la época en Alemania de Este, a trasladarse a Berlín. La medida propició las antipatías del resto de aficiones y los fichajes no tuvieron un impacto inmediato. El ansiado ascenso a la primera división se demoró hasta 1958. En 1959 ganaron la Copa, pero posteriormente llegó una época de altibajos donde el club incluso volvió a descender a la segunda división. Por entonces Mielke estaba en otras cosas y el balón le interesaba entre poco y nada. Sin embargo, algo cambió en la década de los setenta. Sobre todo, a partir del Mundial de 1974 celebrado en territorio vecino y a la par enemigo, la República Federal de Alemania.

Mielke pudo comprobar de primera mano el poder del fútbol en la Copa del Mundo de 1974. Fueron días gloriosos para la RDA, que por primera vez en su historia se enfrentaba a la anfitriona, la RFA, en la fase final de un Mundial. El Este le ganó al Oeste en un partido histórico disputado en Hamburgo. Aquel mítico gol de Sparwasser que supuso la victoria frente a la futura campeona del mundo abrió los ojos al jefe de la Stasi, no podían seguir despreciando el poder y repercusión del fútbol como vehículo propagandístico para extender su mensaje al otro lado del muro. Ese impulso al balompié quedó de manifiesto dos años después, cuando el combinado oriental se proclamó campeón olímpico en los JJOO de Montreal 1976. Y en cuanto a los clubes de la Alemania del Este, el principal beneficiado fue el Dynamo de Berlín, que volvió a ser potenciado desde la Stasi para convertirlo en el conjunto más poderoso del país. En ese tiempo, la figura de un joven jugador estaba emergiendo desde las categorías inferiores del club. El defensor de zancada elegante y gran desplazamiento de balón respondía al nombre de Lutz Eigendorf, y tras su ascensión al primer equipo se convirtió en el ojito derecho de Erich Mielke. Su relación se estrechó alrededor de la pelota, Mielke veía en Lutz a la nueva generación que debía llevar al comunismo al siguiente estadio, aupado en sus triunfos deportivos y en una convicción sin fisuras en el ideario comunista. El jefe de la Stasi incluso llegó a promocionar el debut de Eigendorf en la selección y no fueron pocas las charlas que ambos mantuvieron con el fútbol como hilo conductor.

El Beckenbauer del Este

Lutz Eigendorf nació el 16 de julio de 1956 en Brandenburg an der Havel, a una hora en coche al suroeste de Berlín. Hijo único del matrimonio formado por Jörg e Ingenburg, fue su padre el que le metió el gusanillo del deporte y el fútbol en el cuerpo. Desde muy pequeño se inició en la férrea disciplina de la Federación Alemana de Gimnasia y Deportes, que regulaba la actividad física en la RDA. A los seis años ya formaba parte del BSG Motor Süd, el equipo de fútbol en el que su padre era el entrenador. Fue en ese equipo donde llamó la atención del Dynamo de Berlín y con 14 años abandonó el hogar familiar para intentar cumplir su sueño: ser futbolista profesional. Pero además del

balón, Lutz siguió pendiente de los estudios al iniciar una formación profesional en electrónica. También realizó el servicio militar y se incorporó como civil a la Policía, trabajando en las oficinas hasta que dio el salto al primer equipo y el balón le reclamó una atención plena. Corría el año 1974, y con apenas 18 años Eigendorf debutaba como jugador profesional. Solo cuatro años después se convertía en internacional absoluto, al enfundarse por primera vez la camiseta de la RDA en un encuentro frente a Bulgaria. Lutz salió del banquillo en ese encuentro cuando el marcador reflejaba un 2-0 para los búlgaros, pero dos acciones suyas, un potente disparo desde la frontal y un remate picado tras un saque de esquina, pusieron la igualada en el electrónico. Había nacido un nuevo héroe.

Pese a todo, el paisaje que rodea a Lutz Eigendorf es una postal congelada en el tiempo, una fotografía de un país teñido de gris en el que no caben colores vivos. Y ante ese escenario su vida ha ido demasiado rápido, impulsada por el ardor interior de la pelota. Casado desde los 20 años con Gabriele y con una hija, Sandy, de dos años y medio, tenía todo lo que se puede aspirar en la vida, pero nada lo satisfacía. El matrimonio acababa de mudarse a un nuevo piso más amplio y luminoso, que contaba con tres habitaciones, perfectamente amueblado con lavadora, nevera y televisión a todo color, un auténtico lujo en la RDA. A sus 22 años, Eigendorf ganaba un sueldo generoso, tenía coche propio y ya era el líder y el futbolista más destacado del Dynamo de Berlín. En el equipo las cosas no podían ir mejor. Por primera vez en muchos años se mostraron superiores en la Oberliga y estaban a punto de asegurar su primer título desde 1958, la primera de las diez ligas consecutivas que conquistarían en la próxima década. El Dynamo no tenía rival, aunque solo fuera porque cada partido lo jugaba con 12. Los árbitros más que impartir justicia parecían agentes camuflados de la propia Stasi.

Lutz tardó poco tiempo en darse cuenta de que esa ficción deportiva no iba a calmar su ambición, ni su competitividad y mucho menos sus ansias de prosperidad. Era una insatisfacción larvada, que pesaba en los hombros de un hombre que de repente vio toda su vida preestablecida, aunque de alguna manera ya había emitido señales para revelarse contra la propia disciplina del mundo del fútbol y de la familia perfecta que había formado. Eigendorf cometió una infidelidad al poco de casarse, que no respondió tanto a un desapego amoroso hacia su esposa sino a la necesidad de explorar los límites, de acariciar el riesgo, de salir de una vida que en el fondo de sí mismo entendía como anodina y frustrante. En mitad de esa tormenta de sentimientos la fascinación por la otra Alemania crecía cada día, y en esas llega el partido contra el Kaiserslautern. No había plan alguno definido, solo un repique de tambor en las entrañas de Eigendorf. Un redoble que aumentaba con el paso de las horas, hasta que el impulso le ganó a la razón por goleada. El taxista acababa de dejar a Lutz en el número 2 de Pariser Strasse, frente a las oficinas del 1.FC Kaiserslautern.

Allí lo recibió Rudi Merks, sorprendido en primera instancia por volver a ver al hombre con el que solo unas horas antes había estado departiendo hasta bien entrada la madrugada en el bar del Hotel Savoy. A continuación, lo llevó al despacho de Norbert Thines, el director general del equipo. Lutz, tras presentarse, le explicó su voluntad de permanecer en Kaiserslautern y de jugar en el equipo de la ciudad a pesar del temor a un posible rapto de la Stasi. Ante la delicada situación, tanto Thines como Merks lo ayudaron. Lo primero que hicieron fue poner en conocimiento de la policía la situación para ganar tiempo ante la Stasi. Así, el domicilio oficial de Lutz sería la propia casa de Thines, aunque en realidad lo llevaron a una casa lejos de Kaiserslautern, a la Pensión Gisela en Lippstadt, un pueblo al norte de Dortmund que regentaba la hermana de Thines. Escondido allí pasó sus primeros días como jugador del Kaiserslautern después de que el presidente Jürgen Friedrich hubiera dado el OK a su fichaje.

A 400 kilómetros de allí, en el lado este de Berlín, Eigendorf era una medusa que se alejaba al compás de las olas en un océano de sentimientos. El roce había sido intenso con un ser tan despiadado como Mielke y la quemazón, profunda. El jefe de la Stasi sentía como el veneno de la traición se extendía por sus intestinos.

Nueva vida, viejos problemas

Lutz iba a entender pronto que la felicidad nunca es un destino, un lugar al que llegar. Su comienzo al otro lado del muro estaba salpicado de pesadillas y sobresaltos, de esperanzas cada vez más enrevesadas y del fútbol como único motor para seguir avanzando. En el Kaiserslautern le dieron todas las facilidades posibles para que el reinicio de su vida resultara de lo más sencillo. El propio Norbert Thines le había abierto las puertas de su casa para que se instalara en ella, tras un primer período en la pensión de su hermana, mientras terminaba

de arreglar los papeles burocráticos para que la RFA le concediera el asilo político. Pero antes de volver a entrenar y conocer a sus nuevos compañeros llega otro mazazo que retrasaría aún más la vuelta a la normalidad. El Dynamo de Berlín lo había denunciado ante la UEFA por incumplimiento de contrato. El máximo organismo del fútbol europeo lo sancionó con un año sin jugar por su deserción. Sin el balón, su vida queda en fuera de juego.

Esa decisión retrasaba hasta la primavera de 1980 sus opciones de debutar en el club de Renania-Palatinado, aunque el Kaiserslautern intentó acortar los plazos ofreciendo al Dynamo de Berlín una cantidad de 100 000 marcos en concepto de traspaso por Eigendorf. La única condición era que retiraran la denuncia en la sede de la UEFA. Pero Lutz sabía que no se trataba de dinero. Era una cuestión de orgullo, y en Berlín rechazaron la oferta. Su cabeza se centró entonces en la reunificación familiar. Su obsesión era que Gabi y Sandy siguieran sus pasos y se reunieran con él a este lado del Muro de Berlín. La Stasi no lo iba a poner fácil. De hecho, la estrategia por parte de Mielke y compañía varió durante los meses posteriores a la deserción. En ese tiempo una red de espías se extendió alrededor de Eigendorf y su familia y la comunicación con estos pasó por todos los estados. Del aislamiento inicial, de la incapacidad para comunicarse de las primeras horas se pasó a un goteo de cartas de su mujer o alguna que otra comunicación con sus padres. Todo, en cualquier caso, circulaba por las manos, los oídos y los ojos de la Stasi, que se encargaba también de bloquear los intentos de Lutz de contactar con su esposa, aumentando así en esta el sentimiento de abandono.

Las entrevistas en periódicos, radios y televisiones de la Alemania occidental eran la otra vía para que su mensaje acortara las distancias. Para que Gabi entendiera sus intenciones, para que su esposa supiera que su única motivación en esos momentos era reunirse con ella y con su hija a este lado del muro, para que comprendiera que lo último que quería hacer era abandonarlas. Pero el mensaje llegaba difuso y condicionado hasta Berlín oriental. Gabi seguía confiando en las buenas intenciones de su marido, pero la presión y las dudas se multiplicaban desde todos los ángulos: el club, la Stasi, algunos amigos en común e incluso sus propios padres. Esa desconfianza unida a la falta de respuestas de Lutz terminó haciendo mella en Gabi. Si su marido utilizó ese mes de junio de 1979 para sacarse el título de entrenador de juveniles y entretener así el tiempo durante su sanción, Gabi lo hizo para iniciar las gestiones del divorcio. La noticia será otro derechazo al mentón del futbolista.

Lutz se enteró en agosto, tras unas vacaciones por Suiza y Francia. Acababa de cumplir 23 años, pero no podía creer algo así, por mucho que la carta fuera certificada por la Corte del Distrito de Berlín-Weissensee. La confirmación llegó en el primer día de su nueva vida como entrenador del juvenil y fue el propio Norbert Thines quien se lo comunicó a primeros de septiembre. El director deportivo del Kaiserslautern creía que aquello dinamitaría la fantasía de Lutz de reunirse con su familia a este lado del muro. La confirmación debería ser un punto final, el portazo definitivo para que Lutz abriera una nueva página en su vida, pero el futbolista, terco y obstinado, solo pensaba en añadir dos puntos suspensivos al punto final que acaba de poner Gabi.

Mientras tanto, eso sí, Lutz no renegaba de conocer y disfrutar de todas las posibilidades que le ofrecía occidente. Y esas no se limitaban exclusivamente a ir al cine o beber coca-cola. También redescubrió la noche y el placer oculto tras las faldas de las estudiantes universitarias. Un ramalazo de culpabilidad lo despertaba por las mañanas cuando descubría la compañía en su lecho, pero como si de un balón merodeando el punto de penalti se tratara, Eigendorf despejaba con fuerza esa aflicción. Vivía el momento sin olvidar nunca el mañana, por más que él iba sigilosamente comiendo el terreno a su plan inicial. A él volvía con insistencia cuando una amiga, Lena Köhler, periodista de la ZDF, le recomendó un par de matones que le podían ayudar a traer a su familia hasta Kaiserslautern. En medio de la encrucijada y con la esperanza marchitándose en un invierno que ya parecía eterno, Lutz aceptó el plan. Era consciente de que varias decenas de agentes de la Stasi lo vigilaban tanto a él como a sus familiares o amigos, también a Gabi y a su entorno, por lo que sería más adecuado dejar el tema en manos de expertos. No obstante, la misión tuvo poco recorrido. En la primera incursión en territorio comunista descubrieron que Gabi no estaba sola. Un hombre alto, rubio y apuesto la acompañaba habitualmente. Las caricias, los besos y los arrumacos eran pistas demasiado evidentes. Gabi tenía una nueva pareja y eso imposibilitaba el contacto de los matones con ella. El plan se abortó al poco de nacer.

La tela de araña tejida por la Stasi

Durante todos estos meses, los que van desde la deserción de Lutz en marzo de 1979 hasta diciembre de ese mismo año, la Stasi también había estado jugando su partido. Los Inoffizieller Mitarbeiter (IM), los colaboradores informales de la Stasi, habían aparecido como termitas sobre la corteza del árbol genealógico de Lutz Eigendorf. Gabi era una de sus ramas principales, así que una de las misiones encargadas a esos IM iba mucho más allá de informar y seguir los pasos de la esposa del ex futbolista del Dynamo de Berlín. Peter Hommann es un hombre de unos 25 años y 1,85 de altura, con un pelo rubísimo y unos ojos azules claros como el mar del norte. Su complexión atlética, su amabilidad y su cortesía eran el mejor abrigo que encontró Gabi para escapar del frío y la soledad que había provocado la marcha de Lutz. Al informador no le costó mucho ganarse su confianza y seducirla, haciéndose pasar por un hombre que no es. La Stasi replicaba con él una de las figuras más repetidas y exitosas entre sus agentes secretos, la de Romeo, representada por todos esos hombres que obtenían información seduciendo a objetivos femeninos. En unos casos más que en otros, el peaje emocional a pagar era elevado. El de Peter fue uno de ellos, enamorado como estaba de Gabi.

Lutz conoció la existencia de Peter en los primeros días de un recién inaugurado año 1980, que ya arrancaba torcido. Las piezas del rompecabezas empezaron a encajar en la cabeza de Eigendorf, que vio truncado un nuevo intento por reencontrarse con su mujer y su hija. El divorcio adquirió entonces otro sentido, todo el sentido. Era un crochet inesperado que dejó totalmente aturdido a Eigendorf, quien por primera vez en esta odisea se planteó olvidarse de ella(s). El KO emocional fue total.

Lutz también tenía una nueva pareja de baile. En estos meses se había acercado hasta él un tipo que respondía al nombre de Buchholz y llevaba meses siguiéndolo como IM de la Stasi. Nunca conocería su nombre real. Buchholz era en realidad Heinz Kühn, un ex combatiente alemán de la Segunda Guerra Mundial que estaba presente en las gradas para presenciar su vuelta a los terrenos de juego una vez cumplida la sanción de la UEFA. Era 11 de abril de 1980 y el rival el VfL Bochum. El Kaiserslautern todavía tenía opciones de título, son cuartos a falta de siete partidos, pero sus rivales, el Bayern Munich, el Hamburgo y el VfB Stuttgart, no se lo pondrían fácil. Eigendorf no fue titular en su vuelta al fútbol. Desde el banquillo veía inquieto como el Bochum se adelantaba en el marcador al inicio de la segunda mitad, un jarro de agua fría para la hinchada que ese día llena el Betzenbergstadion. Y, sin embargo, el corazón de Lutz se aceleró entonces, cuando el mister Karl-Heinz Feldkamp le pidió que calentara. El futbolista jugó ese día de centrocampista puro y saltó al terreno de juego con el cuatro a la espalda, y ya con 1-1 en el marcador. El aleteo constante de mariposas en el estómago no se detuvo. Todo olía a nuevo y extrañamente familiar. La felicidad se medía a base de goles, y esa noche el Kaiserslautern anotó cuatro para remontar al Bochum. Lutz no sabía si esas gotas que caían de su rostro tras el pitido final eran de sudor o de emoción. En cualquier caso, se sintió empapado de felicidad en ese momento.

La vuelta a los terrenos de juego no era la única ilusión que florecía en la vida de Eigendorf en aquella primavera del ochenta. En esos meses conoció a Josi, una estudiante de veterinaria que pronto se haría un hueco en su corazón. Entre cervezas, confidencias e invitaciones a los partidos del Kaiserslautern fue abriéndose camino una amistad que llegó hasta la alcoba. Así aligeró Eigendorf las últimas decepciones de la temporada con el Kaiserslautern. A los Die Roten Teufel no les alcanzaba para nada más que para ser cuartos en la Bundesliga, un puesto por debajo que el año anterior. Aquella primavera, en el BetzenbergStadion rezumaba el aroma de la oportunidad perdida. El fútbol alemán de este lado del muro había vivido bajo la tiranía del Bayern Munich y el Borussia Mönchengladbach durante la última década, pero en los últimos años se había abierto el abanico. De hecho, el Colonia y el Hamburgo eran los últimos campeones de la Bundesliga. Pero el estreno del 'fichaje' Eigendorf no había resultado suficiente en este rush final de temporada y el título se marchó a Baviera. El Bayern volvió a reinar tras seis años de sequía en el torneo doméstico.

Mucho peor encaje tuvo la siguiente noticia que llegaba desde el otro lado del muro: Gabi se había casado con Peter solo una semana antes de que terminara la temporada 1979/80. Solo pasaron cinco años desde que había contraído matrimonio por todo lo alto con Eigendorf, y apenas uno desde su marcha, cuando Gabi pegó un nuevo volantazo a su vida. Un cambio de rumbo que resulta ya definitivo. El 25 de mayo, en una ceremonia familiar y discreta, la nueva pareja se dio el sí quiero ante la atenta mirada de Sandy, la hija de Lutz. Una niña que llevaba ya varios meses llamando papá a Peter y que apenas preguntaba por su verdadero padre. Pero nada le resultaba suficiente a Erich Mielke, cuya única obsesión era arrebatarle todo al que había sido su ojito derecho y jugador franquicia del Dynamo de Berlín, Lutz Eigendorf. Animado por

el rencor y la ira, daría una vuelta de tuerca más a su plan. Así, exigió a su empleado Peter que adoptara a la hija del ex futbolista del Dynamo para borrar definitivamente el apellido Eigendorf de Berlín Oriental. Sandy sería a partir de entonces, Sandy Hommann.

Con un pasado en deconstrucción y un futuro menos ilusionante de lo esperado, Lutz vivía un presente triste y apocado cuando la pelota echó a rodar de nuevo. Pero al inicio de su segunda temporada en el Kaiserslautern, la primera que podría disputar completa, recordaba la promesa que le hizo a Norbert Thines cuando fichó por el equipo. Él había venido hasta aquí para ayudar a ganar la Bundesliga al Kaiserslautern, y con ese chute de motivación intentó dejar atrás los sobresaltos de su vida personal y centrarse de nuevo en el fútbol. Con esa intención aceptó de buen grado su nueva posición en el campo, síntoma de su polivalencia, tal y como argumentó el técnico Feldkamp que lo colocó en el lateral izquierdo para el estreno del curso. Esos cambios de posición serían una constante durante toda la campaña: del eje de la zaga al lateral; del mediocentro defensivo a la mediapunta; y así se marchitará una temporada marcada por la lesión en el fémur y el menisco que se produjo mientras practicaba esquí acuático. Los cuatro meses de baja mermaron su rendimiento, lo que lo imposibilitaba de hacerse un hueco en el once titular. Los cambios de posición de su técnico tampoco ayudaron. El Kaiserslautern volvió a concluir cuarto en la Bundesliga y fracasó en la final de la Copa frente al Eintracht de Frankfurt (3-1). Lutz no encontraba asidero al que aferrarse y Josi no terminaba de aceptar ese corazón cosido a retazos. Su novia vacilaba y dudaba, porque el agujero de gusano que se hundía en las entrañas del futbolista no había expulsado toda la basura al exterior. Eigendorf era el peor enemigo de Lutz.

La última temporada de las tres que había firmado con el Kaiserslautern arrancó tras un verano de desenfreno, viajes, juergas y alcohol que Lutz vivió con Karl-Heinz Felgner, un viejo amigo del este que había aparecido de repente a su lado. Ambos se bebieron la noche lejos de Alemania como válvula de escape de su Gran Hermano particular antes de que el fútbol reaparezca en su día a día. La campaña estaba marcada por el juego irregular del Kaiserslautern y los altibajos de confianza que sufre Lutz. El futbolista, a pesar de haberse hecho un hueco en el once titular, sentía que el apoyo de la grada no era total y que el Míster no terminaba de crearle el ecosistema deseado para ser un jugador capital. Él tampoco había vuelto a recuperar el nivel exhibido antes de su sanción, pero al menos con Josi la situación se recondujo y volvieron a estar juntos. Esa temporada, en cualquier caso, estaba marcada irremediablemente por la aventura europea del Kaiserslautern en la que alcanzó la semifinales de Copa de la UEFA. Los cinco meses previos a la eliminatoria del Real Madrid son posiblemente los que Eigendorf más disfrutó como futbolista. Por primera vez a este lado del muro se sintió feliz.

Pero la campaña terminó con un sabor agridulce en lo deportivo y en lo personal. Eliminados en semifinales de UEFA por el futuro campeón, el Goteborg, repitieron puesto en la Bundesliga, de nuevo cuartos. Una nueva noticia sobre Gabi hizo tambalear la estructura de su edificio emocional.

Fue Felgner, antiguo amigo de la pareja y con línea directa al otro lado del muro, quien le contó que Gabi iba a volver a ser madre. Peter la había dejado embarazada. Sandy iba a tener un hermanito.

Braunschweig, un escondite de felicidad

Lutz entendió en los últimos días de la primavera del 82 que había concluido un ciclo en Kaiserslautern y que a su vida, marcada por el estrés de su situación personal y deportiva, le vendría bien un respiro. Bajar una marcha, alejarse un poco del foco, apostar definitivamente por una vida al lado de Josi. Así que aceptó la oferta del Eintracht de Braunschweig y puso rumbo a la Baja Sajonia. El equipo era un recién ascendido a la Bundesliga que había concluido en undécima posición la temporada anterior. Sus aspiraciones no abarcaban más allá de asentarse en la primera división del fútbol alemán, por lo que Lutz rebajó su afán competitivo en pos de una vida más cómoda y tranquila, con la esperanza de que la Stasi, esta vez sí, lo dejara tranquilo.

Su nueva etapa no pudo empezar con mejor pie. La ciudad lo había recibido con los brazos abiertos y él disfrutaba descubriendo sus rincones de la mano de Josi. También ella lucía feliz y radiante, y lo estaría aún más cuando le comunicó a Lutz que estaba embarazada. El bebé era un deseo de ambos con el que sellar definitivamente su amor. Más que un gol por toda la escuadra para empatar la última afrenta de Gabi, Lutz lo entendió como la confirmación de que él estaba ya jugando otro partido. Y lo hizo con botas nuevas, después de que un patrocinador le hubiera hecho una suculenta oferta para vestir su marca

deportiva. Las estrenó en el primer partido de pretemporada, pero el chasquido de su talón de Aquiles era una señal inequívoca de que se lo había roto. El doctor marcó el período de baja en cuatro meses. Con un poco de fortuna volvería a jugar antes de Navidad.

Lutz Eigendorf y Josephine Müller se dieron el sí quiero el 25 de octubre de 1982, en pleno proceso de recuperación del futbolista. Se casaron en el Ayuntamiento de Kaiserslautern en una ceremonia íntima y familiar en la que la principal ausencia fueron los padres de Lutz, ya que la RFA les había denegado la autorización para cruzar la frontera. Tan solo un mes después de la ceremonia nupcial llegó su debut oficial con el Eintracht de Braunschweig, en la decimocuarta jornada de la Bundesliga. El equipo navegaba en mitad de la tabla, sin agobios deportivos, y pese al buen rendimiento de Eigendorf sus dos primeros encuentros los contaba por derrotas. La victoria se resistió hasta principios de diciembre, cuando se impusieron por 1-0 al Hertha BSC. Antes y después del parón invernal fue uno de los más destacados del Eintracht, llegando a finales de febrero lejos de los puestos de descenso. El fútbol de Eigendorf era un reflejo del buen momento personal que vive. El último impulso se lo había dado su hijo Julian, recién nacido. Con él en brazos y Josi a su lado, Eigendorf identificaba el dulce aroma del triunfo.

La entrevista

Quizá por ello no dudó cuando una emisora de televisión de Alemania occidental le propuso una entrevista en Berlín. La 'percha informativa' fue el próximo partido que el Dynamo iba a disputar frente a un conjunto de la Alemania Federal, el Stuttgart. Desde que Lutz se fugó, allá por marzo de 1979, el balón no había vuelto a enfrentar a dos conjuntos de las dos Alemanias. Por si la entrevista no tenía suficiente interés por sí sola, el periodista, que nunca aparecía en pantalla, le comentó a Lutz que sería interesante que el escenario improvisado de esa charla fuera el mismísimo Muro de Berlín, con las torretas de iluminación del Friedrich Ludwig Jahn Stadion asomando al fondo del plano. Era el estadio donde el Dynamo jugaba sus partidos europeos y Eigendorf no puso problemas para hacerla allí. La entrevista encuadrada dentro del programa Kontraste también fue vista al otro lado del muro, en Alemania del Este. Estos son algunos de los titulares que Lutz dejó esa tarde:

—Usted pone en primer lugar el beneficio del colectivo, pero en mi opinión, cada vez son más importantes las individualidades en los equipos. El fútbol necesita de individualidades, pero a veces los equipos no les dejan espacio.

—Bueno, no le voy a negar que ganar más dinero es uno de los atractivos de jugar en la Bundesliga, pero para mí el gran estímulo ha sido jugar en una liga más competitiva, con un rendimiento claramente superior al de la Oberliga.

—Me alegra que sigan jugando partidos amistosos, encuentros entre equipos de las dos Alemanias. Creo que es bueno que los dos países se vayan acercando.

—Ganará el mejor.

Entonces el periodista insistió y le preguntó si el mejor será el equipo occidental, a lo que Eigendorf respondió:

—Exacto.

Mielke sintió una punzada en el estómago cuando concluyó la entrevista. La ira, como si de un reflujo se tratara, se le amontonaba en la garganta. Era el momento de dar un paso más, la última vuelta de tuerca al plan. La misión Tod dem Verräter se puso en marcha.

Muerte al traidor

El 5 de marzo de 1983, el Eintracht había perdido 0-2 en casa frente al Bochum. Era el primer partido en el que Eigendorf no jugaba ni un minuto estando en plenas condiciones. Después de cenar había quedado con su instructor de vuelo, ya que quería salir al día siguiente a volar con su avioneta para quitarse las malas sensaciones tras la derrota. La velocidad y las alturas lo ayudaban a evadirse. Sobre las nueve de la noche salió del bar del aeródromo tras planear el viaje del día siguiente. De vuelta a casa, el Alfa Romeo que conducía se salió en una curva y se estampó contra un olmo. Murió dos días después víctima de las graves lesiones que sufría. Eigendorf tenía solo 26 años y dejaba a una mujer viuda, Josi, y a dos niños huérfanos, Julian y Sandy.

Sus análisis de sangre revelaron que conducía bajo los efectos del alcohol, al haber dado una tasa de 0,22% en sangre. Ese punto fue siempre la bolla a la que se aferraron su mujer, sus padres y sus amigos más cercanos para argumentar que se trataba de un asesinato. Defendieron contra capa y espada que Eigendorf no era un bebedor compulsivo, y testigos de esa misma noche, como el propio instructor de vuelo, declararon que solo habían tomado una cerveza. La Policía de la RFA consideró la hipótesis de un atentado y no descartó que el alcohol hubiera sido ingerido a la fuerza. Pese a todo, en el Alfa Romeo no se encontraron indicios de manipulación en el motor o en los frenos. Tampoco rastro alguno de veneno en su sangre, un modus operandis muy propio de la Stasi y de su hermana mayor, la KGB soviética.

Tuvieron que pasar 17 años, ya con el Muro de Berlín hecho trizas y las dos Alemanias reunificadas, para que el Caso Eigendorf empezara a esclarecerse. Fundamental resultó el libro publicado por el periodista Heribert Schwan en el que no solo rescató testimonios de la época, sino que también buceó en los archivos de la Stasi. Bajo el título Tod dem Verräter. Der lange Arm der Stasi und der Fall Lutz Eigendorf (Muerte al traidor. El largo brazo de la Stasi y la caída de Lutz Eigendorf) revelaba en una detallada investigación cómo medio centenar de agentes habían colaborado en el seguimiento del malogrado futbolista. Llegaba a la conclusión de que dos agentes de la Stasi habían secuestrado a Eigendorf y lo habían obligado a ingerir una gran cantidad de alcohol antes de insistirle que volviera a coger el coche, provocando así su accidente.

Uno de esos documentos a los que había tenido acceso Schwan, tan clarificador como dantesco, hablaba de "Verblitzen Eigendorf", una expresión que en la nomenclatura de la Stasi hacía referencia a un modo de asesinato que difícilmente dejaba rastro (verblitzen). En 2003, la desclasificación de los archivos de la Stasi, de donde se extraviaron muchos otros informes del caso, confirmó que el servicio de inteligencia de la RDA había ordenado la muerte de Lutz Eigendorf y que el verblitzen utilizado había sido el deslumbramiento con otro coche por parte del comando encargado de su asesinato. En 2010, un exagente de la Stasi reconoció públicamente haber recibido instrucciones para matar a Eigendorf, pero no pudo llevar a cabo la orden. Más serviciales resultaron ser Hess y Felgner, dos espías de la Stasi que esa misma noche recibieron 1000 y 2500 marcos respectivamente por haber saldado una traición.

Si uno se adentra en el Cementerio del Bosque de Kaiserslautern situado al este de la ciudad, apenas a tres kilómetros del Fritz-Walter Stadion, entre la frondosa y colorida vegetación se trasladará a un remanso de paz. Esa tranquilidad que se respira allí solo es rota por el agua que brota de la Fuente del León, a la que uno llega casi sin querer siguiendo el curso natural del camino. Algo más hay que indagar para descubrir una lápida en la que un pelícano da de comer a sus crías. Bajo esa imagen aparecen dos fechas: 16 de julio de 1956 y 7 de marzo de 1983. El minuto cero y el noventa de la vida de Lutz Eigendorf.

Lutz Eigendorf disputa un partido de la Bundesliga con la camiseta del 1FC. Kaiserslautern.

CAPÍTULO 6

MATTHIAS SINDELAR. MOZART ERA UN REBELDE CON CAUSA

El Zentralfriedhof se extiende por más de dos kilómetros y medio al sur de Viena. Inaugurado en 1874, el cementerio central de la capital austriaca es el tercero más grande de toda Europa y alberga tumbas de las diferentes religiones mayoritarias. Así que cuando uno atraviesa su portada principal y continúa andando en línea recta se encuentra con la fastuosa iglesia dedicada al santo Carlos Borromeo, coronada por una gran cúpula azul. El camposanto posee una exuberante naturaleza, entre la que sobresalen olmos, hayedos y castaños, que cobijan a una constelación de personajes ilustres. La mayoría de ellos, compositores musicales que pusieron la banda sonora a un tiempo de esplendor y opulencia a orillas del Danubio. Artistas como Beethoven, Johann Strauss (padre e hijo) o Franz Schubert; escritores como Karl Kraus o matemáticos como Ludwig Boltzmann, reposan allí. En ese laberinto de lápidas también se cuela la pelota: un balón cincelado en hierro forjado preside uno de los lugares más visitados de este cementerio. Justo encima, sin perder de vista el esférico, sobresale el busto de un futbolista que viste la camiseta de Austria. Es Matthias Sindelar, un artista en el arte del balón. Tanto, que en su día le apodaron el Mozart del fútbol.

De hecho, es el único Mozart que reposa allí, porque el verdadero, Wolfang Amadeus Mozart, no descansa en el Zentralfriedhof. La delicada situación económica que vivía el compositor en los últimos años de su vida obligó a sus familiares a enterrarlo en el más modesto cementerio Saint Marx de Viena. El que sí pudo recibir sepultura en el céntrico cementerio vienés fue su archienemigo de pentagramas y

notas, Antonio Salieri. En un intento por subsanar tan histórica ausencia, en el Zentralfriedhof se elevó una columnata en honor de Amadeus, como recuerdo eterno a su compositor más universal.

El hombre de papel

En esa misma línea pero con un balón en los pies, podríamos situar a Matthias Sindelar. Al fin y al cabo, se trata del mejor futbolista austriaco de todos los tiempos. Matthias nació a principios del siglo XX, el 10 de febrero de 1903 en Kozlov, un recóndito pueblo de la región de Moravia, hoy perteneciente a la República Checa. Hasta allí se extendía entonces el Imperio austrohúngaro, así que en un intento por prosperar y ofrecer un futuro mejor a sus pequeños, la familia Sindelar se trasladó a Viena cuando él era apenas un bebé de dos años. Aquellos fueron tiempos difíciles y convulsos, repletos de obstáculos. No ayudó, por ejemplo, la declaración de guerra del Imperio austrohúngaro a Serbia por el asesinato del heredero al trono Francisco Fernando. Ocurrió el 28 de julio de 1914 y Matthias, a sus once años, vio cómo su padre se marchaba al frente para combatir en una guerra que no era la suya. Su progenitor nunca volvió de aquel conflicto, y al niño Sindelar le tocó empezar a trabajar muy joven para llevar algo de dinero a casa. Comenzó como aprendiz de cerrajero, en lo que era toda una declaración de intenciones de lo que luego haría en el terreno de juego.

El idilio había comenzado en las calles y plazas de Favoriten, en el décimo distrito de la capital austriaca, en el que su familia se había instalado a su llegada a Viena. Allí se le podía ver siempre con un balón pegado a los pies y regateando a todo lo que se le pusiera por delante. Una tarde en la que jugaba con sus amigos, fue descubierto por Karl Wiemann. El entrenador del Hertha de Viena quedó fascinado con sus habilidades e hizo todo lo posible para que se integrara cuanto antes en la disciplina del modesto club de su barrio. Antes de cumplir los 16 años ya entrenaba a las órdenes del Míster, y a pesar de su tierna edad su talento futbolístico pronto se abrió paso entre sus compañeros gracias a la habilidad y la rapidez con la que ejecutaba sus movimientos. Esas destrezas se compaginaban con una fragilidad a prueba de bombas. Sindelar, lábil como un patinador, resultaba indetectable para los rivales. Su 1,69 y sus 63 kilos de peso eran solo el primer señuelo de su juego. Los defensas, confiados en descarrilarle al primer empellón, le encimaban con autosuficiencia. Cuando se querían dar cuenta, Sindelar ya les había burlado. Quizá por ello su primer apodo fue Hombre de Papel, por su facilidad para escabullirse de las violentas marcas de la época.

Su talento desbordante le llevó a debutar en el primer equipo con 18 años. Pronto conoció también la cara b del fútbol, cuando una grave lesión de menisco estuvo a punto de retirarlo. Aquello sería un aviso para el futuro, el folio en blanco de su carrera había estado a punto de rasgarse nada más escribir sus primeras líneas. En cuanto volvió y recuperó su nivel, los grandes clubes austriacos se fijaron en el Hombre de Papel. Y su venta se empezó a considerar como fundamental para la viabilidad del club del distrito de Favoriten. Su marcha al Austria de Viena, entonces llamado Wienner Amateure Sport Verein, en 1924, reforzó al vigente campeón de Liga en Austria. Su llegada supuso todo un impulso para el club blanquivioleta, que solo tenía 13 años de vida, pues había sido fundado oficialmente el 15 de marzo de 1911. Sindelar venía a coronar un equipo que era una apuesta por la juventud y el descaro, en la que el central Walter Nausch ponía la contundencia defensiva y el centrocampista Hans Mock fabricaba el juego desde la divisoria. Los tres se convirtieron en la columna vertebral de un club que dirigía desde el banquillo un tal Hugo Meisl. Y los trofeos empezaron a llenar las vitrinas del club: Campeón de Liga y Copa en 1925, Campeón de Copa en 1926. Aquello era solo el principio, la Copa Mitropa y el *Wunderteam* estaban a punto de nacer.

Hugo Meisl, el padre del equipo maravilla

Las raíces vuelven a hundirse en la República Checa, en la zona bohemia de Malesov, un pequeño pueblo situado al este de Praga. El fútbol todavía no había llegado a estas latitudes cuando en 1881 un pequeño llamado Hugo Meisl abría sus ojos al mundo. Lo hacía en el seno de una familia de comerciantes de origen judío. Pronto ese deporte, del que vagamente empezaban a llegar noticias a través de otros comerciantes que aseguraban que había hombres hechos y derechos que se afanaban por correr detrás de una pelota, le fascinó. El flechazo definitivo surgió tras su traslado a Viena. A la capital austriaca llegó para continuar con sus estudios de finanzas, que compaginó con su pasión por el esférico. Así, el joven Meisl trabajaba por las mañanas para el Landerbank y las tardes las pasaba en el *Vienna Cricket and Football Club*, escudriñando desde todos los ángulos las posibilidades

de ese incipiente deporte que ganaba adeptos en toda Europa a pasos agigantados. En su universo particular el fútbol también le fue ganando terreno a los números, hasta que Meisl dejó a un lado su prometedora carrera bancaria para revolucionar el fútbol en los últimos días del Imperio austrohúngaro y extender su influencia por toda la Europa central. Antes incluso de evolucionar el juego desde los banquillos sentó las bases para la fundación de la Asociación Austriaca de Fútbol (OFB) en 1904. Poco después asumiría el cargo de Secretario General de la OFB, y desde esa posición impulsó el ingreso en la FIFA. Algo que conseguiría solo un año después (1905).

Armada la estructura, el siguiente paso de Meisl sería bajar a ras de hierba para transmitir todos sus conocimientos futbolísticos y su pasión por la evolución táctica. En 1912, con apenas 31 años ya era el seleccionador nacional de Austria, aunque esa primera etapa se vio alterada por la Gran Guerra. Ni siquiera el seleccionador se escabulló de acudir al frente y Meisl tuvo que ceder el puesto a su ayudante Heinrich Retschury. Cinco años después de ese impás macabro, el técnico retomó su cargo de entrenador en un mundo ya diferente. El Imperio austrohúngaro había desaparecido en el camino y Austria se abría a una nueva realidad. En medio de ese escenario, apareció un protagonista secundario que se convertiría en principal. Se trataba del técnico Jimmy Hogan, cuya influencia y conocimientos iban a dotar al fútbol de Meisl de nuevos matices.

Hogan era un incomprendido en su país porque antes había sido un revolucionario. Un hombre que vivió a contracorriente al querer encontrar nuevas rutas para huir del fútbol tosco y embrutecido que se practicaba en las islas británicas. Empeñado en bajar el balón de las alturas y jugar con él a ras de suelo, tuvo que cruzar el canal de la Mancha para poder predicar su credo. Su travesía le llevó por diversos países europeos (Holanda, Austria, Hungría, Suiza, Alemania y Francia) y le convirtió a su vez en un repudiado en su país, ya que su estancia en territorio enemigo coincidió con la Primera Guerra Mundial, por lo que más de uno entendió que el fútbol fue simplemente una excusa para no defender a la *Union Jack* en esos momentos. Hogan, mientras tanto, se afanó por expandir el conocido como "fútbol escocés", el antecedente del *passing game*, que en este costado de Europa se conocería como la "escuela del Danubio". Las señas de identidad de esa corriente fueron los pases cortos y el juego creativo y vistoso que provocaría la admiración de los aficionados centroeuropeos durante las siguientes tres décadas.

Ese estilo se fraguó en el mítico Ring-Café, situado en el número 9 de la Ringgasse de Viena, donde Meisl y Hogan se reunían al abrigo de una humeante taza de té para poner en común sus ideas. Las charlas se alargaban durante toda la tarde y los conceptos se plasmaban en la libreta de uno y de otro, donde se iban recogiendo las novedades tácticas propuestas. El eslogan de aquellas conversaciones eternas bien podría haber sido "cómo mantener el balón a ras de césped", porque bajo aquella premisa innegociable Hugo Meisl comenzó a construir una identidad propia alrededor de la selección de Austria. Como esas nevadas copiosas que tiñen de blanco las cumbres de los Alpes austriacos, su estilo fue calando en la cabeza, las piernas y el corazón de sus futbolistas hasta confeccionar, a inicios de la década de los 30, un equipo para la historia. Un equipo maravilloso. El *Wunderteam*.

Aquel equipo se desplegaba en el terreno de juego a partir de un ambicioso 2-3-5, con el sistema ofensivo más reconocido de la época, el que dibujaba una W-M sobre el césped, con los cinco delanteros repartiéndose todo el frente de ataque. No obstante, Meisl hizo bandera de esa frase tantas veces escuchada: "La mejor defensa, el ataque". Y es que no solo en la zona de vanguardia supo dar cabida y espacio a un talento que crecía a borbotones. En la zaga la pareja formada por Karl Sesta y Franz Cisar era todo un seguro de vida. Sesta era tan reconocido por sus potentes disparos lejanos como por compaginar el fútbol con el boxeo y la lucha libre. Por delante de la defensa, el equipo se organizaba a través del metrónomo que imponía el capitán del equipo, Josef Smistik, mientras que los encargados de ajusticiar a los rivales a base de goles eran Karl Zischek, Anton Schall y Josef Bican —segundo máximo goleador histórico de la liga austriaca. Ninguno de ellos, sin embargo, podía compararse a esa mariposa que aleteaba en la mediapunta repartiendo apoyos y desmarques de ruptura, apareciendo por sorpresa y con la habilidad suficiente para zafarse de los rivales una y otra vez. Ese ariete con alma de enganche, precursor del falso 9, que jugaba y hacía jugar a los suyos con un dominio del balón sublime era Matthias Sindelar. La estrella más luminosa del *Wunderteam*.

Sindelar de gira por España

Meisl alternaba el banquillo del Austria de Viena con el de la selección y el otro nexo de unión entre el juego de salón de ambos conjuntos era Matthias Sindelar, piedra angular en ambas escuadras, caracterizadas

por un mismo estilo futbolístico, una traslación del vals al deporte inventado por los ingleses que los austriacos habían convertido en una coreografía perfecta. Pronto las fronteras austriacas se le iban a quedar pequeñas. La perfección se iba a acariciar veinte años después de su creación.

Fue el 29 de octubre de 1910 cuando nacía el "Wiener Amateur Sportvereinigung", un club de carácter aficionado fundado por antiguos miembros del *Vienna Cricket and Football Club*, del que se marcharon por discrepancias con la directiva. El club se identificó desde sus orígenes con la burguesía judía, algo que años más tarde le traería serios problemas. El 16 de noviembre de 1910 la nueva entidad deportiva solicitó su admisión en la Federación Austriaca de Fútbol, pero no fue hasta el 15 de marzo de 1911 cuando su ingreso fue aceptado. De ese modo llegó justo a tiempo para debutar en la primera edición de la liga de fútbol de Austria, que dio el pistoletazo de salida en la temporada 1911-12. Su primer entrenador fue el técnico británico Jimmy Hogan, pionero en el desarrollo del fútbol y del estilo basado en el *passing game*. Tiempo después, su sucesor sería su buen amigo Hugo Meisl, también de origen judío. Fue precisamente al finalizar la Gran Guerra cuando el Wiener Amateur se confirmó como uno de los clubes más fuertes del fútbol nacional. La vitrina de los trofeos se abrió por primera vez en 1921 tras conquistar la Copa de Austria frente al Wiener Sport-Club. Posteriormente llegarían las Ligas (1924 y 1926), y ya con Sindelar en el equipo se produciría el salto al profesionalismo y el cambio de nombre del club. El 18 de noviembre de 1926 el Wiener Amateur Sportvereinigung pasaba a llamarse Fussballklub Austria Wien, una denominación que se mantiene en la actualidad.

Con ese nombre aterrizó en España la escuadra de Sindelar y Meisl. En los días previos a la Navidad de 1926 los austriacos rindieron visita a San Mamés para enfrentarse al Athletic Club. En realidad, con ese partido el conjunto blanquivioleta devolvía la visita realizada por los rojiblancos apenas tres meses antes a la capital vienesa. En la ida, los austriacos ganaron con cierta facilidad por 3-1 al equipo dirigido por el húngaro Lipót Hertzka y en el que destacaban jugadores como Blasco, Legarreta, Lafuente, Chirri o Goyenechea. La vuelta de aquel partido amistoso se disputó el día de Navidad de 1926. Ambas escuadras saltaron a una Catedral completamente nevada, aunque el frío no asustó a la gente que llenó el coliseo rojiblanco, cuya capacidad entonces se situaba en 9.500 espectadores. Esta vez el partido resultó más disputado y no se decidió hasta la segunda mitad, cuando Sindelar dejó la rúbrica de su clase con el 1-2 definitivo que dio la victoria a los austriacos. La expectación desatada en la ciudad y el espectáculo desarrollado sobre el césped fue tal que al día siguiente acordaron jugar la revancha, convencidos los bilbaínos de que a la tercera iría la vencida. Lo que sucedió sin embargo fue una tercera victoria de los vieneses, en este caso por 2-3, en el que la estrella del partido fue Theodor Lohrmann, el cancerbero alemán de los blanquivioletas.

Una semana después, el conjunto de Hugo Meisl jugaba en Les Corts frente al Fútbol Club Barcelona. Era el primer día de 1927, y tras las noticias que habían llegado solo unos días antes desde Bilbao, la Ciudad Condal estaba expectante por conocer a ese equipo que maravillaba y que había vencido hasta en tres ocasiones a los leones. En un césped en mejores condiciones, Sindelar resultó indetectable para la zaga azulgrana. Superados por su habilidad y destreza, el delantero austríaco abrió el marcador en la primera mitad y certificó el triunfo de los suyos con una jugada individual en la que terminó alojando el balón en las mallas. El Austria de Viena se impuso por 2-3 y el Barça reclamó la revancha al día siguiente. Esta vez los culés no se dejaron sorprender y pusieron un marcaje al hombre de Walter sobre Sindelar, que apenas tocó balón. El cansancio de los austriacos y la gran inspiración de los azulgrana provocaron que el Austria de Viena resultara un equipo irreconocible y el Barça se impusiera por 5-0, una goleada que restañó el orgullo de los catalanes. Aunque estos también supieron reconocer el talento y la actuación de Matthias Sindelar, que fue portada en el diario *L'Esport Catalá*.

Una Copa de Europa en el corazón de Europa

Las ideas alrededor del fútbol bullían en la cabeza de Hugo Meisl, que no se conformaba con haber sentado las bases de la Federación Austriaca de Fútbol, haber instaurado el profesionalismo en el país o liderar a la selección. Su figura también resultó fundamental para la creación de la Copa Mitropa, la primera gran competición internacional de clubes, auspiciada por la FIFA. Meisl como secretario general de la OFB y directivo de la FIFA, impulsó este novedoso torneo en el que participaban equipos de la Europa Central e Italia. La idea cristalizó en un congreso realizado en Venecia en julio de 1927 y un mes después

los clubes ya estaban compitiendo por la hegemonía futbolística del corazón de Europa, donde se situaba la vanguardia balompédica del Viejo Continente. Y es que tras la Primera Guerra Mundial y la disolución del Imperio austrohúngaro, los países que lo formaron fueron los primeros en crear sus propios campeonatos nacionales, un aldabonazo más hacia el profesionalismo del fútbol en aquellas latitudes. Esa categoría la alcanzaron en Austria en 1924, en Hungría en 1925 y en Checoslovaquia en 1926. Junto a ellos, yugoslavos primero e italianos después, se iban a disputar la Copa Mitropa, un torneo con el que buscaban no solo una nueva fuente de ingresos con la disputa de partidos internacionales, sino también mantenerse como la referencia futbolística del momento. El auge del ferrocarril en aquellos días facilitó el transporte de equipos y aficionados de un país a otro para acompañarles cuando jugaban fuera de casa.

El nombre original (*Mitropapokal*, en alemán) procede de la contracción del nombre *Mitteleuropa* (Europa central en alemán), y en la primera edición los equipos participantes podían enviar a dos representantes, ya fuera el campeón de Liga y el de Copa o el campeón y el subcampeón de Liga, por lo que las conexiones con lo que posteriormente sería la Copa de Europa e incluso la Liga de Campeones son más que evidentes. La Copa Mitropa, que se celebró hasta 1992, ha sido considerada históricamente como un antecedente de la Copa de Europa, equiparándola incluso en prestigio con la Orejona, y en esa primera edición el triunfador fue el Sparta de Praga checo. Al Austria de Viena el título se le resistió hasta 1933, cuando en la séptima edición consiguió alzar el trofeo. El equipo dirigido por Josef Blum y capitaneado sobre el terreno de juego por Matthias Sindelar, acudió por primera vez al torneo como campeón de Copa, y para entonces los equipos italianos habían sustituido a los yugoslavos, quienes habían abandonado el torneo en la edición de 1929. El conjunto vienés no tuvo un camino fácil hasta el título, ya que en cuartos de final tuvo que deshacerse del campeón checoslovaco, el Sparta de Praga, y en semifinales del campeón italiano, la Juventus de Turín de Giovanni Ferrari, Raimundo Orsi y Luis Monti. Edoardo Agnelli, fundador de FIAT y presidente de la Vecchia Signora desde 1923, presenció desde el palco la exhibición de Matthias Sindelar en el partido de ida de semifinales. Su doblete en el 3-0 definitivo dejó encarrilado el pase a la gran final. Allí le esperaba otra escuadra italiana.

La final se celebró a ida y vuelta en los primeros días de septiembre de 1933. El último escollo para el Austria de Viena era el Inter de

Milán (entonces Ambrosiana-Inter) de Giuseppe Meazza. Aquel enfrentamiento supuso también un duelo personal entre las dos mayores estrellas del balompié europeo del momento. Un equivalente al Cruyff-Beckenbauer de los años setenta, al Maradona-Platini de los ochenta o al Messi-Cristiano Ronaldo del siglo XXI. Ese era el nivel de Sindelar y Meazza a principios de los treinta, y fue el italiano quien impuso su calidad en el primer envite. La victoria cayó del lado de los *neroazzurri* en el Arena Civica Gianni Brera de Milán, un antiguo anfiteatro inaugurado en 1807 y que posteriormente se convertiría en recinto deportivo. Fue la casa del Inter desde 1930 hasta 1947.

Aquella tarde de 1933, Meazza hizo las delicias de los 35.000 espectadores y colaboró con un gol en la victoria final por la mínima (2-1). La revancha tuvo lugar cinco días después en el Prater de Viena. 58.000 almas acudieron a la espera de una posible remontada que Matthias Sindelar hizo posible. Con el brazalete de capitán, el Hombre de Papel lideró con un *hat-trick* a los suyos para imponerse por 3-1 a los italianos. Los transalpinos vendieron cara su derrota ya que el encuentro estuvo muy igualado hasta los últimos minutos. A diez para el final Sindelar puso el 2-0 en el marcador, pero solo cinco minutos después contestó Meazza igualando la eliminatoria. El tiempo se agotaba y en el horizonte ya asomaba un posible tercer partido de desempate. Pero un nuevo gol de Sindelar lo evitó, convirtiéndole además en el máximo realizador del torneo con cinco goles.

El triunfo del Austria de Viena reafirmó el dominio de la capital austriaca en el balompié centroeuropeo. Una tendencia que se puso de manifiesto al inicio de la década de los 30, cuando las enseñanzas y conceptos tácticos de técnicos como Edi Bauer (Rapid de Viena), Ferdinand Frithum (First Wiener), Karl "Vogerl" Geyer (Wiener AC) o el propio Josef Blum, marcaron la pauta para el resto de entrenadores continentales. El Rapid y el First ya habían levantado la Copa Mitropa (1930 y 1931, respectivamente), el Wiener había sido finalista (1931) y el Rapid volvería a serlo en 1934 para perder frente al Bolonia. Sindelar y su Austria de Viena conquistaron el título en 1933 y repetirían tres años después. Pero mientras el fútbol austriaco se aproximaba a su cenit, muy cerca de sus fronteras crecía, como la mala hierba, el partido nazi. En su auge y posterior expansión, comenzando por el *Anchluss*, se escribirá el epílogo de esa magnífica generación y de un fútbol que nunca volvería a brillar con tanta luz. Antes de eso, Sindelar se permitió un último baile.

Mitropa, esplendor y olvido

La décima edición de la Copa Mitropa contó con la participación por primera vez de los equipos suizos y el Austria de Viena se enfrentó en primera ronda con el Grashoppers, dirigido por Karl Rappan. El técnico austriaco que hizo carrera como entrenador en Suiza introdujo un novedoso sistema defensivo llamado *Verrou* (hormigón), que ha llegado hasta nuestros días popularizado por su vocablo en italiano, *catenaccio* (cerrojo). El sistema era una respuesta a la formación clásica de la época, el conocido como WM (2-3-5), que ponía mayor énfasis en la defensa. El Grashoppers se replegaba en su propio campo y entregaba la pelota al oponente, cediéndole todo el centro del campo, a la espera de un error para salir rápido a la contra. La principal novedad consistía en colocar un defensor detrás de la línea de retaguardia con el que barrer cualquier avance rival. Esa posición se conocería posteriormente como líbero y suponía tener una mayor concentración de jugadores alrededor de tu área. Era un sistema ideal para contrarrestar a todos esos equipos que contaban con jugadores muy técnicos, por lo que suplían esa carencia con un despliegue físico mayor y con la solidaridad en las marcas.

Pese a esta novedad táctica el Austria venció por 3-1 a los suizos en el partido de ida, aunque en la vuelta no fueron capaces de pasar del empate a uno tras estrellarse una y otra vez en la poblada defensa suiza. En la siguiente ronda les esperaban los italianos del Bolonia, que ya habían levantado dos títulos (1932 y 1934). Los *rossoblù* ganaron en la ida por 2-1 pero fueron arrasados en Viena por un contundente 4-0. En cuartos de final esperaba el Slavia de Praga, que fue noqueado en el partido de ida tras perder por 3-0. En la vuelta, el 1-0 a favor de los checos resultó insuficiente y los blanquivioletas se presentaron en la antesala de la gran final donde les esperaban los húngaros de Újpest. Sindelar y compañía se impusieron en los dos encuentros para firmar un 3-7 global en la eliminatoria. En la final tendrían que superar a los vigentes campeones, el Sparta de Praga.

La igualdad fue la nota predominante de una eliminatoria que arrancó el 6 de septiembre de 1936 en Viena. 41.600 espectadores acudieron esa tarde al Prater para presenciar el encuentro entre dos de las escuadras más potentes del momento. El empate a cero final dejó un ambiente frío entre los aficionados y los propios jugadores blanquivioletas sentían que habían dejado pasar la oportunidad de avanzarse en la eliminatoria. La machada llegó siete días después cuando Jerusalem, en el minuto 67 de partido, silenciaba el Masaryk-Stadion de Praga. El 0-1 sería definitivo para derrocar al Sparta y alzarse con su segunda Copa Mitropa, levantada por el capitán Sindelar, quien a sus 33 años encaraba la recta final de su carrera. Al año siguiente volverían a intentar revalidar el título, aunque fueron apeados en semifinales por el Ferencvaros. Los húngaros se proclamarían posteriormente campeones y el FK Austria, con Mozart a la cabeza, comenzó a entonar el canto del cisne del fútbol austriaco.

Algo similar le sucedió a la Copa Mitropa. La competición se vio alterada por la Segunda Guerra Mundial y la edición de 1939, ganada por el Újpest Budapest frente al Ferencvaros, fue la última en disputarse en esta primera etapa, posiblemente la de mayor esplendor. El torneo volvió en 1952, pero no fue hasta 1955 cuando se retomó con asiduidad, aunque en una Europa en plena reconstrucción el statu quo había virado definitivamente de Viena a París. Y el fútbol no le iba a ser ajeno. En la capital francesa se perfilaba, a mediados de 1955, el mejor torneo de todos los tiempos. La Copa de Europa, impulsada por el periodista Gabriel Hanot y el influyente diario deportivo *L'Equipe*, despertaba dudas en buena parte del continente europeo, e incluso en las altas instancias de la UEFA. Esta estaba más preocupada por la creación de un torneo similar pero a nivel de selecciones, hasta el punto de no apoyar la idea en un principio. La Copa Mitropa resistió hasta 1992, pero fue menguando a medida que la Copa de Europa aumentaba en prestigio y la leyenda de las grandes noches europeas alcanzaba los últimos rincones del Viejo continente. Así fue como el sueño de Hanot devoró al de Meisl.

La leyenda del *Wunderteam*

Es posible que la figura de Matthias Sindelar no hubiera adquirido tal dimensión sin sus actuaciones en la selección austriaca. Lo dejó claro desde su debut. Él había llegado hasta allí para dejar huella. Siguiendo los pasos precoces de Mozart, con apenas 23 años se puso por primera vez la zamarra de la selección y no le tembló el pulso para anotar el gol de la victoria para su país. El encuentro estaba marcado por un claro componente político al enfrentarse dos antiguos países integrantes del Imperio austrohúngaro, como Austria y Checoslovaquia. Era el inicio de una época dorada para el país de los Alpes. Era 1926 y en el horizonte asomaba la primera Copa del Mundo de selecciones

que se celebraría en 1930. Los principales candidatos a albergar la primera cita mundialista eran países europeos, pero el presidente de la FIFA, Jules Rimet, quiso tener un detalle con Uruguay. Los charrúas eran los vigentes campeones olímpicos (1928) y habían reeditado el título conseguido en 1924. Además de los dos oros olímpicos, en la decisión final también pesó la Jura de Constitución uruguaya, de la que en ese 1930 se cumplían 100 años. Esos fueron los motivos para decantar la balanza hacia Sudamérica. La coyuntura económica que se vivía en Europa, azotada por las consecuencias del crac de la bolsa estadounidense ocurrido en 1929 y las dificultades de un viaje tan largo propició que la mayoría de los equipos no pudieran permitírselo. Austria fue uno de esos países que rechazó su participación, dejando pasar una oportunidad histórica de haber asombrado al mundo. Francia, Bélgica, Yugoslavia y Rumania fueron los representantes europeos. El título, como si de una contienda a orillas del Río de La Plata se tratara, se lo disputaron Argentina y Uruguay. El estadio Centenario vio cómo los suyos alzaban la primera Copa del Mundo en casa.

A cambio, el mundo se perdió la primera gran sinfonía del Mozart del fútbol. A los pies de los Alpes, Hugo Meisl terminaba de pulir la que sería durante el siguiente lustro la mejor orquesta de Europa. Tal fue su dominio, que el *Wunderteam* camino del Mundial de 1934 apenas desafinó. Entre 1930 y 1932 disputó 14 partidos con un balance de 11 victorias y tres empates. Algunas de esas victorias fueron históricas, como dos 5-0 que infringió a Alemania, el primero en Berlín, el segundo en Viena. A la Hungría previa a los magiares mágicos la humilló con un 8-2 y la Escocia del *passing game* sufrió la evolución de su propio estilo con una derrota por 5-0. Camino del Mundial de 1934, los austriacos solo perdieron tres partidos, aunque incluso cuando hincaban la rodilla dejaban un rastro de admiración. Fue lo que ocurrió el 7 de diciembre de 1932 en Stamford Brigde. Aquella tarde, Austria se enfrentaba a los inventores del fútbol en el estadio londinense. Inglaterra se mantenía inmaculada en sus dominios, sin perder un partido en casa. Los ingleses descubrieron ese día a Matthias Sindelar, quien jugó un partido sensacional orquestando el juego de su equipo y siendo el autor de uno de los goles. Inglaterra tuvo que emplearse a fondo para doblegar a los pupilos de Meisl por 2-3, e incluso la prensa británica y el resto de grandes cabeceras europeas alabaron el juego austriaco, hasta el punto de otorgarles la victoria moral por su gran despliegue sobre Stamford Brigde. De regreso a casa, el plantel fue recibido con todos los honores.

Camino del Mundial de 1934 su racha se mantuvo prácticamente inalterable. El *Wunderteam* ganó 28 encuentros, empató uno y tan solo perdió tres, marcando 102 goles en 32 partidos. Las expectativas y su cartel de favorito se habían visto reafirmados con la victoria en la II edición de la Copa Internacional. Este torneo amistoso también fue creado por Hugo Meisl como un reflejo de la Copa Mitropa pero a nivel de selecciones. Los participantes eran las cinco selecciones de fútbol más poderosas de la Europa central (Hungría, Austria, Checoslovaquia, Suiza e Italia) y se disputó entre 1927 y 1960. Después de la Segunda Guerra Mundial el trofeo fue conocido como Dr. Gerö, en honor a Josef Gerö, director de la Asociación Austriaca de Fútbol. Cuando Sindelar y compañía levantaron esta copa, un año antes de enfrentarse a las principales selecciones del mundo, se sintieron invencibles.

El Mundial se disputó en Italia, después de que los transalpinos se impusieran sin necesidad de votación. Suecia había retirado su candidatura. Y aquella decisión iba a ser definitiva en el devenir del torneo. Una competición menguada por la decisión de los principales equipos sudamericanos de no viajar a Italia, como respuesta al supuesto boicot de los europeos cuatro años antes. Uruguay ni siquiera se presentó a defender su corona. Argentina, por su parte, envió un equipo plagado de jugadores no profesionales. Pero la Copa del Mundo iba a lucir en todo su esplendor gracias al empeño del fascismo italiano. Con Benito Mussolini ya en el poder, el fútbol abrazaba a un nuevo compañero de juego con el que todavía hoy sigue tirando paredes: la propaganda política. El mensaje nacionalista de *Il Duce* también alcanzó todos los estratos de poder, incluidos los altos cargos del deporte nacional y el propio seleccionador de la Azurra, Vittorio Pozzo. El título era el único fin y fue el propio Mussolini el encargado de transmitírselo a los jugadores. Entre ellos encontrábamos a varios argentinos, como Luis Monti, Attilio Demaría, Enrique Guaita y Raimundo Orsi, e incluso brasileños, como Anfilogino Guarisi, que habían sido nacionalizados meses antes del campeonato. La estrategia partió de la Federación Italiana de Fútbol, que llevaba tiempo preparando la cita mundialista. Tan es así que en 1931 autorizó la llegada de sudamericanos con ascendencia italiana, los famosos oriundos, con la clara intención de aumentar el nivel de su juego y enriquecerlo.

La II Copa del Mundo se celebró entre el 27 de mayo y el 10 de junio de 1934, y a la cita acudieron 16 selecciones. Por primera vez se usó un sistema de eliminatorias directas que arrancaban en los cuartos de final. Francia fue el rival de la Austria de Meisl y Sindelar en esa

primera ronda. El partido se disputó el mismo 27 de mayo en el estadio Benito Mussolini de Turín, ante la mirada de 16.000 espectadores. Matthias Sindelar igualó la contienda al filo del descanso, después de que Nicolás hubiera adelantado a los galos a los 20 minutos. Con ese empate a uno se llegó al final de los 90 minutos reglamentarios, por lo que austriacos y franceses disputaron la primera prórroga de la historia de los Mundiales. En ese tiempo extra dos goles de los austriacos, obra de Schall y Bican, respectivamente, hicieron insuficiente el tanto de Verriest en los últimos minutos de la prórroga. El *Wunderteam* avanzaba hasta los cuartos de final.

Cuatro días después, los que hasta hacía no tanto eran compatriotas bajo el manto protector del Imperio austrohúngaro, se enfrentaban como rivales encarnizados por un puesto en semifinales. Austria y Hungría se veían las caras en Bolonia, en el estadio del Littoriale con 23.000 espectadores en las gradas. El equipo de Meisl controló el choque con suficiencia merced al gol, en el amanecer del partido, del interior izquierdo Horvath (minuto 8). Al inicio de la segunda mitad llegó el segundo, obra del extremo derecho Zischek. Hungría acortó distancias desde los once metros gracias al gol de Sarosi. Con media hora por delante, los magiares no consiguieron empatar el encuentro y Austria alcanzaba las semifinales, donde esperaba la anfitriona, la Italia de Vittorio Pozzo.

Los transalpinos sabían que el fútbol del *Wunderteam* recaía en los pies de Sindelar, cuyos movimientos fuera del área tenían el único propósito de crear opciones para los cuatro delanteros restantes. Matthias aparecía entre líneas, bajaba al centro del campo para asociarse con los centrocampistas y aparecía por sorpresa llegando desde atrás para culminar las jugadas de los extremos. Sindelar fue posiblemente el primer caso de falso 9 que encontramos en el fútbol europeo, o como mínimo, quien protagonizó las primeras grandes actuaciones con ese rol. Desde la atalaya del mediapunta parecía sobrevolar cual mariposa por todo el frente de ataque, generando huecos y desconcertando a los rivales de la época, sobre todo los centrales, que corrían tras él desguarneciendo el eje central de la zaga. Consciente Pozzo de que el solista de aquella sinfonía perfecta era Sindelar, no dudó en frenarle con todas las armas disponibles, incluso las que sobrepasaban el reglamento.

Más aún después de que Hugo Meisl no pudiera contar con su organizador Johann Horvath por lesión para este partido. Tal era su importancia en la maquinaria austriaca, que Meisl, buen amigo de Pozzo, declaró con la intención de quitarse el favoritismo que les perseguía, que sin Horvath "no tenemos ninguna opción". Así que los mediocentros de la Azurra, y sobre todo el defensor Luis Monti, se pudieron centrar en un marcaje –que rozó la violencia en muchas ocasiones– sobre Matthias Sindelar. El fútbol tosco, aguerrido y signado por las tácticas defensivas de los italianos permaneció invariable a pesar de la incorporación de los oriundos argentinos. La agresividad permitida por el colegiado sueco Ivan Eklind, el mismo que cuatro días después pitó la final, terminó por desconectar al Hombre de Papel en un San Siro abarrotado para la ocasión. El solitario gol del italo-argentino Enrique Guaita a los veinte minutos de partido no estuvo exento de polémica. Estaba en fuera de juego cuando contactó con la pelota, pero el colegiado hizo caso omiso a las protestas austriacas. No era la primera vez que los italianos contaban con el favor del árbitro, pues para eliminar a España en la ronda anterior, Meazza también superó al cancerbero español, Nogués, en posición antirreglamentaria. Acto seguido los pupilos de Pozzo ejecutaron la táctica que mejor conocían, el *catennaccio*, para encerrarse alrededor de Giampiero Combi, el guardameta transalpino, y defender su ventaja. Sindelar y compañía no consiguieron abrir ese cerrojo y la Azzurra cumplía el primer mandato de Mussolini alcanzando la final. Austria, todavía afectada por la derrota y sin Matthias Sindelar en el once titular, perdió también el partido por el tercer puesto frente a Alemania (2-3). El *Wunderteam* tendría que esperar otros cuatro años para volver a maravillar al mundo, pero la Historia, y sobre todo los nazis, tenían otros planes para ellos.

Réquiem por Mozart

No eran pocos los austriacos que tras concluir la Primera Guerra Mundial y proclamarse pocos días después la República de Austria, se posicionaron a favor de la unión con Alemania. Al fin y al cabo, muchos de ellos eran de origen germano. Pero la posición de debilidad y las fuertes sanciones que recibió Alemania tras el primer gran conflicto mundial evitó que esa anexión se produjera entonces. El Tratado de Versalles, firmado en 1919, actuó como dique de contención:

Alemania reconoce y respetará estrictamente la independencia de Austria, dentro de las fronteras, que podrá establecerse en un Tratado entre ese Estado y las Principales Potencias Aliadas y Asociadas; ella está de acuerdo en que esta independencia será inalienable, salvo con el

consentimiento del Consejo de la Liga de las Naciones Unidas. Artículo 80, Tratado de Versalles.

Pero el curso de la Historia a veces encuentra rendijas en los muros mejor sellados. En 1932, Engelbert Dollfuss, primer ministro austriaco, disolvió el parlamento de su país e instauró una dictadura de derechas, nacionalista y antialemana. Mientras tanto, en la vecina Alemania, se producía el ascenso al poder del Partido Nacionalsocialista de Adolf Hitler, el cual se postulaba desde un principio a favor de la anexión de Austria. Desde su creación quiso aplicar sus principios tanto en Alemania como en los países vecinos, intentando alcanzar el poder desde la democracia. En Alemania lo consiguió en 1933, pero en Austria el golpe de timón de Dollfuss lo evitó. Los nazis empezaron a ver cada vez más improbable alcanzar el poder en Austria a través de las urnas y trazaron un plan para invadirla. Pero en su primera tentativa fracasaron.

Paulatinamente, desde Berlín fueron aumentando la presión social e ideológica frente a Dollfuss, hasta que en julio de 1934 las protestas y los atentados eran una constante en las calles austriacas. Era la señal que necesitaban los nazis, y en ese momento el ejército alemán provocó un golpe de estado en el que mataron a Dollfuss, aunque finalmente no prosperó por la falta de ayuda de los militares alpinos. A Dollfuss le sucedió Schuschnigg, que no llegó a tener nunca el respaldo social del que gozaba su antecesor, por más que las revueltas se calmaran. Kurt Schuschnigg accedió en febrero de 1938 a reunirse con Adolf Hitler, y el gobernante alemán arrancó un acuerdo a su homólogo austriaco para permitir un referéndum en Austria para la anexión de Alemania y para que liberara a los presos nazis. Ese referéndum para decidir el futuro de su nación se debería llevar a cabo el 13 de marzo, pero nunca se llegó a producir. Días antes, los nazis austriacos invadieron las calles de Innsbruck, de Viena, de Linz, de las principales ciudades del país y comenzaron una conquista lenta pero efectiva. Austria pidió entonces ayuda a los gobiernos de Francia y Gran Bretaña pero en un clima prebélico desoyeron el SOS que provenía de más allá de los Alpes. No querían verse envueltos en un nuevo conflicto internacional. Para dar un barniz democrático a la situación, Hitler realizó el referéndum que tenía pendiente Schuschnigg pero con Austria ya bajo dominio nazi. La victoria, al más puro estilo caciquil, resultó aplastante a favor de la anexión. El *Anschluss* era una realidad y Austria se convertía en una provincia más del III Reich. En Ostmark ya resonaba el himno alemán.

En medio de todos esos vaivenes políticos, una carrera deportiva se apagaba. El ocaso de Matthias Sindelar iba emparejado con el del *Wunderteam* de Hugo Meisl. Aquella magnífica generación de futbolistas miraba con recelo la ascensión nazi, pues eran conscientes de que el próximo Mundial de 1938 sería el último baile para todos ellos. El *Anschluss*, además, dejaba su participación en el aire, porque las autoridades nazis eran conscientes de la importancia propagandística del deporte y de la falta de calidad de su selección, si querían emular lo conseguido por la Italia de Mussolini cuatro años antes. Así que su principal objetivo era presentar en Francia no solo una Alemania unida y representativa del III Reich, sino también victoriosa. Y para ello contaban con anexionarse a los mejores talentos nacidos a orillas del Danubio, con Matthias Sindelar a la cabeza. La mejor manera de olvidar la pesadilla que habían sido los Juegos Olímpicos de Berlín en 1936.

Allí Alemania había fracasado al perder en cuartos de final frente a Noruega (2-0) y ver poco después cómo Austria se colgaba la medalla de plata. El Ministro de Propaganda en la Alemania nazi, Joseph Goebbels, había llegado a escribir en su diario: "Ganar un partido es más importante para la gente que invadir una ciudad del este de Europa". Y concienció a los grandes gerifaltes del partido de la importancia que tendría la Copa del Mundo para conectar a través del fútbol con la población alemana y austriaca. Sindelar era imprescindible para esto último, pero el Hombre de Papel intentó regatear con todas sus fuerzas al destino. A esas alturas Sindelar despreciaba a los nazis, estaba totalmente en contra de la anexión de su país y detestaba una política que, sin ir más lejos, había acabado con la expulsión de todos los funcionarios judíos de su club, el Austria de Viena. En medio de esa tormenta político-deportiva, Sepp Herberger, el mítico seleccionador alemán, comenzó a mover sus cartas para convencerlo.

Por su parte, el régimen nazi tuvo que dar una última vuelta de tuerca para ganarse la complicidad de los austriacos. Conscientes de lo que suponía para el mundo del fútbol la desaparición de una selección como la de Austria, intentaron vestir el hecho como una celebración, una fiesta de unión entre ambos pueblos. Así pergeñaron un partido amistoso que serviría, además, de homenaje al reciente *Anschluss*. Sucedió el 3 de abril de 1938 en el antiguo Prater de Viena (actual Ernst Happel), en un partido que enfrentó a dos selecciones que inmediatamente después se iban a fundir en una sola. Ese último Alemania-Austria no se lo quisieron perder las autoridades nazis, que ocuparon los sillones presidenciales del estadio, aunque también hubo alguna que otra ausencia destacada.

Matthias Sindelar sabía que era un partido especial. Durante los primeros cuarenta y cinco minutos burló una y otra vez a los defensores germanos, sacó todo su repertorio de quiebros y fintas, pero a la hora de definir frente al marco alemán tanto Sindelar como sus compañeros no acertaban con las mallas. El empate a cero se mantuvo inalterable durante los primeros 45 minutos, pese a la superioridad insultante de los austriacos. El paso por los vestuarios aclaró la puntería austriaca y nada más comenzar la reanudación, Sindelar volvió a burlar a la defensa germana y en esta ocasión sí acertó con la portería. Austria se adelantaba 1-0 en el marcador. Las teorías y las leyendas sobre lo que ocurrió después son múltiples y variadas. Y han llegado hasta nuestros días. Casi todas están centradas en la celebración, en el supuesto baile que frente a la tribuna presidencial se marcó Sindelar tras anotar el gol. Pero en realidad ese baile no aparece en ninguna de las crónicas de la época. Tampoco el saludo marcial que marcaban los nuevos tiempos del nazismo. Ni siquiera Hitler estaba ese día en la tribuna del estadio. Poco aficionado al fútbol, el Führer se encontraba en esos momentos en la región de Graz, tal y como reseñan los periódicos de la época. Hitler hacía campaña, a la par que Sindelar goleaba a su Alemania, de los beneficios del *Anschluss*. En esa misma línea son varios los historiadores que descartan que Sindelar se erigiera en un ícono de la resistencia austriaca, ni un símbolo del patriotismo austriaco, mucho menos que fuera perseguido por los nazis. Al fin y al cabo, y este es otro de los mitos infundados, Sindelar no era judío, profesaba la religión católica.

De lo que sí hay pruebas fehacientes es de que Austria terminó imponiéndose por 2-0 a la Alemania nazi, después de que Karl Sesta hiciera el segundo tanto para los austriacos en aquel partido. Aquel partido disputado en Viena fue la primera oportunidad que tuvo Sepp Herberger de abordar cara a cara al fantástico delantero austriaco. La segunda ocasión lo haría en suelo alemán, en la conocida como Ciudad de la Seda, en Krefeld. Hasta allí se había desplazado el Austria de Viena (ya renombrado como Ostmark) para realizar una gira a principios de mayo de 1938. El jueves 5 disputó un amistoso frente a un combinado local. Y el seleccionador alemán estaba entre los 5.000 espectadores que asistieron al partido. Después del encuentro volvió a charlar con Sindelar. "El muchacho apreciado y venerado en los círculos futbolísticos" volvió a insistir en su renuncia al proyecto de la *Mannschaft*. "¡Como en Viena!", escribió Herberger en una carta que hizo llegar a las autoridades nazis y en la que hablaba de sus dos encuentros: "Me dio la impresión de que el rechazo tenía otras razones.

La impresión fue de cierto malestar en relación a los acontecimientos políticos que lo oprimían, y eso motivó su rechazo". Sindelar, a sus treinta y seis años, no necesitó fingir lesiones o esconderse, en otras de las leyendas que han llegado hasta nuestros días, sino explicar con sinceridad y convicción su postura. *Mozart* no *tocaría* en la Copa del Mundo de 1938. Herberger lo entendió tras esa segunda tentativa y se mostró comprensivo con Sindelar, quien a su vez respiró aliviado, tal y como dejó escrito el seleccionador.

Así que Matthias Sindelar no acudió al Mundial de Francia 1938 para defender los colores de la Alemania nazi. Sí lo hicieron otros compatriotas suyos, nueve en total, que representaban a la nueva camada formada a orillas del Danubio. La mezcla confeccionada por el seleccionador germano Sepp Herberger no dio los frutos deseados. Emparejada en octavos de final con la Suiza de Karl Rappan solo consiguió empatar a uno durante los noventa minutos reglamentarios, por lo que se tuvo que disputar un partido de desempate. Rappan, desde el banquillo ajustó su sistema táctico defensivo (verrou) y logró remontar el 0-2 inicial. La victoria por 4-2 fue interpretada en clave histórica en plena época prebélica y supuso un nuevo sopapo para los nazis que además veían como el pequeño país alpino (refugio de gran parte de los perseguidos por el III Reich) les pasaba por encima. Mientras tanto, Matthias Sindelar alternaba el crepúsculo de su carrera deportiva con la regencia de un café vienés. A ello le había llevado la política de los nazis entre cuya legislación sobresalía la prohibición para los futbolistas de cobrar un sueldo por jugar al fútbol.Aunque contrariamente a lo que se piensa, Matthias no pasó apuros económicos en ese período de su vida e incluso se puede afirmar que tenía una vida plena. Además del fútbol y el café, sus horizontes empresariales estaban a punto de abrirse pues en ese mes de enero, Sindelar había firmado un contrato para hacerse cargo del mantenimiento del Estadio Prater de Viena. Ese acuerdo se había firmado con las autoridades austríacas ya bajo dominio nazi, lo que descarta la cacareada persecución al futbolista. Otra cosa es lo que hicieron los nazis con los clubes de fútbol, a los que convirtieron en amateurs, al mismo tiempo que perseguían a asociaciones y deportistas vinculadas al judaísmo..

Pero a la fatalidad todavía le quedaba por jugar el partido de vuelta. Nada hacía presagiar el drama la mañana del 23 de enero. Ese día Camilla Castagnola, en esos momentos la pareja de Matthias Sindelar, no había acudido al trabajo. Camila era camarera en un restaurante de Viena y su jefe pensó que llegaría más tarde. Al no aparecer a media

mañana llamó al café regentado por Sindelar para preguntar por ella, pero tampoco contestó nadie. En ese momento apareció Gustav Hartmann, amigo íntimo del futbolista, al que también le sorprendió encontrarse cerrado el establecimiento. Fue en ese momento cuando Gustav acudió al domicilio de Camila y encontró la puerta cerrada. Nadie le abría desde el interior, pero un fuerte olor a gas impregnaba la escena. Forzaron la cerradura y lograron entrar al apartamento. Sindelar yacía en la cama. A su lado, el corazón en penumbra de su reciente novia, la cantante italiana Camilla Castagnola, todavía latía. Pese a los esfuerzos de los médicos por salvarla, la cantidad de monóxido de carbono inhalado procedente de una estufa cercana, provocó su muerte pocos días después.

El mito volvía a emparejarse con la historia y las teorías conspiratorias también. Se especuló con el suicidio y con el asesinato.Y esos ecos han llegado hasta nuestros días como si la vida de Sindelar no fuera suficiente apasionante para añadirle más aderezo. La autopsia practicada tres días después de su muerte por el Dr. Schneider, del Instituto de Medicina Forense de la Universidad de Viena, concluyó que se trató de un fatal accidente doméstico. Sindelar había inhalado demasiado monóxido de carbono procedente de la estufa de gas con la que se calentaba y en su cuerpo no había rastro de veneno alguno. El forense además anotó una K de Katholik (católico) en su partida de defunción, despejando la teoría del suicidio y permitiendo a su vez una despedida a la altura del futbolista.

Con Austria de luto y Viena hecha un mar de lágrimas, los compatriotas de Sindelar salieron a las calles para rendirle un último adiós. Más de 15.000 personas mostraron sus respetos a ese hombre liviano y escurridizo, un artista del balón, que por momentos les hizo creer que al compás de su juego alcanzarían la cúspide del fútbol. Su club, el Austria de Viena, se vio desbordado por los telegramas de condolencias que llegaron a sus oficinas y su presidente Michael Schwarz no dudó en afirmar durante el sepelio que "con él había muerto una parte de Austria". Para evitar que su recuerdo se perdiera, cambiaron el nombre de una de las calles del barrio de Favoriten, en la que Sindelar se crió. Sindelargasse se extiende hoy desde el cruce de Bitterlich con Victor-Gruen-Gasse hasta que se funde con Heimkenhrergasse. Y se llama así desde que el 1 de junio de 1960 lo decretó el Comité de Cultura del Consejo de la Ciudad. La calle queda a pocos metros del actual estadio del Austria de Viena y su numeración va del 1 al 90. En la casa donde murió, una placa recuerda hoy la trascendencia del Hombre de

Papel, quien "fue durante muchos años el corazón y la cabeza tanto del Austria de Viena, como del *Wunderteam*".

Tal y como le ocurrió a Wolfang Amadeus Mozart, Sindelar murió unas semanas antes de cumplir los 36 años, aunque el misterio alrededor de su muerte nunca se ha esfumado del todo. En 2003 los británicos volvieron a revisar aquellos días tenebrosos para los austriacos, en un documental producido por la BBC con el que intentaron aportar algo de luz. Lo consiguieron a medias, pues Egon Ulbrich, secretario del Austria de Viena, que aparece en el reportaje, declaró haber acordado con el alcalde de la ciudad y el inspector del distrito, certificar que la muerte fue accidental para poder celebrar el funeral. También se aseguraba la existencia de un informe de la Gestapo sobre la familia de Sindelar en el que se especificaba que eran de origen checo, projudíos y socialdemócratas, algo muy parecido a una sentencia de muerte en aquellos años. La leyenda se ha seguido alimentando desde la red, en la que el lector intrépido no tardará en encontrar figuras como las de Wolfgang Maderthaler, experto en la figura de Sindelar, que se apunta a las teorías del suicidio, por más que Sindelar jugara al fútbol hasta sus últimos días: "acosado y sin fútbol tampoco tenía sentido seguir viviendo", ha escrito el investigador.

Y sin embargo, lo sigue haciendo en la memoria de todos los amantes del fútbol, que cada 23 de enero inundan de flores frescas una de las tumbas más visitadas del Zentralfriedhof de Viena. Una tumba distinguida además con el escudo de la municipalidad, símbolo honorífico de la ciudad hacia su figura. Al fin y al cabo, no todo el mundo puede decir que Mozart defendió su camiseta.

El último partido oficial que Sindelar disputó fue el 26 de diciembre de 1938.

Con la selección de Austria jugó 43 partidos y marcó 27 goles. A lo largo de su carrera con el FK Austria de Viena marcó más de 600 goles.

El escritor judío Friedrich Torberg le dedicó el poema "A la muerte de un jugador de fútbol":

Jugaba al fútbol como ninguno
ponía gracia y fantasía
jugaba desenfadado, fácil y alegre
siempre jugaba y nunca luchaba.

Selección de Austria en su partido frente a Francia disputado el 27 de mayo de 1934 in Turín (Italia). De izquierda a derecha: Entrenador, Hugo Meisl, Franz Wagner, Matthias Sindelar, Josef Bican, Franz Cisar, Karl Sesta, Rudolf Viertl, Anton Schall y el portero Peter Platzer; abajo: un asistente, Karl Zischek y Johann Urbanek.

CAPÍTULO 7

ORESTES OMAR CORBATTA. UN QUIEBRO DE IDA Y VUELTA A LA MISERIA

Fue un gol fantasma. Y eso que el esférico pasó sobradamente la línea. Pero La Bombonera no estaba llena aquel domingo por la tarde y la televisión todavía era una *rara avis* en las retransmisiones en Argentina en 1957. En la cancha se enfrentaban la albiceleste y Chile en las eliminatorias previas de la Copa del Mundo, que se disputaría en Suecia ocho meses después. Fueron pocos los que acudieron al estadio de Boca y las razones que se contaron entonces también son variadas. Chile era un rival menor y el triunfo se daba por descontado, la selección no despertaba especial ilusión en aquellos momentos, y por si fuera poco, entre los seleccionados abundaban los jugadores de River, siempre visitantes en territorio xeneize. No era el caso de Orestes Omar Corbatta, delantero de Racing que marcó el gol más bello de la historia de la albiceleste hasta que un tal Maradona lo bajó al segundo escalón. Un gol, que al contrario del de Diego, tiene tantas versiones como personas hablan de él. Da igual que no estuvieran allí aquel 20 de octubre de 1957, todos en Argentina tienen su propia versión del gol de Corbatta a los chilenos. El origen de la jugada ya plantea los primeros misterios, para unos arrancó desde su área, otros aseguran que desde un costado; en unas versiones gambeteaba a seis jugadores y en otras a dos o a diez, y en varias retrocedía hasta la mitad de la cancha y volvía a esquivar a cuantos defensores se ponían por medio para terminar haciendo el gol. Un gol que es en sí mismo un homenaje al realismo mágico. Una gambeta de nuestra memoria. Un quiebro a las exageraciones que alimentan nuestros recuerdos. O como lo definió Alejandro Wall: "El gol de Corbatta fue un crimen perfecto. Tuvo la ventaja de lo irrepetible, el misterio de lo que solo pudo contarse".

Argentina ganó ese partido por 4-0 en una de las tardes más lúcidas e inspiradas de Orestes Omar Corbatta. y prácticamente sacó el billete para Suecia'58. El paso del tiempo barnizó el recuerdo y a su alrededor floreció el mito de un gol estratosférico relatado como un cuento que los padres contaban a sus hijos y posteriormente los abuelos a sus nietos. Cuando el gol se hubo instalado en el imaginario de varias generaciones apareció Corbatta para abonar la leyenda. Lo hizo en una entrevista que concedió en 1980 al dramaturgo, ensayista y también periodista argentino Rodolfo Braceli.

"Gambeteé a siete, llegué al arco y no hice el gol, me volví con la pelota hasta el medio de la cancha... Entonces me di cuenta de que si no hacía el gol me mataban; me volví, gambeteé a otros tres, hice el gol. No tenía más remedio", concluyó Corbatta.

El gol como obligación. Burlar a los defensas como único modo de vida. La diversión para Corbatta se escondía en un caño bien tirado, en una gambeta jocosa, en encontrar nuevos caminos para esquivar a los rivales, como aquella tarde en La Bombonera. El pase final a la red era un simple asunto burocrático para él. Pero ocurre que la memoria de Corbatta era tan juguetona como sus pies y sus recuerdos, incluso los del gol más importante de su vida, bailaban pegados a la línea de cal, capaz de desconcertar a cualquiera.

"Con gambeta eludí a dos rivales, me detuve, amagué, hice pasar de largo a un defensor que quiso taparme, volví a detenerme, amagué ante la expectativa de todos y finalmente coloqué la pelota junto a un poste, luego de otro amague que dejó sentados en el suelo a dos chilenos..."[6].

Agitados los recuerdos queda el papel, los registros en negro sobre blanco, las anotaciones a pie de página que revelen la naturaleza de un tanto extraordinario. "Un gol memorable", tituló el diario *La Razón* en su edición vespertina del lunes 21 de octubre de 1957, porque esa mañana, la mañana posterior al gol de Corbatta, no hubo diarios, ya que el domingo había sido el día de los trabajadores gráficos. Un festejo para alimentar aún más la leyenda. Ni Corbatta lo hubiera ideado mejor. "Concierto sin público", señaló la revista de Racing para poner énfasis en la magistral actuación de su estrella y en la escasez de testigos en las gradas. Pero fue en la crónica de *La Nación* donde pudo leerse la descripción más austera del gol de Corbatta: "Avanzó este internándose velozmente en el área chilena y, próximo al arco, eludió a Astorga,

---

6 Así se refería a su gol frente a los chilenos en el libro Historia de Racing. La Academia de Campeones, editado por RR ediciones.

ubicándose libre de adversarios a pocos pasos de Quitral. Entonces, en una demostración de su ductilidad de gran jugador, amagó tirar hacia la izquierda, descolocó al arquero e impulsó la pelota en forma leve a la derecha, como expresando con ello todo lo capaz que es". Pese a la contención en sus palabras, el cronista también sabía que aquella jugada no pasaría desapercibida: "Este gol será lo único que perdurará en el tiempo de este partido". Algo ayudó también que la revista estadounidense *Life*, una de las más prestigiosas del mundo, dedicara por primera y única vez su portada al fútbol. La foto, cómo no, era la del gol de Corbatta.

Ese es el primer plano del 7, el primer acercamiento a un *wing* que volaba libre tanto dentro como fuera de la cancha. Corbatta, considerado por muchos el primer Loco de la historia del fútbol, también fue "el dueño de la raya" desde que su mito empezara a crecer en los potreros. Lo del Garrincha argentino llegó luego, cuando su leyenda traspasó las fronteras nacionales. Aunque por encima de todo fue el Arlequín, tal y como lo definió Juan José Tito Pizzuti, una de las mayores glorias del Racing Club de Avellaneda.

Cusa antes que Corbatta

Lo primero que aprendió Orestes fue a regatear hermanos. No tuvo que ser fácil meter la cuchara en ese puchero con ocho manos hambrientas que pugnaban desde críos por llevarse algo caliente a la boca. En Daireaux, un pequeño pueblecito bonaerense, todos conocían a los Corbatta, allí nacieron los nueve hijos de una familia sumida en la pobreza y en el que a las dificultades del día a día se sumaba también ser una familia numerosa. Su padre, que era alcohólico, murió cuando él era un niño y a su madre no le quedó más remedio que mudarse a la capital de la provincia, a La Plata, con sus nueve hijos. Allí las cosas mejoraron ligeramente después de que doña Isabel encontrara trabajo limpiando casas y pudiera sacar adelante a su prole. En aquella casa a Orestes lo llamaban Cusa, mote familiar que no le acompañaría en su carrera futbolística. Tampoco en el colegio, al que nunca acudió, razón por la que no sabía leer. Tampoco escribir. Las horas muertas, que eran todas, se las pasaba jugando al balón en los potreros y aquel iba ser su salvoconducto hacia otra vida.

Si el potrero fue su primera escuela, el instituto lo cursó en Estudiantes. Con 14 años llegó a sus categorías inferiores y entró por primera vez en la disciplina de los entrenamientos de un club. Siendo apenas un niño despuntó en la sexta división, hasta que una lesión de tobillo le cortó la progresión. En el club incluso se olvidaron de él tras unos meses sin aparecer por allí, y Orestes buscó refugio en otros lugares. Lo encontró en Juverlandia de Chascomús en 1953. Allí permaneció un par de temporadas, hasta que lo encontró un ojeador de Racing Club, con 19 años recién cumplidos. Todos en el barrio sabían por entonces que Orestes era el mejor, imparable en cada partido que se disputaba en los potreros y con un talento que pronto descubriría la primera división. La vida de Orestes Omar Corbatta estaba a punto de cambiar.

"En el potrero es más lindo jugar que en el césped, te aseguro. Porque cuando se levanta el polvito de la tierra, escondés la pelota y no hay Dios que la encuentre". Orestes Omar Corbatta.

El otoño austral abría las puertas a una nueva temporada en 1955 cuando Corbatta desembarcó en La Academia, previo pago de 14.000 pesos. Dos mil personas acudieron a ver su estreno en las instalaciones del barrio de Avellaneda. El delantero era el fichaje estrella de Racing para la nueva temporada, que arrancaba a finales de abril. La entidad blanquiazul venía de protagonizar un papel decepcionante en el campeonato anterior, donde terminó en décima posición, y la afición puso todas sus ilusiones en este *wing* derecho, que el boca a boca había convertido en estrella antes siquiera de pisar un campo de primera división. "Tenemos un fenómeno", repetían. Aunque su debut dejó más dudas que certezas después de que su equipo perdiera 1-0, gol de Pentrelli, en la cancha de Gimnasia y Esgrima de La Plata. Después de ese primer traspié, Corbatta se consolidó en el equipo, y en la jornada cuatro, en la victoria frente a Ferro (3-0), anotó su primer gol. Aunque lo suyo, más que hacer goles, era darlos.

"En ese tiempo no es que un *wing* fuera un delantero al uso como los de hoy. Antes estaba la famosa delantera de los cinco, dos *wing* (extremos), dos *inside* (interiores) y un 9. Entonces nos tirábamos todos atrás y después arrancábamos en jugadas haciendo paredes. Hoy es más difícil, Corbatitta es uno de los que más se tiraba para atrás, Corbatta es el que ayudaba al cinco, al ocho, ayudaba mucho al centro del campo y desde ahí arrancaba, porque tenía mucha velocidad, mucha asociación. Y pasaba muy bien la pelota. Yo fui goleador en Lima porque me mandaba cada pase Corbatitta...". Humberto Maschio. Jugador de Racing Club.

Humberto Maschio terminó aquella temporada con 18 goles, a solo tres del máximo goleador del campeonato, el delantero de Rosario Central, Oscar Massei. Entre Maschio y Corbatta colaboraron para que Racing fuera subcampeón, solo superado por el River Plate de Carrizo, Sívori y Loustau que levantó el título. Fue entonces cuando su habilidad comenzó a extenderse por todo el país. Los cronistas de la época aseguraban de él que más que tocar la pelota la acariciaba. El primer apodo futbolístico fue el de Dueño de la Raya de Cal, ya que cuando agarraba la pelota en un costado era casi imposible pararlo o robarle el balón. Su gambeta exquisita y la facilidad que tenía para engañar al rival eran las señas de identidad de un futbolista único, capaz de jugar con el balón pegado al pie. Así fue como lideró a Racing en 1958 para coronarse campeón, en un campeonato en el que además anotó 10 goles. Tres años después, en 1961, La Academia volvería a campeonar con Corbatta como estilete.

"Todo el mundo se acuerda de Corbatta por las cosas que hacía, por las cosas que improvisaba, insólitas. Él llegaba donde otros no podían. Era flaquito, era finito, que vos decías, lo van a tocar y lo van a tirar a la platea". Juan José Pizzuti. Jugador de Racing Club.

Tal fue su fama que muchos aficionados rivales se hacían socios de Racing para verlo en El Cilindro cada dos semanas. Allí hacía las delicias de una afición que se emocionaba con los otros socios futbolísticos de Corbatta, con los José Pizzutti, Pedro Manfredini, Rubén el Marqués Sosa y Raúl Óscar la Bruja Belén, en una de las épocas más gloriosas para La Academia. Durante las siete temporadas que defendió los colores de Racing se convirtió en una de las mayores glorias de los blanquiazules, con los que disputó 195 partidos y marcó 79 goles. Hasta que en 1962 se mudó al barrio de La Boca, después de que los xeneizes pagaran 12 millones de pesos para llevarse al genio a La Bombonera. Todavía no lo sabían, pero Corbatta ya había dado sus mejores tardes a La Academia.

"Racing es mi vida, si hasta vivo debajo de la tribuna del pasaje Cuyo. Si desde que tenía 18 años empezamos a hacer lo mismo. Racing y yo". Orestes Omar Corbatta.

La Academia, el primer (y único) hogar

Cuando Corbatta llegó a Avellaneda se acomodó en la mítica pensión que regentaba Elena Margarita "Tita" Mattiussi, quien a mediados de la década de los 50, entrada en la treintena, era ya una madre para todos los recién llegados. Unos jovencitos que al calor de la pelota se labraban un futuro mejor y a los que el buen criterio y la protección de Mattiussi no les venía nada mal, tal y como refrendó en más de una ocasión Alfio Basile: "Para nosotros fue como una madre, estar con ella y hablar era un placer para nosotros". Tita recibió con los brazos abiertos a Corbatta en 1955, cuando este se presentó sin maleta, vestido con una camisa a cuadros, un pantalón de pana y unas alpargatas. Todavía desprendía olor a pan recién hecho, pues a eso se dedicaba en las madrugadas, a repartir pan para llevar algo de dinero a casa. Nada en aquella estampa de 1,65m y 62 kilos hacía vislumbrar en él a un futbolista.

La Academia había nacido en la primera era dorada de los de Avellaneda. El apodo también. Durante siete temporadas consecutivas, entre 1913 y 1919, conquistaron el campeonato nacional. Además alzó la Copa de Honor en 1913 ante Nacional de Montevideo. La Copa Ibarguren la ganó en 1913, 1914, 1916, 1917 y 1918. La Copa Aldao tampoco se le resistió en este período, levantándola en 1917 y 1918. En ese período mágico, concretamente el 1 de agosto de 1915, Racing se impuso por 3-0 a River. Al finalizar el partido, los más de 10.000 hinchas que acompañaron al equipo caminaron desde el estadio Dársena Sud en La Boca hasta Avellaneda al grito de "Academia, Academia". No obstante, su equipo estaba marcando escuela y mostrando a los rivales cómo se debía mover un equipo sobre el terreno de juego. Así nació un apodo que tuvo su extensión en las escrituras de los terrenos que ese mismo año firmó Racing. Esos terrenos son los mismos en los que hoy se encuentra la sede del club en la avenida Mitre.

Mientras el conjunto de Avellaneda daba cátedra a los rivales sobre cómo jugar al fútbol, el club ponía un anuncio en el diario *La Prensa* en el que se solicitaban empleados para el mantenimiento del terreno de juego del viejo estadio de Racing. Ante esa llamada acudieron solícitos César Mattiussi y su esposa Aída, dos inmigrantes italianos que habían huido de la pobreza que asolaba la región de Udine. Fueron ellos los que dieron lustre a La Academia hasta los últimos días de su vida. Él se encargaba del césped y el mantenimiento en general, mientras su esposa zurcía los jirones en la camiseta y se encargaba de lavar los uniformes después del partido por un sueldo de 100 dólares para cada uno. Allí, bajo los tablones del viejo estadio ubicado en el mismo lugar que el actual estadio Presidente Perón, concibieron a su hija, Elena Margarita "Tita" Mattiussi. Desde muy pequeña, la niña acompañó a su madre en las labores propias de su trabajo y llegado el momento fue el recambio perfecto para que el engranaje no se resintiera. Tras el fallecimiento de sus padres, Tita se encargó de la lavandería y también de regentar la pensión de las categorías inferiores, que el club había abierto para dar cobijo al talento que crecía en el extrarradio de Buenos Aires y en el interior del país.

En ese lugar ya mítico, recaló Corbatta. Un jugador único e irrepetible, el más pintoresco, sin duda, de cuantos saltaban a un terreno de juego a mediados del siglo XX. En tres pinceladas, Corbatta era un cerebro ingobernable, una gambeta camaleónica y una personalidad insegura fuera de la cancha. Esa inseguridad brotaba de una tara de la infancia. Nunca le enseñaron a leer y escribir, pues abandonó la escuela muy pequeño. Cuando llegó a Racing ya se avergonzaba y un experto en el engaño como él, ingenió la fórmula para que ese déficit pasara desapercibido. Siempre llevaba un periódico bajo el brazo o un libro entre las manos. "Si no sé leer que al menos nadie lo note", pensaba. Quizá por ello, al compañero que más respetó siempre fue a Pedro Dellacha, capitán de Racing y de la selección, y quien le enseñó a firmar garabateando su apellido.

Su leyenda está plagada de toda clase de anécdotas y regates, algunos involuntarios, que perfilan el cariz del personaje. Como el día que se decía que iba a debutar con Racing en un amistoso con Quilmes. Ese día se llenó la cancha ante la expectación que había generado su fichaje. Y ese día no jugó. Sí que lo hizo en 1956, en uno de sus primeros partidos con Argentina. Era un amistoso frente a Uruguay, en Montevideo. Allí empezó a hacer malabares con el balón mientras burlaba rivales, hasta que se encontró con Pepe Sasía, un tipo que primero pegaba y luego preguntaba. Tras salir de una tarascada suya, llegó otro defensor uruguayo que cazó a Corbatta con un tremendo patadón en el gemelo que lo dejó retorciéndose en el suelo. Entonces apareció Sasía, que lo remató con un puñetazo en la boca. Desde aquel día, la sonrisa de Corbatta perdió dos dientes. En un reflejo de su imperfección sonrió mellado para siempre.

En los clásicos de Avellaneda frente a Independiente nunca se escondía. O tal vez sí, pero a su manera. Cuando lo hizo fue para escapar del férreo marcaje de Alcides Silveira, que lo estaba persiguiendo por toda la cancha y apenas lo dejaba tocar la pelota. En una genialidad de las suyas, se escondió detrás de unos policías que custodiaban la grada a pie de campo, y desde ahí arrancaba cuando el defensor le perdía de vista. Los rivales se las tenían con él de todas las formas posibles, porque Corbatta no solo te desbordaba con el balón. Su personalidad pícara y desconcertante la padeció el ex defensor de River Plate, Federico Vairo: "En una ocasión, ni bien empezó el partido se me había parado al lado mío y se me quedó ahí, lo que ya me ponía nervioso. De pronto me miró y me dijo, ¿cómo andá tu madre?... ¿y de la vida de tu hermana qué es? Yo le respondí ¡Callate y jugá! Cuando termine el partido nos vemos afuera si tenés algo que decirme... Con eso se calló la boca y me dejó de embromar. Tras finalizar el encuentro, mientras nos estábamos duchando golpearon la puerta del vestuario. ¡Era él que me venía a buscar! Salí con toda precaución... y vi que quería charlar conmigo en serio, venía a invitarme al vestuario para tomar algo porque cuando lo intentó en el campo me había enojado".

Corbatta, *wing* bohemio y mágico sobre el césped, solo entendía la vida como diversión, y en ella cabían a partes iguales la pelota, las fiestas y las mujeres. Con estas últimas, y a pesar de la fama que había adquirido en Racing, le costaba entablar conversación pues escondía sus inseguridades a través de su timidez. Así que entre trago y trago los compañeros le presentaron a una amiga de todos. Una chica que hacía la calle, como dicen en Argentina, y Corbatta se enamoró de ella, hasta el punto de que se casó con esa rubia en 1959. Se fue a vivir con ella y tuvo una hija. Pero un día, tras regresar de una gira, encontró su casa desvalijada. Hasta los muebles se habían marchado. Su esposa y su hija también. Después de aquello vinieron tres matrimonios más. Corbatta resumía con amargura su desdicha:

"Con la primera me fue muy mal; con la segunda me fue mal; con la tercera, mal y con la cuarta, mal. Las cuatro me cagaron. Pero las quiero lo mismo a las cuatro".

Después de una de esas farras que se alargaban hasta las primeras luces del domingo, había que jugar al fútbol. Y no era extraño que Corbatta llegara al estadio borracho, transpirando alcohol y con los ojos inyectados en sangre. Ninguna como aquel día frente a Estudiantes de La Plata en un partido trascendental. "No me pasés la pelota que no la veo", le dijo Orestes a Raúl Óscar Belén antes del pitido inicial. Ese día los barreños de agua fría con los que Tita Mattiussi le había recibido en cuanto vio su aspecto no habían surtido efecto. Los daños colaterales del alcohol perduraban durante la charla técnica de la que Corbatta apenas se enteró. Pero el mejor del equipo tenía que jugar y ni siquiera esos excesos le frenaban. Cuando la pelota echó a rodar se fue entonando. Ese día marcó dos goles a Estudiantes y fue, nuevamente, el héroe del partido.

Otras veces le podía el sueño, ya fuera antes de un entrenamiento o en el intermedio de un partido. Así lo captó la cámara de *El Gráfico*, que entró hasta el camerino de la albiceleste y lo encontró dormido apenas siete minutos antes del inicio de un Argentina-Checoslovaquia en 1961 (3-3). En aquel fútbol esos gestos tejían una complicidad con la grada. Y los aficionados pedían a gritos su presencia cada vez que los excesos le hacían visitar el banquillo. Corbatta se convirtió poco menos que en una divinidad en Racing, y el césped el lugar en el que expiar sus pecados. Así lo entendió la grada aquel 26 de octubre de 1958 en el que los de Avellaneda visitaban a Estudiantes, mientras en el Vaticano se elegía al sucesor del papa Pío XII, fallecido veinte días antes. En la segunda mitad, el público empezó a gritar: "La hinchada se estremece, Corbatta Pío XIII".

Ese carácter despreocupado también alcanzó al bolsillo. Generoso y solidario, Corbatta nunca olvidó sus orígenes ni las carencias y penurias de su infancia cuando marcar un gol era llevarse un plato caliente a la boca. Especialmente generoso fue con los niños que se encontraba por la calle y a los que invitaba a merendar en la primera cafetería que se encontraba, o se los llevaba a comer a casa. Bastaba con que algún compañero le dijera que llevaba una camisa bonita para que este se la regalara. Una generosidad que llevó de la cancha a la calle y que no siempre le reportó beneficios:

—Que les regalen una pelota a los pibes que están en la calle sin zapatillas. Que con una pelota juegan veinte.

—Dar sin fijarse en lo que recibís, me lo enseñó mi madre.

Ángeles de cara sucia

Diez meses después de debutar en primera división y enfundarse la camiseta de Racing, Orestes Omar Corbatta cambió el escudo de La Academia por el de la Asociación de Fútbol Argentino (AFA). Su estreno con la absoluta llegó en febrero de 1956, en un partido correspondiente al Panamericano disputado en México D.F. ante Perú. El encuentro acabó 0-0 y un Corbatta más tímido de lo habitual no pudo dejar su

impronta. Unos meses después anotó su primer gol con la albiceleste en otra de sus especialidades, los lanzamientos de penalti. Fue en un partido amistoso frente a Uruguay, su víctima favorita, en un amistoso que se disputó en La Bombonera y que terminó 2-2. Alrededor de esos lanzamientos de penalti se edificó otra de sus grandes leyendas, y es que Corbatta se mostraba infalible desde los once metros. No obstante, de los 9 penaltis que lanzó con la selección solo falló uno, curiosamente el 20 de octubre de 1957 frente a Chile. Sí, el mismo día que marcó su gol más célebre. Así era el Arlequín.

En realidad Corbatta falló otro más, aunque no fue en partido oficial. Sucedió en la concentración de la selección argentina durante el Mundial de 1958. Amadeo Carrizo le venía calentando la cabeza diciéndole que él era capaz de atajarle varios penales. Tras soltar una carcajada, Orestes siempre respondía lo mismo: "eso es imposible". Así que un día tras un entrenamiento, se retaron a cincuenta lanzamientos desde los once metros. Si Carrizo detenía diez lanzamientos era el ganador, de lo contrario lo sería Corbatta. Nadie se quiso perder el duelo, ni sus compañeros, ni el cuerpo técnico. Corbatta fue anotando uno tras otro hasta contabilizar 49. El último lo estrelló contra el palo y se marchó victorioso. Nunca confesó si incluso ese "fallo" fue a propósito. A su maestría desde el punto de penalti solía añadir una rúbrica, una banderilla dialéctica cargada de picante y amargor: "Nene, el kiosko está al otro lado", soltaba al pasar al lado del portero vencido. Y a veces se armaba un buen quilombo.

Argentina se había ausentado de las dos Copas del Mundo disputadas en la década de los cincuenta (Brasil, 1950 y Suiza, 1954) y había vuelto a las competiciones internacionales con el Campeonato Sudamericano de Selecciones (antiguo nombre de la Copa América) en 1955. La albiceleste salió campeona en el torneo jugado en Chile y en una edición extraordinaria disputada un año después en Uruguay cayó en el partido definitivo (entonces se jugaba en modo liguilla) frente al anfitrión. Así que sería en la edición de 1957 cuando Corbatta debutara en un gran torneo internacional. La albiceleste contaba con una delantera que se iba a convertir en mítica en los siguientes años. Junto a Corbatta se alineaban Humberto Maschio, Antonio Angelillo, Enrique Omar Sívori y Osvaldo Cruz, bautizados desde entonces como los "ángeles carasucias". Un apodo que distinguía la desfachatez de su juego y los orígenes humildes de todos ellos. A ese elenco ofensivo se unía una gran solidez defensiva y el esfuerzo colectivo de los hombres del centro del campo, no obstante Argentina terminaría ese campeonato siendo el combinado menos goleado.

Y eso que la preparación se hizo de forma apresurada y a última hora. Eran otros tiempos, y el seleccionador Guillermo Stábile juntó a sus jugadores apenas unos días antes del campeonato. Les dio tiempo a jugar un par de amistosos, aunque fueron pocos los que llegaron en buena forma. "Llegamos todos con dos o tres kilos de más a Lima. Si nos hubiera tocado algún rival fuerte de entrada no sé. La preparación física fue muy simple. Stábile nos decía: 'cada uno de ustedes hagan la gimnasia que hacen en su club'. Así los de Racing hacían la de ellos, los de River la nuestra y así todos", dijo Néstor Rossi, integrante de aquella selección, a *El Gráfico*. Los dos primeros partidos fueron un trámite para los argentinos. En el primero se impuso por 8-2 a Colombia y casi todos los carasucias marcaron. La estrella del encuentro fue Maschio, autor de cuatro goles; Angelillo marcó dos y Cruz y Corbatta colaboraron con un tanto cada uno. Sorprendió que en la goleada no colaborara ese día Sanfilippo, delantero de San Lorenzo de Almagro. En el siguiente partido el delantero de Ñuls dejó su lugar a Enrique Omar Sívori y nunca más lo recuperó. El siguiente partido frente a Ecuador "Argentina ganó caminando", según tituló *El Gráfico*, con un doblete de Angelillo y uno de Sívori.

Esas victorias tan abultadas desataron los elogios en la prensa argentina y las expectativas crecieron exponencialmente. La delantera mítica se repartía los elogios. Los Corbatta, Sívori, Angelillo y compañía parecían imparables. Y así lo demostraron en los siguientes envites donde se impusieron a la vigente campeona, Uruguay (4-0) y a la siempre correosa Chile (6-2). Ante este último, Corbatta volvió a mostrar su idilio con los penaltis anotando el sexto y definitivo gol desde los once metros. "¿Será tan bueno este equipo?", se preguntaban en Argentina ante el paseo militar de su selección.

Y vaya si lo era. Porque aquella delantera albiceleste estaba sostenida por un armazón en el que "Don Pedro del área" Dellacha se paraba en el medio de la retaguardia y alejaba de allí el peligro. Rossi disponía con sus gritos a compañeros, rivales e incluso al árbitro. Y Domínguez era un seguro de vida cuando el rival intentaba perforar su arco con su cuerpo espigado y su casi 1,90 de estatura. Por delante, los cinco magníficos se movían como un acordeón comandados por Corbatta, que bajaba hasta el centro del campo para recoger el esférico y comenzar sus arrancadas con las que iba desparramando rivales por el costado derecho. Por la izquierda, la réplica llegaba con Cruz, que

también hacía gala de desborde y velocidad. Mientras tanto, Maschio, Angelillo y Sívori cargaban el área y llegaban prestos al remate por el carril central.

Así que el 3 de abril de 1957, cuando llegó el decisivo partido frente a la Brasil de Didí, Evaristo y Gilmar, disputado en el Estadio Nacional de Lima, todo el país encendió el transistor para escuchar la retransmisión de Radio El Mundo. Joaquín Carballo Serrantes, más conocido como Fioravanti, agarraba con fuerza el micrófono de la red Azul y Blanca de Emisoras para relatar las andanzas de los Ángeles Carasucias, junto con los comentarios de los especialistas Horacio Besio y Enzo Ardigó. Ellos fueron los encargados de relatar a todo un país el festín de fútbol y goles que sus compatriotas se dieron ante los brasileños. Los tantos de Angelillo, Maschio y Cruz fueron definitivos para asegurarse el dominio del fútbol sudamericano y un nuevo título continental, el undécimo albiceleste. Aquella victoria hizo que el último partido frente a Perú fuera intrascendente, por eso la derrota con los anfitriones por 2-1 no tuvo más historia.

Las ofertas desde Europa empezaron a llover sobre los despachos de los clubes argentinos. Y los dirigentes repitieron una historia tantas veces vista, haciendo caja con el denominado granero del mundo. El Real Madrid de Di Stéfano se llevó al portero Rogelio Domínguez, el Inter de Moratti a Maschio, en la otra ribera de la ciudad arribó Angelillo y la Juventus compró al goleador de ese equipo, Sívori, para convertirlo en leyenda *bianconera*. Con los 10 millones de pesos que pagó la Vecchia Signora a River Plate pudo construir la tribuna que le faltaba al Monumental, pero a cambio la albiceleste perdió a piezas fundamentales para luchar por el cetro mundial que se iba a disputar en Suecia en 1958. Corbatta también tuvo ofertas de Europa, pero a él el dinero le interesaba bien poco.

Después de aquel triunfo la euforia desbordó a Argentina y ese éxtasis alcanzó hasta la planta noble de la AFA. De otro modo no se entiende que nadie se echara las manos a la cabeza cuando Guillermo Stábile, el seleccionador argentino, no eligió a ninguno de los tres carasucias que habían emigrado al Calcio italiano para la Copa del Mundo de Suecia. El técnico seguía así las directrices que emanaban desde las cabezas pensantes de la AFA. Había sido Raúl H. Colombo, interventor de la Federación Argentina, quien había asegurado que no se necesitaba a los cracks de Italia "porque en nuestro país tenemos jugadores de sobra".

El desastre de Suecia

Fue Andrés Calamaro, otro argentino universal, quien radiografió sin querer el paso de Argentina por el Mundial de Suecia 1958. "Poca pelusa para demasiados ombligos", cantó en *Las rimas* y el verso encaja como un guante en lo que sucedió aquel verano del 58, en el que Argentina llegó al país escandinavo mirándose el ombligo y salió apaleado. *El Gráfico* de la época lo resumió con menos lírica, pero con la misma crudeza que el croché que te desencaja la mandíbula, por inesperado y doloroso: "Era pan comido, fue un desastre". Lo cierto es que en aquel momento el fútbol argentino se creía el mejor del mundo, su reciente victoria en la Copa América, la pujanza de sus grandes clubes y la exportación de sus mejores hombres a Europa eran el caldo de cultivo ideal para sentirse superiores al resto. Obviaban, sin embargo, que por el camino habían perdido a figuras como Di Stéfano, o que los jugadores argentinos del Calcio no acudirían a Suecia, por no hablar de que llevaban 24 años sin disputar un Mundial, un tiempo en el que solo habían jugado diez veces con rivales europeos.

Así que confiados en sus habilidades futbolísticas y en su estilo único, emprendieron viaje hasta tierras nórdicas, sin los ya mencionados carasucias que habían emigrado al Calcio: Maschio, que era un exquisito armador de juego, Angelillo, que representaba la figura de un goleador del área, y Sívori, que era un preámbulo de lo que luego sería Maradona, un mediapunta con clarividencia para abrir las defensas rivales. En ningún contrato se incluyó una cláusula para que sus clubes debieran cederlos a la selección argentina. Se confió en la buena voluntad de las escuadras (Juventus, Inter y Milan) y esta no existió. La negociación duró hasta que Raúl Colombo pronunció sus famosas palabras y la lista definitiva se confeccionó con futbolistas que disputaban el campeonato argentino, fundamentalmente del River tricampeón.

En la fase de preparación se siguió alimentando el triunfalismo, pues Argentina se enfrentó a un combinado de equipos del norte italiano donde jugaban Maschio, Angelillo y Sívori, y se impuso por 2-0. Luego venció 1-0 al Bolonia y goleó 7-2 a los suecos del Raa. Posteriormente, Argentina aterrizó en Suecia tras un viaje largo y tortuoso de 40 horas. Pero los problemas habían empezado incluso antes, cuando Roberto Zárate se fracturó una pierna en las semanas previas al Mundial. En ese momento se convocó de urgencia a Ángel Labruna, quien a sus 39 años ya pensaba en retirarse, y la llamada nacional le pilló de improviso. La expedición argentina comandada por Guillermo Stábile,

mítico goleador del Mundial de 1930 y seleccionador nacional desde hacía más de quince años, se instaló en Ramlösa, hoy un pequeño distrito a las afueras de Helsingborg, que en 1958 era un simple pueblo plagado de arboledas y casas bajas. La soledad solo se rompía en los entrenamientos y en las escapadas a Helsingborg para comunicarse con la familia a través del telegrama. El bombo además había deparado un grupo con tres europeos, entre los que sobresalía la vigente campeona del mundo, la Alemania Federal de Helmut Rahn y Uwe Seeler, dirigida todavía por Sepp Herberger. El veterano técnico alemán había iniciado una renovación de la plantilla pero a Suecia todavía se llevó un buen puñado de campeones de Suiza'54, incluido al veterano Fritz Walter de 37 años. Los otros dos rivales parecían mucho más asequibles. La cenicienta era Irlanda del Norte. Checoslovaquia, el tercero en discordia, tampoco era mucho más conocida en tierras argentinas.

La cábala, siempre tan argentina, ya empezó a emitir señales negativas desde el estreno. El regreso de Argentina a los mundiales no sería de albiceleste. El debut era ante la vigente campeona del mundo y la televisión notificó en las horas previas que las camisetas se veían parecidas, por lo que alguno de los dos contendientes debía cambiar su indumentaria. Tras el sorteo realizado, Argentina perdió, pero no tenían equipación suplente, por lo que tuvo que ser un club local, el Malmö FC quien se la dejara. Así que de amarillo, casi sin reconocerse en el espejo, saltaron los argentinos al Malmö Stadion la tarde del 8 de junio de 1958 para enfrentarse a la todopoderosa Alemania Federal. Todo, sin embargo, se puso de cara muy pronto después de que Corbatta marcara el primer gol a los dos minutos de juego. Las diabluras de el Arlequín se estrenaban en una Copa del Mundo y parecía que Orestes tenía prisa por dejar huella. Sin embargo, la consistencia y experiencia alemana supo mantener la calma para dar la vuelta al resultado. Los teutones aumentaron la presión y el ritmo de juego dejó al descubierto las carencias físicas de los argentinos. Con dos zarpazos de Rahn y otro de Seeler dieron la vuelta al marcador. El 1-3 fue el primer bofetón de aquel Mundial, pero no el más doloroso.

Corbatta volvió a ser decisivo en la victoria ante Irlanda del Norte. Puso el 1-1 desde el punto de penalti, después de que los irlandeses se adelantaran en los primeros compases del partido. Con un par de jugadas iniciadas por él en las que terminó sirviendo los goles a sus compañeros, Menéndez y Avio, Argentina remontó el partido y se impuso por 3-1, recomponiendo su figura en el campeonato y dejando todo en el aire para el último y decisivo partido frente a Checoslovaquia. Pero ese día no hubo opción y el baile de los centroeuropeos fue tremendo.

El desastre ocurrió ante la mirada de 16.000 espectadores que acudieron al Olimpia Stadium de Helsingborg, deseosos de ver las destrezas de los jugadores argentinos, y se encontraron con una selección checoslovaca que tenía las ideas mucho más claras. Al descanso, los centroeuropeos ya ganaban 3-0. Corbatta volvió a acortar distancias y prendió de penalti la mecha de una posible remontada. Pero se apagó pronto. El tiempo que tardó Checoslovaquia en marcar el cuarto. Y luego, el quinto. Y más tarde, el sexto. Todavía hoy aquella derrota es la más abultada de la selección argentina en una Copa del Mundo y así la recordaba Amadeo Carrizo, portero titular en los tres partidos de aquel Mundial: "Si ellos hubieran puesto más ganas, nos hacían 8 o 9. Hay que decir las cosas como fueron: no sabíamos quiénes eran ni cómo jugaban. Si lo hubiéramos sabido, tal vez perdíamos igual, pero seis no nos hacían".

El periodista uruguayo pero criado en Argentina, Ricardo Lorenzo, alias Borocotó, hizo un primer análisis en las páginas de *El Gráfico* en las que radiografió el desastre argentino: "El mal viene de muy lejos, arrastrándose. Y como en el orden sudamericano las cosas habían salido bien y los jugadores argentinos que estaban jugando en cuadros extranjeros han agregado prestigio, muchos aceptaron que éramos los mejores del mundo sin que eso se haya demostrado jamás. Por otra parte, han sido tan pocas las confrontaciones de la selección argentina con el fútbol mundial fuera de nuestro medio, que eso ha contribuido a estacionarnos cuando los demás siguen andando". Más contundente aún se mostró el periodista Dante Panzeri: "El mito de que somos los mejores del mundo afortunadamente ha caducado. Hay que aprovecharlo como un saludable tropezón capaz de recordarnos que, quien mal camina, se puede caer. Esta es una caída más en nuestro fútbol. No es la primera, ni tampoco será la última". Ángel Labruna, convocado de urgencia y con siete kilos de más, explicaba así las causas de la eliminación: "Fuimos con los ojos vendados, a ciegas. No estábamos preparados ni física ni técnicamente para afrontar tres partidos en una semana". El capitán, Pedro Dellacha, ahonda en la escasa preparación física de los argentinos: "Estábamos acostumbrados a jugar solamente los domingos y a entrenar martes y jueves. Pagamos el precio de creer que, con lo que teníamos, nos alcanzaba para bailar a los europeos. El fútbol internacional no era tan

difundido en la Argentina y eso determinó que no comprendiéramos la importancia de un Mundial".

Desconocimiento de los rivales, desactualización táctica, precariedad estratégica, preparación física inadecuada... demasiados cabos sueltos para un fútbol que pretendía gobernar el mundo.

Y pese a todo, lo peor fue la llegada a Argentina y el recibimiento de sus compatriotas. A las críticas periodísticas, de las que solo se salvó Orestes Omar Corbatta, el único que defendió la camiseta con orgullo, le siguió el lanzamiento de monedas y objetos a su salida del aeropuerto de Ezeiza. La bronca fue tremenda. 10.000 hinchas, según las crónicas de la época, esperaban a los futbolistas "como si fuéramos criminales de guerra", contó después Lambruna. Así lo reflejó *El Gráfico*: "La recepción no fue fría, ni silenciosa, ni tranquila. Mientras los familiares aguardaban abajo, trémulos, intranquilos, arriba desde la plataforma un gentío los insultaba, les tiraba monedas y les hacía señas aludiendo al 6-1". Después de la vergüenza que supuso en todos aquel partido bisagra, se abrió paso una nueva filosofía de juego, un cambio paulatino que aunque no germinó de un día para otro sí supuso una toma de conciencia general: la gambeta y el talento individual no lo eran todo. El fútbol mundial empezaba a abrazar nuevas cotas de profesionalismo y una incipiente preparación física que lo llevaría a otros estadios en la siguiente década, a un escenario totalmente opuesto a la conciencia de pureza y talento que predominaba en el fútbol criollo.

Pese a todo, Argentina se tomó pronto la revancha. Y solo un año después del Mundial de Suecia alzó una nueva Copa América. Fue en la primera de las dos ediciones que se disputaron ese año de 1959, en una nueva muestra del desgobierno que imperaba en la Conmebol, incapaz de poner de acuerdo a todas sus federaciones. Apenas 9 meses después de fracasar en el país escandinavo, un renovado conjunto albiceleste tenía que defender el título conseguido dos años antes en Lima. Solo Orestes Omar Corbatta repetía en una convocatoria donde el resto de nombres no sabían lo que era levantar un título con Argentina. Esta primera edición del año 1959 se celebró íntegramente en el Monumental de Buenos Aires. La flamante campeona del mundo, Brasil, acudió con toda su pléyade de estrellas. Era el estreno en el torneo de Pelé, que venía arropado por los Didí, Vavá, Zagallo, Nilton Santos y compañía.

El rendimiento de la albiceleste era toda una incógnita al haberse desmantelado la selección tras el desastre de Suecia. El técnico ya no era Guillermo Stábile sino Victorio Spinetto, quien tampoco pudo convocar a los carasucias emigrados a Italia, pues en abril de 1959 estaban en plena competición en Europa. El grueso de la selección estaba formado por los jugadores de Racing, que habían salido campeones en 1958 en el Torneo Argentino. La reacción de orgullo de los jugadores fue decisiva para golear a selecciones como Chile (6-1) o Uruguay (4-1). Igual de cómodas fueron las victorias frente a Bolivia (2-0), Paraguay (3-1) y Perú (3-1). Corbatta colaboró con tres goles y otras tantas asistencias en las victorias albicelestes. Y así llegó el día decisivo, el 4 de abril de 1959, en el que 85.000 personas abarrotaban el Monumental de Núñez en el partido decisivo. Todo un Argentina-Brasil al que los dos llegaban con opciones de consagrarse campeón. Brasil lo hacía tras ganar cuatro partidos y empatar uno. Solo les valía la victoria y lo fiaron todo a un estratosférico Pelé que había anotado siete goles en cinco partidos. A la postre, *O Rei* sería el máximo goleador y mejor jugador del campeonato en la única ocasión que disputó la Copa América. Tiempo después, preguntado Pelé por quién era el mejor extremo del mundo, dijo que Corbatta, obviando a su compañero Garrincha.

Y es que Pelé recordaba bien las diabluras del Arlequín en Suecia. Las misas que sufriría aquella tarde en el Monumental, donde ni una Brasil esplendorosa, con él como estilete, pudo vencer en territorio enemigo. Argentina se adelantó poco antes del descanso con un remate de cabeza de Juan José Pizzuti. A la hora de partido Pelé puso la réplica con su octavo gol en el campeonato. Pero Argentina supo entonces defender su botín y el marcador ya no se movió. El 1-1 final provocó el júbilo en las gradas del Monumental donde se encendieron miles de antorchas para celebrarlo.

Fueron los años dorados de Corbatta en la albiceleste, quien entre 1957 y 1959 estableció un récord que todavía perdura. Nadie ha conseguido desbancar las 27 presencias consecutivas que tuvo en la selección aquel tiempo. En sus 43 partidos como internacional, diseminados a lo largo de seis años (1956-1962), marcó 18 goles. De esos, ocho fueron desde los once metros, una de las especialidades Corbatta. El Arlequín, sin embargo, se quedó a las puertas de ser el primer argentino que representaba a su país en dos Mundiales consecutivos. Llegó a disputar el último amistoso previo al Mundial de Chile de 1962 pero luego no fue seleccionado.

Mudarse al barrio de La Boca

Siete años de diabluras y gambetas dentro y fuera de la cancha provocaron que la leyenda de Orestes Omar Corbatta se agigantara. Y fue en ese momento cuando otro coloso, Boca Juniors, quiso unir su destino con los del *wing*. Resultó decisivo el encaprichamiento de Alberto J. Armando, presidente del club xeneize, quien pagó 12 millones de pesos, una auténtica barbaridad en la época para que el Arlequín se mudara a La Bombonera. Pero el jugador que llegó a Boca había perdido, enredado en la noche, la bebida y las mujeres, sus mejores trucos. Apenas dejó destellos de su clase en un estadio que nunca lo idolatró como su querido Cilindro. Su debut en la cancha de Atlanta ya estuvo muy por debajo de las expectativas. Si acaso el día que anotó un triplete frente a Vélez, el 19 de mayo de 1963, o aquel tiro libre suyo con el que Boca se impuso a Independiente, provocó la ovación de su hinchada.

Corbatta volvió a verse las caras con Pelé en la final de la Copa Libertadores de 1963, aunque su participación en aquel enfrentamiento entre Boca y el Santos fue nula. Corbatta no jugó ni un minuto. La figura argentina fue José Sanfilippo, que marcó tres goles en los dos partidos en los que se dirimió el título. Aunque el equipo de Pelé terminó conquistando su segunda Copa Libertadores consecutiva tras imponerse tanto en la ida (3-2), como en La Bombonera (1-2). En ese rol cada vez más secundario conquistó dos ligas con Boca Juniors (1964 y 1965), aunque su participación fue muy discreta en los dos años que estuvo en La Bombonera. En ese tiempo defendió a los xeneizes en 18 ocasiones y marcó 7 goles.

En su estancia en Boca afloraron todos los problemas derivados del alcohol. Todos en el vestuario sabían de qué pie cojeaba Corbatta, y por eso la entidad encargó a Carmelo Simeone, su compañero de habitación en su etapa bostera, que lo vigilara de cerca. Carmelo aseguraba que cuando él estaba cerca el Loco no probaba el alcohol. Subestimaban a Corbatta, capaz de hacer un regate en una habitación de hotel, la que fuera. El Cholo tardó en darse cuenta de que debajo de su cama había una pila de cervezas vacías. Durante sus siete años en Racing había ganado 4 millones, pero todo se había esfumado y apenas le quedaba una casa en Florida cuando se marchó a Boca. Tras dos años vestido de xeneize los ahorros no habían aumentado. Fuera de la cancha también vivía al límite del fuera de juego.

Colombia como vía de escape

En 1965 el salto sería aún mayor. Colombia esperaba a Corbatta con los brazos abiertos. Pero ese interés tenía una razón de ser, un viejo compatriota, José Vicente Grecco, pidió expresamente su fichaje. El que fuera ex-jugador de Independiente de Medellín y de Boca Juniors, dirigía en ese momento al conjunto colombiano y confiaba en sacar todo el jugo a su compatriota. Corbatta, que había perdido explosividad y velocidad a su llegada al país cafetero, actuó más como centrocampista en Medellín que como extremo derecho. En su nueva ubicación, pese a todo, demostró su gran calidad y un toque de balón exquisito que hacía las delicias de sus compañeros. De hecho, en su segunda temporada en Medellín, sería subcampeón con el chileno Francisco Hormazábal ya como entrenador.

La mejor actuación de Corbatta en los cinco años que estuvo en Colombia se produjo el 25 de mayo de 1969. Ese día todo su genio se desparramó por la cancha de Deportes Tolima, al que Independiente de Medellín infringió una durísima goleada por 8-3. Cinco de los ocho goles llevaron la firma del Loco, que sonreía después de cada gol como si fuera el primero que hubiera marcado en su vida. Una vida que le seguía golpeando con fuerza fuera de los terrenos de juego. En Colombia conoció a una de sus cuatro mujeres, que también terminó abandonándole, lo que aumentó su adicción al alcohol y le llevó a perder casi todo el dinero ganado en tierras cafeteras. En el Independiente de Medellín intentaron ayudarle de todas las formas posibles, incluso le pusieron un profesor para que aprendiera a leer y escribir, y pudiera subsanar así uno de sus principales déficits. En ese lustro recibió también varias ofertas para volver al fútbol argentino pero nunca se concretaba el traspaso. No fue hasta 1970 cuando Corbatta dio un nuevo volantazo a su vida. Por fin volvía a casa. En su periplo en Colombia disputó 149 partidos y marcó 34 goles.

Orestes Omar Corbatta tenía 34 años cuando regresó a Argentina, pero a cuestas llevaba demasiadas zancadillas y varias cicatrices en el alma. Su aureola se había disipado una década después de haber liderado a la albiceleste posterior al desastre de Suecia. Su talento se había consumido entre botellas de whisky y fracasos sentimentales. La pelota seguía siendo el único refugio sobre el que sostenerse y por eso no le importó bajar varios escalones en el fútbol argentino para jugar con equipos de categorías menores. En esa última etapa jugó en San Telmo, en equipos de la Liga provincial de Río Negro, que suenan tan lejanos como Italia Unidos de General Roca o Tiro Federal. Fue en uno de los barrios más bohemios y artísticos de la capital federal donde Corbatta encontró acomodo en su vuelta a Argentina. En la intersección de las calles Vieytes y Las Heras se encuentra el estadio Dr. Osvaldo Baletto donde el Club Atlético San Telmo disputa sus partidos. Allí también disfrutaron del Loco, y allí volvió a sentirse futbolista. A principios de los setenta las tribunas de madera acogían un máximo de 15.000 espectadores, que paladearon el talento de una especie ya en peligro de extinción. A Corbatta se lo comían sus demonios pero saltaba al campo y el perfume del ángel carasucia volvía a recorrer la banda. Aquella temporada en San Telmo disputó 33 partidos y anotó 10 goles, quedándose a tan solo dos del máximo goleador Carlos A. Pandolfi. Unas cifras que resultaron insuficientes para lograr el ansiado ascenso a primera división tras quedar terceros en el Campeonato Argentino de la B.

Tras una nueva decepción, el ocaso deportivo ya ganaba por goleada a Corbatta. Pero el Loco tenía que seguir arrancando desde la raya de cal para ganarse los cuartos que antes, en sus años de bonanza, había dilapidado entre amigos, conocidos y parásitos. Lo que quedaba eran apenas unos coletazos, los últimos rayos de sol que calentaban a un cuerpo flacucho y desgarbado al que cada vez le costaba más gambetear. Aquellas experiencias en Italia Unidos o en Tiro Federal de Río Negro estaban ya más próximas a las pachangas de potreros descafeinadas, que a la atmósfera humeante del fútbol profesional.

El Loco cruza la raya

Tras su retirada en 1974, Orestes Corbatta no perdió el gusto por la pelota. Tampoco por el alcohol. Y con esa pareja como única compañía siguió acelerando por el costado de la vida. Fue a principios de los 80, cuando su figura ya había empequeñecido en el recuerdo de los argentinos ante estampas más rutilantes como las de Kempes o Maradona, cuando alguien se acordó de su genio y fue en busca suya para entrevistarle. Corbatta jugaba ya el partido más importante de su vida.

—"¿Nunca se te dio por trabajar?", le preguntó el escritor y periodista Rodolfo Braceli.

—"Eso nunca, para qué voy a trabajar si tengo de todo".

Pero aquella respuesta era otra de sus gambetas. Tras su retirada empezó una odisea vital que le llevó a alternar el fútbol con los trabajos más dispares. Ya en un fútbol amateur jugó varios años en Cipolletti y posteriormente Roberto Aníbal Luquez, un buen amigo suyo residente en la ciudad Benito Juárez, en la provincia de Buenos Aires, lo convenció para jugar en el club Mariano Moreno. La intención no era solo que jugara, la idea principal era sacarlo de la delicada situación que vivía, por lo que Roberto le ofreció hospedaje y comida junto a su familia para sacarlo así de la inmundicia. Corbatta, arruinado y en soledad, jugaba prácticamente por un plato caliente y un pequeño rancho al que acudía escasamente para ir a dormir. Mientras Argentina se engalanaba para su Mundial y la Junta Militar de Videla retorcía sus acciones, una de las mayores leyendas del fútbol argentino vivía sus horas más bajas. Corbatta pidió cobijo al amor de su vida, Racing Club. Ahí surgió de nuevo la figura de Tita Mattiussi, que como aquella primera vez, lo acogió en sus brazos. Fue ella la que intercedió para que una de las leyendas del club se alojara en uno de los vestuarios del Cilindro, a cambio de trabajar en las categorías inferiores. La generosidad de Corbatta demostrada a lo largo de su vida, tuvo recompensa entonces. "La guita me la gasté, pero lo importante es tener amigos".

Como los que le visitaron con motivo de la Copa del Mundo de 1978. Hasta Argentina viajaron Carlos Serna y Rodrigo Fonnegra, antiguo compañero y entrenador suyo, respectivamente, en Atlético de Medellín. Se encontraron cerca del estadio Juan Domingo Perón y el míster lo invitó a comer. Aunque entre vino y vino no probó ni bocado del churrasco. Cuando se marcharon, Corbatta se quedó bebiendo. Esa noche, como tantas otras, el Loco terminó abrazando la madrugada. Del boliche al billar, todo ello regado con el vino más barato del lugar. Tampoco había prisa por levantarse. En la cama le daban las 12 del mediodía y entonces sí, salía a la calle para repetir el itinerario de siempre. La primera parada era el entrenamiento de Racing, antes de almorzar en un boliche modesto. Sin casa a la que acudir, a continuación se daba un paseo por el barrio para estirar en parte las piernas, aunque cualquier momento era bueno para hacer un alto en el camino en algún bar donde reconociera a un viejo amigo. Habitualmente no tenían que preguntarle lo que quería tomar. Ya lo sabían. De ahí volvía al estadio para el entrenamiento de las categorías inferiores, a los que a veces retaba con alguna gambeta, olvidando sus achaques y sus años. Acababa siempre resoplando y exhausto. Deseando volver al bar para descansar de la vida.

En una de esas charlas en las que se entremezclaban el fútbol, la fama, el talento y los sinsabores de la vida, alguien le preguntó a Corbatta:

—¿Te dormís fácil?

—Me duermo cuando tengo sueño, me levanto cuando me despierto. Soñar siempre sueño lo mismo, sueño que vuelvo a jugar, sueño con la pelota...

En alguna de esas charlas Corbatta llegó a reconocer su adicción a la bebida. La confesión llevaba implícita la penitencia: "al final de este campeonato largo el vino". Confiaba en que sin la bebida podría empezar a jugar de nuevo, que se iba a poner en forma, y que eso era lo que más le motivaba para seguir adelante. En esa época, a principios de los 80, Racing le pagaba un sueldo equivalente a la cuota de 100 socios. En 1983 el club le pagó una habitación en un hotelito cerca del Obelisco. Habían tomado esa medida después de que Corbatta presentara un cuadro de cirrosis avanzada en los meses anteriores. Era el principio del fin. De ello se concienciaban también sus hijos, entre ellos Sandra María, fruto de su primer matrimonio, con la que se veía cada diez o quince días. El Loco sentía auténtica devoción por ella y ella había terminado por aceptarle tal y como era, ídolo para una afición y padre errático pero cariñoso para su hija. Lo había hecho a través de las largas charlas que compartían en esa época alrededor del Cilindro, donde quedaban para verse. Con sus otros dos hijos, los de su etapa en Colombia, tuvo menos contacto. Iliana Corbatta Gay es la hija colombiana de Orestes. Nació en Medellín pero siendo apenas un bebé se trasladó a Buenos Aires. Aunque la relación entre padre e hija nunca fue fluida: "Sé que mucha gente estuvo a su alrededor y lo cuidó. Yo por equis motivos de vida no pude estar a su lado, pero saber que estuvo rodeado de la gente que él quería me brinda paz". La hija de Iliana, nieta de Corbatta, vino al mundo en 1991, pero pese al interés de su madre nunca llegó a conocer a su nieta. "Murió en ese tiempo".

1991 apuraba sus días cuando los demonios del Loco ganaron la batalla. El 6 de diciembre de ese año, Orestes Omar Corbatta fallecía rodeado de miseria y olvido. Tenía 55 años. Y el periodismo con el que siempre tuvo una relación difícil rindió pleitesía a uno de los mejores extremos derechos que ha dado el granero del mundo. *La Nación* tituló: "Murió Corbatta, arquitecto de un fútbol que emocionó". El periodista Jorge Llistosella aseguró que "no habrá ninguno igual". *Página 12* fue más poético al asegurar que "La muerte se pasó de la raya". Sus regates y sus quiebros, sus cabalgadas imposibles volvieron entonces a las páginas de los periódicos para reavivar el recuerdo de los afortunados que un día le vieron pegadito a la raya de cal.

Los que no tuvimos esa suerte todavía podemos sentir su presencia en una esquina de Buenos Aires. Si tienen la fortuna de acudir al barrio de Avellaneda un día de partido en que juegue Racing, se contagiarán rápido del ambiente festivo con el que la multitud inunda la avenida Colón, arteria principal que conduce al estadio Juan Domingo Perón. Una vez allí no es muy difícil identificar el cuartucho donde Corbatta pasó sus últimos años, hoy convertido en pensión para las inferiores. Al doblar la esquina, ya junto al majestuoso Cilindro, encontrarán una placa con los colores de Racing, en la que aparece el nombre de la calle, Pasaje Corbatta. Allí todavía anida el espíritu de este genio analfabeto, borracho y único que un día fue portada de la revista *Life* con su sonrisa mellada. Otra genialidad de las suyas.

De izquierda a derecha en la fila de arriba: Francisco Lombardo, Guillermo Stabile (entrenador), Pedro Rodolfo Dellacha, Armando Carrizo, Jose Varacka, Nestor Raúl Rossi, Roberto Borau (preparador físico) y Federico Vairo. En la fila de abajo: Omar Orestes Corbatta, Eliseo Prado, Norberto Menendez, Alfredo Hugo Rojas y Pedro Zárate, técnico asistente.

CAPÍTULO 8

ROBERT PROSINECKI. EL TALENTO QUE LA GUERRA SE LLEVÓ

La semilla del odio se había plantado tiempo atrás. Pero esa tarde los brotes alcanzaron al fútbol, multiplicando los efectos de una onda expansiva que sería ya imparable. El ambiente estaba enrarecido y Zagreb fue, sin pretenderlo, el primer campo de batalla de la guerra de los Balcanes. Sucedió el 13 de mayo de 1990, cuando los dos ejércitos perfectamente uniformados saltaron al estadio Maksimir. A un lado, el Dinamo de Zagreb, marcado desde su ideario por las aspiraciones nacionalistas croatas, exacerbadas tras la absorción de otros clubes después de la Segunda Guerra Mundial; al otro, el Estrella Roja, el club por antonomasia del supremacismo serbio. De repente, la causa croata y la causa serbia se daban cita en un rectángulo de juego, y el viejo antagonismo deportivo se veía sazonado por una rivalidad política en auge. No ayudó, precisamente, que solo unos días antes de la disputa del partido, Franjo Tudjman ganara las elecciones al gobierno autónomo de Croacia. Este ex general representaba al partido ultranacionalista croata y poco quedaba de aquel ateo partidario del comunismo que había ingresado en la guerrilla antifascista de Tito con apenas 19 años. Al calor de los nuevos tiempos, había emprendido una carrera soterrada hacia el separatismo. Para alcanzar el sillón presidencial recuperó las enseñas de los ustachas (los seguidores de Ante Pavelic que colaboraron con los nazis en las matanzas de serbios, judíos y gitanos durante la guerra) para su partido, la Unión Democrática Croata. Su discurso visceral y de marcado carácter separatista convenció a una población tendente al conservadurismo. No obstante eran, junto a los eslovenos, la región más rica y desarrollada del país.

El césped como campo de batalla

La victoria de Tudjman no se explica sin el apoyo incondicional de los *Bad Blue Boys* (BBB), el grupo de ultras del Dinamo de Zagreb, extremadamente violentos y convertidos a esas alturas en uno de los referentes del independentismo croata. En la grada de enfrente, rivalizaban con los *Delijes*, la denominación con la que se conoce a la hinchada más radical del Estrella Roja, una denominación que podríamos traducir como "héroes" en serbio. Tres mil de ellos habían desembarcado ese día en Zagreb con su líder al frente, un tipo siniestro y despiadado que respondía al nombre de Zelko Raznatovic, alias Arkan, y que gozaba ya entonces de cierta bula pues la amistad de su padre con el jefe de la policía secreta, Stane Dolanc, le hacía poco menos que intocable.

Como si de unas prácticas para los combates que estaban por llegar se tratase, Arkan y los *Delije* llegaron en tren a Zagreb, armados hasta las cejas con cuchillos, puños americanos e incluso ácidos, al grito de "¡Hachas en mano, puñal en los dientes, esta noche habrá sangre!". El resto de la banda sonora hacía presagiar el drama: "¡Zagreb es Serbia!", "¡Venimos a matar a Tudjman!". Los incidentes se produjeron desde primera hora de la mañana, pues los *Delije* arrasaban por donde pasaban, ante la mirada demasiado indulgente de una policía estatal que se mostraba mucho más contundente frente a los BBB. Dos horas antes del partido, las guerrillas de uno y otro bando entraron por fondos diferentes al estadio Maksimir. Por el camino habían hecho acopio de piedras, adoquines y cualquier objeto con el que se pudiera herir al rival. Los ánimos seguían caldeándose mientras la policía empezaba a verse superada por la marabunta de aficionados que entraban al estadio, incapaz de hacer registros o de frenar la escalada de insultos y provocaciones que empezaban a poblar las gradas. La lucha hasta entonces era solo verbal y los cánticos chetniks (serbios) contrarrestaban a los cánticos ustachas (croatas).

Pero a medida que los *Delije* se fueron sintiendo más respaldados en el gol sur del estadio, comenzaron a destrozar las vallas publicitarias que llevaban la palabra *Croacia*, luego quemaron banderas croatas y acto seguido vertieron ácido en los tablones que separaban los fondos del resto del público y se lanzaron a por ellos para agredirles. Lo que volaba entonces eran los asientos y las piedras y a la policía no le quedó más remedio que tomar cartas en el asunto. Mientras eso sucedía en las gradas, en el césped el talento también se dividía en bandos. A un lado calentaba el Dinamo de Zagreb de los Suker, Boban, Peternac, Mladenovic. Al otro lo hacía el Estrella Roja de Prosinecki (de origen croata), Stojkovic, Savicevic, Stosic y compañía. Todos mirando de reojo los incidentes. Todos temiendo una invasión de campo que parecía inevitable. Fueron los BBB quienes saltaron al terreno de juego para auxiliar al resto de aficionados y hacer frente a las agresiones de los *Delije*. En ese momento, los jugadores del Estrella Roja se escabulleron por el túnel de vestuarios, al contrario de lo que hicieron los del Dinamo, que se quedaron en el césped para exigir a los agentes que reprimieran a los ultras serbios.

Fue una injusticia. A nuestros aficionados la policía no les trató con la misma mesura. Antes y durante el partido en Zagreb, los ultras del Estrella Roja empezaron a destrozar todo. La policía permaneció inmóvil, y cuando los nuestros empezaron a defenderse, fue entonces cuando sí tomaron medidas. Estaban organizados para horrorizarles. Nosotros estábamos ya en la cancha, y cuando empecé a ver lo que estaba pasando en las gradas, empecé a decir palabras poco elegantes... Me golpearon y de ahí mi reacción. Yo solo era uno más, pero llevaba el número 10 y se glorificó.

Así lo recuerda Zvonimir Boban, quien se percató de que un miembro de los BBB estaba siendo golpeado por la policía serbia. El 10 del Dinamo no ahorró esfuerzos en aquella defensa y se abalanzó con decisión a uno de ellos. Su patada voladora fue captada por las cámaras mientras el policía caía de espaldas. Boban, de 21 años de edad, fue rápidamente protegido por compañeros y miembros del BBB, que lo sacaron de la escena. La batalla campal era ya imparable.

Y la policía redobló sus efectivos, al Maksimir llegaron camiones cisterna con cañones de agua para dispersar a los violentos. La reyerta se extendió durante más de una hora y dejó un saldo de más de 300 heridos, entre policías y ultras del Dinamo y del Estrella Roja. Hubo 138 detenidos y el partido no se jugó. Aunque hubo un ganador claro. Boban salió del estadio convertido en héroe nacional, la fotografía del futbolista pateando al policía sirvió para ilustrar la noticia en todo el mundo y aquellos incidentes supusieron un punto de inflexión definitivo en las delicadas relaciones entre Serbia y Croacia. Ocho años después, los héroes se habrían multiplicado y junto a Boban aparecerían nombres como el de Suker o Prosinecki al alcanzar el tercer puesto en el Mundial de Francia. Ni una sola de las caídas y recaídas que le quedaban por vivir a Robert Prosinecki hasta alcanzar aquella cima se podía imaginar el talentoso centrocampista en la tarde en la que tuvo que abandonar

el Maksimir en helicóptero. Era la única vía posible para salir con vida de su querida Croacia tras aquella batalla campal.

Un país y un fútbol en ebullición

El 8 de mayo de 1980 es otra fecha clave en la historia de Yugoslavia. Ese día fue enterrado Josip Broz, conocido popularmente como el Mariscal Tito. Ese día, Mahmet Bekalli, político comunista albanés, dejó escrito tras el funeral: "No sabía que también estábamos enterrando a Yugoslavia". Ese día se abrió la primera grieta para la fragmentación política y sentimental de los Balcanes, en un proceso larvado que durante una década iría carcomiendo las estructuras y la cohesión social del país. El auge de los partidos nacionalistas puso de manifiesto la incapacidad del viejo Partido Comunista para gobernar sus distintos territorios y comenzó a derruir la privilegiada situación que Yugoslavia había alcanzado en las últimas décadas. A principios de los ochenta era la nación más próspera de las que conformaban el bloque del Este, debido en parte a su posición equidistante frente a los dos bloques y a su independencia frente a la Unión Soviética. Esto le había permitido un crecimiento tanto social como económico que otros países de su alrededor no tuvieron.

Como si de una gran caja de Pandora se tratara, todos los demonios nacionalistas resurgieron tras la muerte de Tito. La economía empeoró, las divisiones étnicas (en un país con cuatro idiomas, tres religiones y dos alfabetos) se avivaron y los conflictos cerrados en falso por el comunismo tras el fin de la Segunda Guerra Mundial volvieron a salir a escena. Tampoco ayudó la ascensión al poder de Slobodan Milosevic. El político de origen serbio se convirtió en presidente de Yugoslavia a finales de la década de los ochenta y no supo dar respuesta a las reivindicaciones identitarias que para entonces se reproducían en distintos puntos del país. Yugoslavia era un polvorín y Milosevic andaba con una caja de cerillas bajo el brazo, como se pudo comprobar en la conmemoración de los 600 años de la derrota serbia contra los turcos, celebrada en Kosovo Polje. Ante un millón de personas pronunció un discurso de exaltación a la Gran Serbia que indignó a las minorías. Una gota más en un vaso a punto de rebosar.

En ese lapso de tiempo, en esos diez años en los que Yugoslavia se resquebrajaba, el deporte parecía el único elemento empeñado en coser a la nación. Porque los triunfos se sucedían sobre todo en deportes de equipo, en los que se impusieron con contundencia a sus rivales. En waterpolo, la selección liderada por Igor Milanovic y Aleksandr Sostar se convirtió en la referencia absoluta después de conquistar las medallas de oro de Los Ángeles 1984 y Seúl 1988 y proclamarse campeones del mundo en 1987 y 1989. En balonmano también se alzaron con el título mundial (1986) y en baloncesto se presentaron como la alternativa más fiable ante la caída de la URSS. La generación de Petrovic, Divac, Radja, Kukoc, Danilovic... llamaron la atención del planeta en Bormio en 1987 (campeones del mundo junior) y se consagraron por fin tras proclamarse campeones del mundo en 1990, después de la plata de Seúl'88.

Ante ese panorama, el fútbol no era una excepción. A mediados de la década de los 80 la liga yugoslava era una de las más potentes de Europa. Así encontrábamos al Hajduk Split y al Dinamo de Zagreb en Croacia, al Estrella Roja y al Partizan de Belgrado, el Željezničar Sarajevo o el Vélez Mostar en Serbia. En todos ellos florecieron jóvenes talentos que más tarde darían el salto a los principales equipos del Viejo continente. El último gran logro de la selección había sido el cuarto puesto logrado en la Eurocopa de 1976, pero la nueva generación que se abría paso llevaría el fútbol yugoslavo a una nueva dimensión, pese a que los inicios, lejos de ser sencillos, estuvieron repletos de trabas. La propia Federación Yugoslava de Fútbol no confiaba mucho en esa camada de jóvenes que les iban a representar en el mundial juvenil de Chile, en 1987. Así se priorizó a los clubes frente a la selección y el combinado nacional no pudo contar con nombres tan importantes como Sinisa Mihajlovic, Vladimir Jugovic y Alen Boksic. Los tres se quedaron en Yugoslavia porque ya eran importantes para sus respectivos equipos, a pesar de su corta edad.

Chile, triunfo entre cervezas y cigarrillos

A casi 13.000 kilómetros de casa se marchó una selección yugoslava que llegó ilusionada a Chile, pero sin el cartel de favorito. El combinado, entrenado por el croata Mirko Jozic, era un compendio de serbios, croatas, montenegrinos y algún bosnio, que funcionó a las mil maravillas. Solo los territorios de Eslovenia o Macedonia no estaban representados en ese equipo que aspiraba a ser un bloque sólido. Para entonces las tensiones étnicas ya habían aparecido en Yugoslavia,

pero aquellos jóvenes solo entendían el lenguaje de la pelota. También el de la fiesta. Tal y como contó tiempo después Mirko Jozic, el técnico sorprendió a los suyos en los primeros días de concentración en las habitaciones, de fiesta a las tres y cuatro de la madrugada. Entre cigarrillos y cervezas aliviaban las tensiones del campeonato, y como dentro del terreno de juego los resultados eran inmejorables, Jozic les permitió que siguieran con sus rutinas.

Porque sus chicos se paseaban por el césped con la misma tranquilidad con la que lo hacían en el parque O'Higgins de Santiago. Técnicamente superdotados, demostraron su clase y superioridad desde el inicio del torneo. Solo en la primera ronda anotaron 12 goles en tres partidos, en los que pasaron por encima de los anfitriones en el debut (4-2). Australia (4-0) y Togo (4-1) tampoco fueron rival para los balcánicos. Justo en ese momento, el Estrella Roja reclamó el regreso de Robert Prosinecki a Yugoslavia para que disputara con ellos el partido de Copa de la UEFA que les iba a enfrentar al Club Brugge de Bélgica. En ese momento, la Federación Yugoslava se plantó y pidió la intermediación de la FIFA para evitar la repatriación de Prosinecki. Robert era la máxima estrella de ese equipo. La respuesta del fino centrocampista no pudo ser mejor. En el siguiente partido frente a Brasil, vigente campeona, dejó su impronta con un fantástico libre directo que clasificó a los suyos para las semifinales tras ganar 2-1. Para entonces la selección yugoslava ya captaba todos los focos del torneo con un cuarteto que abrillantaba cada uno de sus ataques y que en los próximos años se desmembraría por las principales ligas europeas, tal y como le ocurriría a su país. Se trataba de Robert Prosinecki, Zvonimir Boban, Davor Suker y Predrag Mijatovic. Por detrás de ellos, el resto de la orquesta ponía el equilibrio, el despliegue físico y la contundencia a través de jugadores no exentos de calidad como Igor Stimac, Robert Jarni o Branko Brnovic.

Dos días después de eliminar a Brasil, Yugoslavia se veía las caras con la República Democrática de Alemania (RDA) en las semifinales del torneo. El partido resultó durísimo, marcado por los duelos físicos planteados por los alemanes del este y con marcajes al hombre para intentar desconectar al cuarteto ofensivo balcánico. El más vigilado era Robert Prosinecki, la manija del centro del campo *plavi*. Y precisamente el primer gol nació de un lanzamiento suyo. Una falta defectuosa que rebotó en la barrera y que tras un segundo rechazo cayó a los pies de Stimac dentro del área. Corría el minuto 30 de partido y el central embocó el balón en la portería alemana. En la reanudación llegó el empate, obra de Matthias Sammer. El córner botado por la RDA fue peinado en el primer palo, y el entonces melenudo rubio remató solo en el segundo palo para poner la igualada. Los pupilos de Jozic aguantaron el empuje físico de los alemanes y a veinte minutos para el final del encuentro, llegó el magnífico cabezazo de Suker, que puso el 2-1 definitivo. El peaje para alcanzar el partido decisivo fue elevadísimo. Durante el encuentro, Sammer le rompió dos dientes a Pavlicic, Predrag Mijatovic fue expulsado en el tramo final y Prosinecki vio una nueva cartulina amarilla que le acarreó la suspensión para la gran final. Allí esperaba la Alemania occidental.

El 25 de octubre de 1987, sin dos de sus mejores hombres, Mijatovic y Prosinecki, Yugoslavia saltaba al Estadio Nacional de Chile para disputar un partido histórico. La mejor generación de futbolistas balcánicos buscaba su coronación. Alemania occidental había alcanzado la final sin perder ningún partido y tenía a todas sus estrellas disponibles, incluido Witeczeck, que terminaría como máximo goleador del torneo con siete tantos. El partido marcado por la tensión y por las bajas de los balcánicos tuvo poco de espectacular, encaminándose a la prórroga con un aburrido 0-0 a cinco minutos para el final. Pero entonces una internada de Brnovic por la derecha terminó con un balón dividido en el balcón del área. Por allí apareció Boban para empalmar una volea imparable para el cancerbero teutón. Lejos de rendirse, Alemania comenzó a colgar balones al área de Dragoje Lekovic y en una de ellos encontró premio. El colegiado argentino, Juan Carlos Loustau, señaló un riguroso penalti tras un reverso de Möller. Desde los once metros, Marcel Witeczeck no perdonó y mandó el partido a la prórroga. Fueron treinta minutos casi intrascendentes, pues la tensión amedrentó a los dos equipos. El campeón se dirimiría desde el punto de penalti, donde los yugoslavos demostraron unos nervios de acero. Los pupilos de Jozic anotaron los cinco penaltis. Por parte alemana, Witeczeck erró su lanzamiento. El título se marchaba hasta Belgrado. La fiesta se alargó durante dos días en Santiago. La generación de oro de Yugoslavia lanzaba un mensaje que sería desoído en su país: unidos somos invencibles.

Ni siquiera perderse la final perjudicó a Robert Prosinecki en la votación final. El centrocampista se alzó con el galardón de mejor jugador de aquel Mundial juvenil de Chile. En las imágenes, junto a su rostro angelical de melena rubia, ojos azules y grandes orejas, aparece acompañado de Witeczeck y Boban, balón de plata y bronce, respectivamente. Desde la posición de mediapunta sobresalió gracias a su visión periférica y a un golpeo de balón, que lo convertía en una

amenaza más allá del balón parado. Además asumió con naturalidad el rol de líder en aquella selección y, consciente de la vigilancia a la que le sometían los rivales, disfrutaba repartiendo asistencias entre sus compañeros. Robert era la llave del juego balcánico y el acelerador de los ataques en el equipo más ofensivo del torneo (17 goles). En Chile, Prosinecki se presentó al mundo y en Belgrado, el Estrella Roja lo esperaba con ansia para alcanzar bajo su batuta cotas nunca vistas en la península de los Balcanes. Media Europa andaba ya tras sus pasos.

Prosinecki, una estrella fugaz

Duro Prosinecki (de origen croata) y Emilija Djokovic (de origen serbio) habían emigrado hasta Alemania, concretamente hasta Schwenningen, al sur del país, en el distrito de Selva Negra-Baar, en busca de un trabajo que les proporcionara un futuro mejor. Y allí, el 12 de enero de 1969 nació Robert Prosinecki, quien muy pronto declaró su amor a la pelota. De hecho, su primer club fue el conjunto alemán del Stuttgart Kickers, en el que dio sus primeras patadas al balón antes de regresar a Yugoslavia. Robert tenía 10 años cuando su familia decidió regresar a sus orígenes con los ahorros cosechados en Alemania. Zagreb se convirtió entonces en el hogar y el Dinamo en su equipo. En una de las canteras más prestigiosas del país comenzó a jugar Robert Prosinecki, para asombro de unos entrenadores que en un principio no sabían de dónde había salido ese talento. Su calidad se había curtido en las calles de Schwenningen y Zagreb y su técnica se imponía en cada una de las categorías por las que iba ascendiendo. Antes de cumplir los 18 años llegó su debut con el Dinamo, el 2 de noviembre de 1986, frente al FK Zeljeznicar Sarajevo. Un estreno que redondeó con un gol. Pero entonces chocó con la cerrazón de Miroslav Blazevic, el entrenador que no quiso hacerle un contrato profesional pese a la insistencia de Duro Prosinecki, padre de Robert. Blazevic, contrariado, lanzó una sentencia que volvería a visitarle cada cierto tiempo:

—Si triunfa en el fútbol me comeré mi carnet de entrenador.

Nada más finalizar la temporada 86/87 su familia se mudó a Belgrado. Pero el traslado no era casual. Duro Prosinecki había estado ofreciendo a su hijo a diferentes clubes con el objetivo de que le hicieran una prueba. Uno de ellos fue el Estrella Roja, al que abordó en una de las visitas que el equipo rojiblanco hizo a Zagreb. Los de Belgrado accedieron a esa prueba y citaron a Robert y a su padre en aquella ciudad, varias semanas después. Su talento les convenció rápido; Dragan Džajić, el director deportivo de los *Crveno-beli* (rojiblancos en croata), recordaba así las primeras impresiones que le despertó el joven Robert:

"En las pruebas vi que ese chico hacía maravillas con el balón e inmediatamente le pedí a nuestro técnico, Velibor Vasovic, que organizara un entrenamiento por la tarde en el estadio, para verle así una vez más. Era obvio que estábamos delante de un jugador con clase, e inicié en seguida el proceso para contratarle. Nuestro abogado nos informó que no tendríamos que pagar una cláusula al Dinamo, así que Duro y yo llegamos a un acuerdo en cinco minutos".

Cuatro meses antes de que Robert Prosinecki se presentara al mundo en el Mundial juvenil de Chile, el Estrella Roja acababa de dar un golpe maestro con su incorporación. Un fichaje que no se entiende sin la participación de Dragan Džajić, conocido como el Mago, y recordado como uno de los más ilustres jugadores yugoslavos de todos los tiempos gracias a su exquisito golpeo con la zurda. Al club de toda su vida había vuelto Džajić para colgar las botas tras unos años en Francia. En 1979 saltó del césped a los despachos, en los que comenzó su andadura como director deportivo. La década de los 80 sería una larga travesía por el desierto para el Estrella Roja, aunque el club fue regenerándose poco a poco. El objetivo era convertir al Estrella Roja en el club más importante de Yugoslavia en un plan que se trazó a cinco años y que tuvo a Dragan Džajić y al secretario general del club, Vladimir Cvetkovic, como arquitectos.

Para ello diseñó una plantilla cargada de talento y juventud, aglutinando jugadores de calidad procedentes de todas las regiones de la extinta Yugoslavia, e incluso de fuera de sus fronteras. No solo Prosinecki cayó en sus redes, también pescó para los rojiblancos al macedonio Darko Pancev, que venía de ser el gran goleador del Vardar Skopje, arrebatándoselo además al Partizan; más apurada aún resultó la contratación del montenegrino Dejan Savicevic. *Il genio*, como años más tarde lo bautizaría Berlusconi, había apalabrado ya los términos del contrato con el Hajduk Split, pero finalmente la propuesta de los rojiblancos le sedujo más. Tras sucumbir en la Liga de 1989 ante la Vojvodina, se fijaron en dos nombres: el del serbio Sinisa Mihajlovic, considerado como uno de los mejores lanzadores de faltas de todos los tiempos, y el del técnico que les terminaría llevando a la gloria, Ljupko Petrovic. En un traspaso sin precedentes más allá del telón de acero, el Estrella Roja también se hizo con los servicios de todo un

campeón de Europa, el rumano Miodrag Belodedici, procedente del Steaua de Bucarest y que aterrizó en Belgrado el verano de 1989. Junto a esa pléyade de figuras, el Estrella Roja unió una camada de jóvenes talentos de su cantera: Stevan Stojanovic, Slobodan Marovic, Vlada Stosic o Vladimir Jugovic.

Al margen de esa reunión de talento, el Mago Dragan también cambió la filosofía de juego del club de su vida, en una apuesta por un fútbol vistoso y ofensivo. Y los resultados no se hicieron esperar. En las cuatro temporadas que estuvo Robert Prosinecki en las filas del Estrella Roja, los *Crveno-beli* conquistaron dos ligas (1988 y 1990) y una Copa, antes de perder a su máxima estrella y capitán, Stojkovic, con el que pronto volverían a verse las caras. Tras el gran Mundial de Italia 90 realizado por los Prosinecki, Pancev o Savicevic, las expectativas del Estrella Roja ante el inicio de la temporada 90-91 eran máximas. La Copa de Europa tal y como la conocíamos entonces, sería el colofón a una época que también escribía sus últimas páginas en la historia.

Estrella Roja, el canto del cisne

Los primeros síntomas de la revolución que se estaba viviendo en el "Pequeño Maracaná" (el estadio Rajko Mitić de Belgrado) se habían producido en la temporada 1988/1989. En la vuelta del Estrella Roja a la máxima competición continental, habían logrado superar con comodidad a los irlandeses del Dundalk por un global de 8-0 en dieciseisavos de final. En la siguiente ronda esperaba el Milan de Arrigo Sacchi, y los yugoslavos consiguieron empatar en el partido de ida disputado en San Siro (1-1). Con la eliminatoria por resolver, los Gullit, Van Basten, Rijkaard, Baresi, Ancelotti y compañía saltaron al Pequeño Maracaná ante 95.000 personas. En un partido duro, el Milan sufrió las expulsiones de Virdis y Ancelotti. La niebla empezaba a caer sobre Belgrado y en esos momentos Savicevic marcaba el 1-0. La suerte (y quién sabe si algo más) se alió entonces con los de Sacchi y el partido se suspendió en el minuto 65. Las normas de la UEFA obligaban a repetir el partido desde el inicio al día siguiente. "Admito que nos han echado una mano", resumió en *La Reppublica* Baresi. El resultado al término de los 90 minutos fue nuevamente de empate a uno y los penaltis decidieron la clasificación del Milan, gracias a la buena actuación del portero Galli. Sobrevivir a aquel infierno tendría premio para los *rosseneri* en forma de Orejona.

Después de aquella experiencia, el Estrella Roja volvió a la Copa de Europa en la temporada 90/91 con ansias de revancha. Como representante de la escuela yugoslava, sus cualidades ya se habían plasmado en el reciente Mundial de Italia: buen físico, mejor técnica y una preparación psicológica mejorada con los compromisos internacionales que ya habían disputado gran parte de sus jugadores. Pese a todo, el Estrella Roja no entraba en ninguna de las quinielas al título, al cabo se trataba de un club relativamente joven y sin un gran pasado en Europa. Creado en 1945 tras la fusión de varios clubes de Belgrado, el Estrella Roja se estrenó en la segunda edición de la Copa de Europa (1956-57), siendo derrotado en las semifinales por la Fiorentina. Esa, la penúltima ronda del torneo, había sido su techo, pues en semifinales también cayeron en la edición del 71, eliminados entonces por el Panathinaikos de Puskás. En 1991, la vieja Copa de Europa transitaba hacia nuevos escenarios, aunque en esta edición todavía tendría que sortear eliminatoria tras eliminatoria para alcanzar la final.

Hasta llegar a Bari, estación final de aquel viaje, el Estrella Roja tuvo que superar diferentes escollos a lo largo y ancho del Viejo continente, a uno y otro lado del telón de acero. La primera parada fue Suiza. Allí el modesto Grasshoppers sucumbió por un contundente 1-4 en el partido de vuelta, después de haber conseguido un meritorio empate (1-1) en el Maracaná de Belgrado. En octavos esperaba el Glasgow Rangers de Maurice Johnstone y Alistair McCoist en punta. Al fin y al cabo, de nuevo el partido de ida se disputó en Belgrado y el Estrella Roja dejó la eliminatoria encarrilada con un 3-0 que allanó su pase a cuartos. En la vuelta, los balcánicos empataron a uno y en Ibrox Park todavía se recuerda el golazo de Darko Pancev de media tijera tras el centro de Prosinecki. En la siguiente ronda le esperaba una de las revelaciones de ese año, el Dinamo Dresden, que participó en la Copa de Europa como el último representante de la Alemania del Este, ya en vías de reunificación. Robert Prosinecki, con un magnífico lanzamiento de falta, abrió el marcador y volvió a dejar claro su exquisito golpeo en los libres directos. Binic y Savicevic, con otro golazo en el que dejó tirados a tres defensores, pusieron el 3-0 definitivo. El viaje a Alemania resultó mucho más cómodo con esa ventaja y el Estrella Roja supo hacer su partido para remontar el tanto inicial de los locales. Cuando el marcador indicaba la victoria balcánica por 1-2 a diez minutos para el final, el partido se tuvo que suspender por incidentes en las gradas entre los propios aficionados alemanes. La UEFA dio el partido por ganado al Estrella Roja por 0-3.

El listón se volvía a elevar hasta las semifinales. Y a esas alturas los *Crveno-beli* se encontraban con el primer gran ogro de la competición. De nuevo un conjunto alemán, pero ahora de la parte occidental, el Bayern de Múnich, les esperaba a las puertas de la final. La escuadra entrenada por Jupp Heynckes se había plantado en semifinales tras eliminar al Porto en la ronda anterior y contaba con nombres tan contrastados como Raimond Aumann en portería, Olaf Thon, Klaus Augenthaler o Jürgen Köhler, o dos jovencitos como Steffan Effenberg y Brian Laudrup. La ida se disputó en el estadio Olímpico de Múnich, en un ambiente encendido en gran medida por las bengalas con las que los aficionados yugoslavos se hicieron sentir en el estadio. El encuentro se resolvió con dos contraataques fulminantes del Estrella Roja, que dejaron a los bávaros sin capacidad de reacción. Los pupilos de Petrovic tuvieron que remontar el gol inicial de Wohlfarth a los 22 minutos. El empate se gestó en los pies de Prosinecki, quien lanzó a la contra a Binic. Este corrió la banda hasta pisar el área y poner un centro medido al segundo palo. Por allí apareció Pancev, para cazar el balón y enviarlo a las mallas justo antes del descanso. Mediada la segunda mitad, Pancev y Savicevic cogían por sorpresa a un Bayern volcado, y entre ambos pertrecharon el 1-2 definitivo. La velocidad de Savicevic y su extraordinario golpeo resultaron imparables para Aumann. Tocaba resistir en Belgrado.

Porque pese a la victoria de postín en Múnich, el Bayern no lo iba a poner fácil en la vuelta. Los alemanes se prepararon para una encerrona, con un Maracaná a reventar y una grada incendiada de bengalas, preámbulo del juicio final. La primera explosión de júbilo llegó cuando el Estrella Roja se adelantó en el marcador. Sinisa Mihajlovic volvió a poner de manifiesto que los lanzamientos desde más de 30 metros nunca tuvieron secretos para él, y a los 25 minutos aumentó la ventaja de los balcánicos. El Pequeño Maracaná era un volcán en erupción que a medida que corría el reloj acariciaba su primer final de Copa de Europa. Pero en cinco minutos, mediada la segunda parte, el Bayern dio dos zarpazos e igualó la eliminatoria. Las gradas se volcaron entonces con los suyos, que apretaban en busca de un gol que acabara con la agonía. La tensión, el agotamiento y el miedo iban atenazando las piernas de ambos contendientes y tal vez preso de ese ambiente, un tipo tan experimentado como Klaus Augenthaler cometió un error trascendental. El centro raso de Mihajlovic fue mal rechazado por el líbero y tras una parábola endiablada, superó a Aumann. El balón terminó colándose en la portería bávara. El Pequeño Maracaná explotaba definitivamente. Belgrado no dormiría aquella noche.

Así que el Estrella Roja llegó invicto a la gran final, después de cinco victorias y tres empates. Pero a medida que se acercaba la gran cita, en Bari, el 29 de mayo, la tensión política crecía en Yugoslavia; allí se vivía un ambiente prebélico que no era precisamente propicio para disputar un partido de fútbol de tanta trascendencia. La plantilla dirigida por Ljupko Petrovic, un trotamundos de los banquillos de origen serbio, era un mosaico perfecto que reflejaba las diferentes culturas, orígenes y sentimientos nacionalistas que habitaban el país. El once que saltó aquella noche al estadio San Nicola de Bari, uno de los más bonitos del país transalpino, estaba formado por un portero serbokosovar (Stefan Stojanovic), que además era el capitán del equipo; tres montenegrinos (Sabanadzovic, Marovic y Savicevic), dos macedonios (Najdoski y Pancev), un serbocroata (Mihajlovic), un croata (Prosinecki), dos serbios (Jugovic y Binic) y un rumano (Belodedici). En las gradas, un mar de bengalas calentaba el ambiente mientras una gran bandera con los colores de Serbia (y no de Yugoslavia) se desplegaba en uno de los fondos.

El rival era el Olympique de Marsella, favorito al título por el desembolso que venía haciendo el empresario francés, Bernard Tapie, desde hacía tiempo y porque por el camino se había cargado al vigente campeón, el Milan de Arrigo Sacchi, un equipo que parecía imbatible después de levantar dos Orejonas consecutivas. En las filas francesas relucía un viejo conocido de los yugoslavos, su ex compañero, Dragan Stojkovic, el antiguo líder de los rojiblancos. El centrocampista serbio había sido fichado el verano anterior por Bernard Tapie para suplir la huida de Enzo Francescoli y venía a completar un elenco de estrellas entre las que sobresalían Jean-Pierre Papin (Balón de Oro ese año), Manuel Amorós, Éric Cantona, Didier Deschamps o Abédi Pelé. El equipo estaba dirigido por el técnico belga Raymond Goethals, después de que la aventura de Franz Beckenbauer en el banquillo galo hubiera durado apenas unos meses. La Copa de Europa era la principal obsesión del mega equipo construido por Tapie, y más aún después de quedar apeados el año anterior en semifinales frente al Benfica. El Estrella Roja, consciente de la calidad de su rival, del estado de tensión política que ya se vivía en su país y de la expectación que había generado en los hinchas el partido, llegó a Bari una semana antes de disputar el encuentro. En la previa de aquella final, José Manuel Cuellar fue el enviado especial del diario *ABC* ante el interés conocido del Real Madrid en Prosinecki: "Un centrocampista menos genial que Savicevic, la musa dorada de los poetas del fútbol, y quizá menos completo que Boban, el niño mimado de todo el cuadro técnico yugoslavo, pero sin duda es un compendio

de ambos y el jugador de más carisma, el auténtico representante de la generación de Chile".

Prosinecki, mientras tanto, se relajaba como siempre. Aquellas palabras todavía sonaban inocentes, pero pronto se volverían en su contra:

—Sé que fumar no es bueno para un deportista, pero me relaja. Es el único vicio que tengo. Además, nadie vive cien años.

Stojkovic no apareció en el once inicial aquel día. El ex del Estrella Roja se había recuperado a tiempo de una grave lesión de rodilla que se produjo en noviembre de 1990, pero Goethals lo dejó en el banquillo. El partido resultó soso, el abismo que se levantaba ante ellos les pudo. El miedo a que un error condenara el trabajo de todo un año fue superior a la calidad que atesoraban en sus filas yugoslavos y franceses. El Estrella Roja, de hecho, planteó un partido defensivo, y por primera vez en esta edición, cedió la pelota al rival y lo fió todo a la contra, aunque el OM tampoco quiso correr riesgos y apenas concedió espacios. Prosinecki merodeó el gol en dos faltas botadas al borde de la frontal. En la primera, su lanzamiento se estrelló contra la barrera; en la segunda, se marchó lamiendo el palo de Olmeta. Las mejores ocasiones, no obstante, fueron para el OM, pero el resultado se mantuvo inalterable durante los noventa minutos. En el tiempo extra hizo acto de presencia Stojkovic, que salió desde el banquillo sustituyendo a Éric Di Meco. Pero su presencia no fue capaz de desnivelar el marcador. La gloria estaba entonces a once metros de distancia. Y ninguno los temía tanto como Stojkovic, un especialista desde el punto de penalti.

—Si como yugoslavo lo echo fuera, los del Marsella me matan en el campo. Y si lo marco, no puedo volver a mi país.

El centrocampista ofensivo se negó a formar parte de esa ruleta rusa desde los once metros, aunque su entrenador Goethals lo había sacado al campo pensando en la tanda de penaltis. Para colmo de males, Amorós falló el primer lanzamiento para los marselleses. Robert Prosinecki había adelantado a los yugoslavos con un gran lanzamiento y el Estrella Roja se mostró infalible desde los once metros. Binic, Belodedici, Mihajlovic y Pancev fueron marcando para desesperación de Tapie. Y aquel fallo inicial de Amorós resultó definitivo. La Copa de Europa se marchaba por primera vez a Yugoslavia y por segunda vez atravesaba el telón de acero. El sueño del Mago Dragan Džajić se había hecho realidad, pero ni siquiera aquel triunfo sirvió para frenar una guerra que estaba a la vuelta de la esquina. El éxtasis del Estrella Roja daría paso al mayor conflicto en el Viejo continente desde la Segunda Guerra Mundial. Lo primero que se desintegraría sería el equipo campeón, el Estrella Roja.

Un paquete rubio llega a Madrid

Tras brillar con su selección en Italia'90, Robert Prosinecki había sido galardonado como el mejor jugador yugoslavo a finales de ese año. Tras conquistar la Copa de Europa, fue la revista italiana *Guerin Sportivo* quien se fijó en él para condecorarle con su Trofeo Bravo al mejor jugador menor de 21 años. Antes incluso de recibir esos premios, el Real Madrid ya se había fijado en el Orejas, como era conocido por algunos intermediarios. Corría el año 1990 cuando en un despacho del Santiago Bernabéu se reunieron Ramón Mendoza, presidente blanco, Ramón Martínez, director deportivo, el periodista Julio César Iglesias y otro joven periodista que respondía al nombre de Julio Maldonado, quien comenzaba su carrera en el diario *AS* y todavía nadie conocía por "Maldini". Julio acudió a la cita con una cinta VHS de un partido entre el Estrella Roja y el Zalgiris Vilnius, pues según le habían contado, el Madrid estaba interesado en Savicevic. Pero mientras ven el partido, otro nombre emerge en mitad de la conversación:

—Es un equipo tremendo, pero ¿ese centrocampista quién es? ¿Cómo se llama?

—Prosinecki, presidente. Creo que ya le había hablado de él.

—Es impresionante el despliegue en el campo y cómo puede resultar decisivo en las dos áreas.

Esa conversación entre Mendoza y Martínez decantó el fichaje de Prosinecki por el Real Madrid, a ojos de Julio Maldonado "Maldini", aunque verlo vestido de blanco no sería nada sencillo.

El Madrid arrastraba problemas en su zona de creación desde el verano de 1990, cuando Schuster y Martín Vázquez abandonaron Concha Espina. Sus sustitutos, Luis Milla y Gica Hagi, no habían terminado de mezclar con solvencia en la sala de máquinas, y ante la irrupción del Barça de Cruyff, los blancos disputaron una temporada muy irregular con cambio de entrenador incluido. Tras la llegada de Radomir Antic

al banquillo de Chamartín, se enderezó algo el rumbo y el equipo se clasificó para la Copa de la UEFA como tercero. La presencia de Antic iba a resultar decisiva para que Prosinecki estampara su firma en el nuevo contrato con los blancos. Los escollos se habían ido sorteando en los meses previos a que el Estrella Roja levantara la Copa de Europa. A principios de enero, Robert viajó a Madrid para reunirse allí con un viejo amigo, Zoran Vekic, que además de amigo era también intermediario de jugadores (y a la postre su representante). Este mantenía unas excelentes relaciones con Ramón Martínez. En ese primer encuentro, y con el Milan de Berlusconi al acecho –los *rossoneri* le habían regalado un mercedes como primer paso del cortejo–, Prosinecki mostró su deseo de vestir de blanco, e incluso en la época se afirmaba que ya se había comprometido con el Madrid. Pero el deseo del futbolista no resultaba suficiente para realizar el fichaje en las arcaicas estructuras del deporte de la Europa del Este. En países como Yugoslavia, resultaba prácticamente imposible sacar un futbolista antes de que cumpliese los 25 años, cuando se entendía que ya había cumplido con la patria. Prosinecki solo tenía 22 y el Real Madrid tuvo que poner en práctica sus mejores relaciones diplomáticas para desencallar la situación. Las buenas relaciones de los directivos blancos con Mijan Miljanic, presidente de la Federación de Fútbol yugoslavo y entrenador del Madrid en los 70, allanaron las negociaciones con el Estrella Roja, aunque los *Crveno-beli* pusieron trabas hasta el final. Prosinecki salvó también otro obstáculo al concedérsele desde las altas instancias deportivas una prórroga para el servicio militar obligatorio. Con la Copa de Europa bajo el brazo, el Real Madrid tuvo que pagar 1.000 millones de pesetas (en un principio se dijo que fueron 550) al Estrella Roja para verlo vestido de blanco el 22 de junio de 1991. El sueldo de Prosinecki sería también el más alto de aquella plantilla: dos millones de dólares.

Su debut se produjo en el Trofeo Santiago Bernabéu frente al Colo-Colo chileno, que venía de ganar la Copa Libertadores. Aquel día se salió y su partido ilusionó a toda la parroquia blanca, aunque aquello sería un espejismo. Su paso por el Real Madrid sería más que decepcionante. Robert debutó en Liga en Cádiz, en la primera jornada de la temporada 91-92, aunque no terminó el partido. A los 84 minutos fue sustituido por una sobrecarga en el bíceps femoral. Eso no le impidió volver a ser titular en el siguiente partido de Liga frente al Valladolid, en el que la dolencia se agravó. Reapareció el 18 de septiembre frente al Slovan de Bratislava y nueve días más tarde se rompió el recto anterior del cuádriceps. Pese al contratiempo se recuperó para su primer Clásico (entonces denominado Derbi) en el Santiago Bernabéu. El estreno fue inmejorable pues anotó su primer gol oficial vestido de blanco, aunque el Madrid solo pudo empatar a uno frente a su máximo rival. Cuatro días después marcó otro gol en la victoria de los blancos en Utrecht, en la Copa de la UEFA. Robert no lo sabía pero acababa de disputar su último partido de la temporada. El calvario de Prosinecki empezó cuatro días después. Una nueva rotura de fibras en el cuádriceps lo apartó de los terrenos de juego hasta final de año. El 2 de enero de 1992, antes de reaparecer, se volvió a romper en la misma zona. El quirófano resultó imposible de regatear esta vez y Prosinecki estuvo dos meses y medio de baja. Antic ya no estaba en el banquillo cuando recibió el alta médica, Beenhaker no contaba con él y su estado físico y de confianza estaba por los suelos, entre lesiones, recaídas, enfrentamientos con los médicos y una depresión agravada por el estallido de la guerra de los Balcanes y la situación de su familia allí.

El Madrid temió desde el principio haber fichado a un jugador de cristal. Mucho menos conocido que sus virtudes técnicas fue el informe médico que los galenos del Estrella Roja, Rade Repac y Branislav Nesovic, habían hecho llegar al conjunto blanco cuando se certificó su fichaje. En él recomendaban un profundo chequeo médico a Robert cada seis meses. Y es que las lesiones en su paso por Belgrado también fueron recurrentes. El yugoslavo había sufrido hasta once lesiones de tipo muscular pero todas de carácter leve. De hecho llegó a jugar 222 partidos oficiales con los *Crveno-beli.*

El primer año de Prosinecki en España terminó como el rosario de la Aurora, con un equipo que en tres semanas perdió una Liga en el último partido y una Copa en el Santiago Bernabéu. La primera, en su isla maldita, Tenerife; la segunda, frente al vecino, el Atlético de Madrid. En ninguna de las dos tuvo mucho que ver Robert, pues no fue de la partida en esos partidos. Pero tras sendas derrotas Mendoza se vio obligado a dar un nuevo volantazo al proyecto deportivo con la llegada de Benito Floro al banquillo. Prosinecki era consciente de que este segundo año en el Madrid era clave en su carrera: "Volveré a ser el de siempre", aseguraba en la presentación del equipo. Todos esperaban más de él: "Es el tercer fichaje del Madrid para esta temporada", decía Ramón Mendoza. "Prosinecki debe funcionar como punto de referencia obligada del equipo en el centro del campo", apuntaba Benito Floro.

Tanto el presidente como el entrenador eran conscientes de que buena parte de las posibilidades del Real Madrid esa temporada pasaban por la recuperación anímica y deportiva de Robert. Pero la colección de lesiones tampoco le abandonó en la segunda temporada, aunque sí

le dieron un respiro. Robert consiguió disputar 37 partidos entre Liga, Copa del Rey y Copa de la UEFA, pero el *feeling* con Floro se resquebrajó muy pronto. El nuevo entrenador le colocó de mediocentro, más cerca de su área que de la contraria, lo que le obligaba a un gran despliegue físico que impedía su lucimiento. Frente a los bajones anímicos que sufría, el técnico le ofreció la ayuda del psicólogo Emilio Cidad, una de las novedades que había traído con él al Real Madrid, pero Robert no quería saber nada del diván. Los problemas musculares nunca desaparecían del todo y los médicos del Real Madrid le acusaron de saltarse los planes de recuperación y de seguir un estilo de vida nada apropiado, con salidas nocturnas, poco descanso y la sana costumbre de fumarse un cigarrito cada vez que los nervios le atacaban, ya fuera en el vestuario, en la habitación del hotel o en la previa de un partido, como ocurrió en Las Gaunas. Así nació la leyenda del Paquete Rubio, a medida que daba más juego fuera que dentro del terreno de juego.

Porque Robert no fue decisivo en ninguno de los partidos clave de esa temporada. No juega la final de Copa del Rey que gana su equipo y es intrascendente cuando entra desde el banquillo en el partido definitivo de la Liga, en el segundo drama consecutivo en la isla de Tenerife. La siguiente temporada no es mucho más alentadora. Prosinecki se contagia de la irregularidad del equipo blanco y el croata no consigue en ningún momento liderar el centro del campo de los de Chamartín. Al contrario, pierde peso en el once y se convierte en una de las dianas favoritas para prensa y aficionados. Lesionecki se convierte en otro de sus apodos. Y el club se empieza a plantear una cesión en la que pueda recuperar la confianza que no tiene. Así se llega a la famosa derrota del Madrid en Lleida, inmortalizada por las cámaras de Canal + con aquella bronca de Benito Floro en el descanso del encuentro. Esa derrota supuso el despido del técnico manchego y curiosamente, con la llegada de Vicente del Bosque como entrenador interino para el último tramo de la temporada, es cuando vemos al mejor Prosinecki. El técnico español lo sitúa por primera vez desde su llegada a la capital más adelantado, en posición de mediapunta y con libertad de movimientos. En el primer partido a las órdenes de Del Bosque anotó dos goles. En el tramo final de aquella Liga marcó otros tres, para un total de seis al finalizar la temporada, su mejor marca con el Madrid. Pero su tiempo en la Casa Blanca se agotaba.

El oasis de Oviedo

Radomir Antic volvió a aparecer en su vida en el verano de 1994. El técnico serbio estaba entrenando al Real Oviedo desde mediados de la temporada 92-93 y conocedor de la situación de Robert, le ofreció la posibilidad de marcharse al club carbayón en calidad de cedido. La operación no resultó sencilla, pues la partida se jugaba a cuatro bandas: Real Madrid, Real Oviedo, el Ayuntamiento de la capital del Principado y el propio futbolista. Lo primero que tuvo que hacer el croata fue rebajarse su ficha hasta los 230 millones de pesetas. El siguiente paso fue que el club llegara a un acuerdo con el consistorio para pagar parte de la ficha entre ambos (100 millones), mientras el Real Madrid se haría cargo de los 130 restantes. Además se disputó un partido amistoso entre ambos clubes en el que los derechos de televisión por la retransmisión serían íntegros para el club blanco.

Así se cocinó la llegada de Prosinecki al Carlos Tartiere. Para su puesta de largo como carbayón, 1.500 personas le estaban esperando aquel 13 de agosto de 1994. Su aterrizaje en Oviedo despertó la ilusión de una afición que ya contaba con otros dos balcánicos en su equipo, como Jerkan y Jokanovic, quienes facilitarán la integración de Prosinecki en la plantilla. Pese a la ilusión reinante, el gran fichaje de esa temporada generó dudas al inicio de temporada, hasta que recuperó su mejor tono físico. Radomir lo utiliza como mediapunta, con libertad de movimientos y Robert comienza a brillar en ataque gracias a su gran visión de juego y a su gran zancada para superar las líneas rivales. Se atreve también con el regate, demostrando a todos que no ha perdido ni un ápice de su técnica. Liberado de ataduras y sin la lupa inflexible de la grada de Chamartín, Prosinecki recupera su mejor versión. A ello también ayuda sentirse protegido dentro del campo. Esa sensación se la proporcionan su compatriota Jokanovic y un especialista del robo como Berto. Ellos dos le cubren la espalda, y a la que pueden le buscan entre líneas para que el juego del Real Oviedo adquiera una nueva velocidad. Ese equipo lo coronaban dos goleadores de raza como Carlos y Oli, que se beneficiaron como ninguno de la fijación que ejercía Prosinecki en las defensas rivales, también de sus pases medidos.

Prosinecki nunca tuvo tanta continuidad en España como aquella temporada en el Principado. Disputó 40 partidos entre Liga y Copa, marcó cinco goles y solo una lumbalgia al inicio del campeonato le apartó del equipo. Robert también tiene el mérito de haber sido el primer jugador de la Liga española en perderse un partido por la cláusula del

miedo. El Real Madrid incluyó en el contrato de cesión un peaje de 25 millones de pesetas si Prosinecki jugaba en el Santiago Bernabéu con la camiseta carbayona. En el partido de la segunda vuelta, disputado en el Carlos Tartiere, sí jugó los 90 minutos y el Oviedo se impuso al Madrid de Jorge Valdano por 3-2. El conjunto ovetense coqueteó con los puestos europeos en el tramo final de la temporada y finalmente fue noveno. La despedida de Prosinecki del Tartiere estuvo cargada de simbolismo. Se jugaba el derbi asturiano frente al Sporting y los ovetenses se impusieron por 1-0, realizando el balcánico un partidazo que quedó empañado por la expulsión por roja directa con la que fue sancionado tras un encontronazo con Pablo. El Tartiere, pese a todo, le despidió con una gran ovación. También lo echarían de menos en los restaurantes y bares de copas de la capital asturiana, donde era habitual encontrar su Porsche 911 rojo aparcado en la puerta y él dentro, disfrutando de la noche ovetense, cigarro en mano. La afición, en ningún momento, le reprochó su estilo de vida.

El destino de Robert Prosinecki parecía estar ligado a la marcha de Radomir Antic a la ribera del Manzanares. Pero una llamada de Johan Cruyff y el interés del Barça en su fichaje iban a cambiar su rumbo. Quedaba el escollo del Madrid que tenía que facilitarle la carta de libertad, pues Josep Lluís Núñez no estaba dispuesto a pagar traspaso alguno a los blancos. Robert tampoco entraba en los planes de Jorge Valdano y la delicada situación económica del club de Chamartín facilitó que Mendoza lo dejara marchar. Solo entonces se hizo público el interés de los azulgrana en una jugada que volvió a tener como pieza clave a Zoran Vekic, representante y amigo íntimo del jugador. Prosinecki llegaba al Camp Nou a sus 26 años y deseoso de seguir la estela iniciada en Oviedo. Sin embargo, los fantasmas volverían a aparecer en la Ciudad Condal.

Allí se reencontró con otro viejo compañero de la Europa del Este, con Gica Hagi, con el que ya había coincidido en el Real Madrid. El contexto que rodeaba al conjunto azulgrana no distaba demasiado de lo que se encontró Robert a su llegada a la capital de España. Si el Real Madrid de 1991 estaba en plena transición, cuando llegó a Barcelona solo encontró los rescoldos del *Dream Team*. En ese equipo en retirada jugó 26 partidos y marcó 2 goles. Era el Barça de los cinco extranjeros (Popescu, Hagi, Figo, Kodro y Prosinecki) y el de una Quinta del Mini que empezaba a asomar la cabeza en el Camp Nou a través de Iván de la Peña o los hermanos Junyent. Las noticias sobre sus lesiones (leves pero constantes) y sobre su vida nocturna volvieron a aparecer en la

Ciudad Condal. En el equipo no logró hacerse con el rol de titular. Y en una temporada marcada por los altibajos del equipo, a dos jornadas para el final de Liga, después de que el Barça hubiera perdido la Copa frente al Atlético de su amigo Antic y fuera eliminado en semifinales de la Copa de la UEFA por el Bayern de Múnich, Núñez despide a Johan Cruyff. El nuevo proyecto, pese a los intentos de contratar a Louis Van Gaal, lo inició Bobby Robson. El inglés no cuenta con Prosinecki, que no disputa ni un solo partido vestido de azulgrana hasta diciembre. En el mercado invernal, hastiado y decepcionado con su papel en el Barcelona, busca una salida para volver a sentirse futbolista. Sevilla será ese lugar. En esa media temporada vuelve a ser importante para el club de Nervión, titular indiscutible y goleador. En 20 partidos anota cuatro goles, pero el fatalismo no le abandona. El Sevilla termina descendiendo a segunda división al final de ese año y Prosinecki vuelve a casa para reencontrarse. A sus 28 años todavía le quedaba algún reto pendiente.

Y Robert no duda en firmar por el equipo que no le quiso hacer su primer contrato profesional, por el máximo rival del Estrella Roja, por el club donde empezó todo. Prosinecki juega dos años en el Dinamo de Zagreb y posteriormente empieza un peregrinar que le lleva al Standard Lieja, al Portsmouth inglés, al Olimpia Ljubljana y de nuevo a Croacia, para colgar las botas al finalizar la campaña 2003-2004. Entre medias vive la mayor gesta de su vida y se convierte para siempre en un héroe de su país. Con la camiseta ajedrezada de Croacia pasa a la historia en 1998.

La Copa del Mundo como prólogo y epílogo

Puede que el último tren para Yugoslavia pasara aquel verano de 1990. La gloria eterna del Mundial de fútbol aguardaba a la mejor generación de futbolistas criados en la península balcánica. Faltaba Boban, eso sí, al que su iracunda reacción en el Dinamo de Zagreb-Estrella Roja le supuso una sanción de varios meses. Ivica Osim, el seleccionador nacional, no le convocó a él ni a otras estrellas emergentes como Mijatovic o Mihajlovic. Esas ausencias no mermaron el potencial de los yugoslavos, que se habían clasificado brillantemente para el Mundial dejando en la cuneta a Francia y sin haber perdido ningún partido de la fase de clasificación. Camino de esa Copa del Mundo, la selección se había convertido en un espacio de alegría y diversión con el que dejar de

lado los múltiples problemas que estaban a punto de colapsar el país. De hecho, el equipo se caracterizaba por un fútbol alegre y anárquico, de ritmo elevado y con dos bloques diferenciados: los encargados de crear con el balón y los encargados de defenderlo. En algún momento, a esa selección se la consideró como la Brasil de Europa. Y a tenor de los nombres que la conformaban no era para menos: Stojkovic, Prosinecki, Savicevic, Susic, Suker, Boksic, Katanec, Pancev... "En mi cabeza daba igual si eras serbio, croata o esloveno, no me importaba si este era católico u ortodoxo. Para mí lo importante era el fútbol y hacer un buen Mundial", reflexionaba Katanec, jugador entonces de la Sampdoria. Y el caso es que ese combinado nacional era un reflejo perfecto de las diferentes culturas y repúblicas del país: siete futbolistas eran croatas, seis bosnios, tres serbios, tres montenegrinos, dos macedonios y uno esloveno.

Pero esa diversión que mostraban dentro del campo también la trasladaban fuera, al hotel de concentración y a los entrenamientos, que quizá no se tomaban demasiado en serio. Durante todo el torneo la mayoría de los jugadores pasaban demasiado tiempo con sus mujeres y con su familia, salían a cenar y tomar algo por las noches y la concentración y el recogimiento no formaba parte de las rutinas. Eso llamaba la atención pero era su forma de competir, y además tenían el beneplácito del seleccionador Osmin. Ni siquiera la primera gran derrota ante la todopoderosa Alemania Occidental (4-1) generó dudas en el grupo. Yugoslavia mostró su mejor versión ante Colombia a la que venció con un gol del jugador de Cesena, Davor Jozic. En la goleada frente a Emiratos Árabes (4-1) que certificó su pase a octavos, colaboró Prosinecki con un afortunado gol de vaselina.

"Durante el Mundial todavía no había pasado nada, pero ya se estaba hablando de otras cosas que no eran fútbol. En esa época yo era muy joven, no tenía mucha conciencia de lo que ocurría... Se hablaba de que se gestaba una posible separación, oía cosas, pero al final te tenías que centrar en lo que pasaba en el campo, en hacer un buen campeonato. Entre nosotros apenas hablábamos de eso pero te llegaban muchas cosas. Después de Italia ya se desató todo el conflicto", así rememoraba Robert Jarni, otro de los miembros de aquella selección, los días previos al decisivo partido de octavos en que se enfrentarían a España. El duelo se disputó en Verona y España dispuso de las mejores ocasiones del partido, pero los Martín Vázquez, Butragueño, Salinas o Míchel fallaron lo incomprensible. En el tramo final del encuentro emergió la figura de Sojkovic, con dos goles que allanaron el camino a cuartos. El primero, tras un amago y control, hizo pasar de largo a su marcador para superar de tiro cruzado a Zubizarreta. En el segundo, ya en la prórroga, con un magistral lanzamiento de falta que resultó inalcanzable para el portero español. El empate de Julio Salinas antes del minuto 90 sirvió de poco.

A la vuelta de la esquina, en el Artemio Franchi de Florencia, esperaba la vigente campeona del mundo, la Argentina de Diego Armando Maradona. "Éramos todos amigos, llevábamos seis o siete años jugando juntos, haciendo un buen fútbol y dirigidos por un gran entrenador", recordaba el mediocentro Katanec, ausente en aquel partido pero confiado en poder vencer también a los argentinos. Todo se complicó con la expulsión de Sabanadzovic a la media hora, tras dos duras entradas sobre Maradona. Pese a jugar con diez gran parte del partido, los pupilos de Osmin dominaron el balón e hicieron sufrir a la albiceleste más allá de los 90 minutos. Tras la prórroga, los penaltis decidirían quién sí y quién no continuaba en el Mundial. Yugoslavia volvía a remar a contracorriente tras el fallo inicial de su fino estilista, Stojkovic. Argentina no fallaba sus dos primeros lanzamientos (Serrizuela y Burruchaga) y el tercero era Maradona. Pero Ivkovic le ganó la partida al 10, mientras que Prosinecki y Savicevic ponían la igualada. Troglio también falló para los argentinos, pero entonces surgió la figura del héroe inesperado en la figura de Sergio Goycoechea. El cancerbero de la albiceleste y sus dos paradas ante Brnovic y el capitán Hadzibegic resultaron definitivas. Yugoslavia quedaba eliminada del Mundial y la ilusión de un país resquebrajado saltaba por los aires. Aquella derrota fue el réquiem de un equipo que nunca más volvería a unirse.

La guerra se llevó por delante a un equipo que estaba alcanzando el punto álgido de madurez, ambición y experiencia. En 1991 comenzó la disolución de Yugoslavia mediante una serie de guerras civiles, que enfrentaron a sus territorios a partir de la declaración de independencia de Eslovenia y Croacia. Las sanciones internacionales terminaron de dinamitar a un país en el que el gobierno yugoslavo, acusado de las matanzas que se produjeron en las guerras de Croacia y de Bosnia, fue el principal damnificado. Esas sanciones alcanzaron el ámbito deportivo y Yugoslavia fue descalificada de la Eurocopa de 1992, para la que se había clasificado y acudía como una de las máximas favoritas. Los *plavi* tampoco disputarían la fase de clasificación para el Mundial de EE.UU.

La paz firmada con Croacia y Bosnia a finales de 1995 resultó fundamental para que las selecciones balcánicas, surgidas tras el conflicto, pudieran competir en los torneos de FIFA. Croacia y la antigua

Yugoslavia, en ese momento Serbia y Montenegro, se clasificaron para el Mundial de Francia disputado en 1998. Allí Robert Prosinecki iba a hacer historia. En el primer Mundial que disputaba la selección ajedrezada desde su independencia (1992) fue encuadrada en el grupo H junto a Argentina, Japón y Jamaica. Prosinecki, ya con 29 años, acudía a su segundo Mundial después de su accidentado periplo por España. Tras haber descendido con el Sevilla, Robert había vuelto al estadio Maksimir, aquel del que 8 años antes tuvo que salir en helicóptero, para defender los colores del Dinamo de Zagreb, enemigo irreconciliable del Estrella Roja. El entonces conocido como Croacia Zagreb ganó 5 ligas consecutivas entre 1995 y el año 2000, y Prosinecki participó en las tres últimas, recuperando su mejor versión. En la 97/98 consiguió acoplarse rápidamente al equipo y lo lideró para ganar la Liga y en su participación en la Copa de la UEFA, siendo eliminado por el Atleti en octavos de final.

Con ese rol de líder y veterano acudió a Francia en el verano del 98 para comandar, junto a Zvonimir Boban y Davor Suker, a su selección. Y Robert dejó su impronta desde el debut de Croacia en la Copa del Mundo. El primer gol del conjunto ajedrezado en un Mundial fue obra de Mario Stanic y el segundo de los pupilos de Miroslav Blazevic en la victoria frente a Jamaica (1-3) llevó la firma de Prosinecki. El 8 *vatreni* lanzó un centro chut envenenado que se coló en la portería de Jamaica y se convirtió así en el primer futbolista en marcar gol en dos Mundiales con dos camisetas diferentes.

—¿Qué gol fue más especial? Me quedo con el gol a Jamaica... o a Holanda, no sé. Pero siempre con Croacia. Los sentimientos mandan. Jugar con la camiseta de Yugoslavia y hacerlo con la de Croacia es totalmente diferente. Cuando juegas para tu país juegas con el corazón.

Prosinecki en entrevista con *El País* en 2006.

Croacia sería segunda de grupo tras perder por la mínima con Argentina (1-0), pero ya en esta primera fase dejó muestras de su juego alegre y ofensivo sustentado en la calidad de su trío atacante, Prosinecki, Boban y Suker (el mismo que había conquistado el Mundial sub20 en Chile). En la banda izquierda Robert Jarni, que actuaba como lateral, era otra arma poderosa, mientras que en el centro del campo la dirección de juego recaía en Aljosa Asanovic. La retaguardia era cosa de Slaven Bilic e Igor Stimac.

Esa era la columna vertebral de un equipo que superó a Rumania en octavos con un solitario gol de Suker de penalti. Aunque el partido de su confirmación sería en cuartos frente a Alemania. Prosinecki vio el partido desde el banquillo, al igual que el de Rumania, aquejado de unas molestias musculares. Sus compañeros se vistieron con el disfraz de corderos ante la todopoderosa selección de Matthäus, Klinsmann, Bierhoff y compañía. La expulsión del lateral Worns tras una falta a Suker en el minuto 40 marcó el partido. Croacia se adelantó justo antes del descanso con un zapatazo de Jarni y en los instantes finales Vlaovic y un inspirado Davor Suker pusieron el 0-3 definitivo. El más difícil todavía esperaba en semifinales: la Francia de Zidane. Ante la anfitriona y en un Saint-Denis repleto, los croatas no se amilanaron. Incluso se adelantaron en el marcador con otro gol de Suker, que con seis, sería el máximo goleador de ese campeonato. Pero Francia reaccionó un minuto después con el gol de Lilian Thuram. Fue la noche del lateral galo que con un doblete certificó el pase de los anfitriones a la gran final, en un triunfo que se catalogó como icónico del movimiento *Black-Blanc-Beur* de la Francia integradora.

La última función de aquel verano francés dejaría un regusto dulce para los croatas. En el partido por el tercer puesto se impusieron a los Países Bajos con un gol de Prosinecki tras culminar una contra, y el definitivo 2-1 de Davor Suker. Los croatas alcanzaban el que hasta ese momento era el mejor puesto de su reciente historia y, por supuesto, de cualquier debutante en un Mundial. El torneo sirvió también a Robert Prosinecki para volver a codearse con las grandes estrellas del fútbol mundial y convertirse en héroe para su país. Un país distinto al que había defendido ocho años atrás con la misma entrega y calidad de entonces. Un país que celebró ese tercer puesto como si la Copa hubiera llegado finalmente a Zagreb. Al fin y al cabo, ninguno de los participantes había superado una guerra antes de saltar al terreno de juego.

La historia de Robert y los mundiales no se terminó ahí. Un Prosinecki próximo a la retirada todavía jugaría con 33 años el Mundial de Corea y Japón en el que Croacia tuvo un papel decepcionante. No pasó de la primera ronda en un grupo formado por Italia, México y Ecuador. Su figura siguió creciendo a lo ancho mientras se convertía en entrenador. Desde el banquillo, entre otros, dirigió a su amado Estrella Roja y se convirtió en el seleccionador de Bosnia. Fuera de los terrenos de juego ha seguido alimentando su leyenda con anuncios en los que se caricaturizaba a sí mismo.

Real Madrid - Inter de Milan / Trofeo Santiago Bernabeu. Estadio Santiago Bernabeu, Madrid.

CAPÍTULO 9

SALVADOR CABAÑAS. CUANDO EL DESTINO VIENE MARCADO DESDE EL NOMBRE

El capitán guaraní reúne a sus compañeros en el vestuario y lanza un último mensaje: "Argentina viene confiada pensando que logrará la victoria. Levantemos la cabeza y demostrémosle a todo Paraguay que valemos mucho". Todo Paraguay cabe esa noche en el Estadio de los Defensores del Chaco, histórica casa de la selección guaraní, que se ha llenado para ver a Messi y Maradona en un mismo rectángulo de juego. Leo ya es la estrella de una selección comandada desde el banco por el mejor de todos los tiempos. Pero los argentinos llegan a Asunción sumidos en un mar de dudas, con la clasificación para el siguiente mundial pendiendo de un hilo a falta de tres jornadas. Todo lo contrario que los paraguayos, que pueden certificar esa misma noche su billete para Sudáfrica 2010. Ninguno de los presentes acude al partido con el torbellino de sentimientos que se arremolina en el estómago del seleccionador albirrojo. Gerardo Tata Martino, argentino de Newell's, puede poner aún más cuesta arriba el primer Mundial del Maradona entrenador, el mismo con el que compartió vestuario en Ñuls.

Pero el capitán guaraní está decidido a dar una alegría a su gente y demostrar a todos que está en el mejor momento de su carrera. Salvador Cabañas, diez a la espalda y brazalete en el brazo, se lanza a por esa Argentina dubitativa y a la media hora origina la jugada del gol. El ariete controla una pelota que había descargado de los cielos Nelson Valdez, caracolea al verse rodeado de contrarios, y gira sobre sí mismo hasta quitarse de encima a tres rivales. De repente se le abre un pasillo, al final del cual está Edgar Barreto. Este le devuelve la pared. En un parpadeo la jugada se ha aclarado y ahora el pasillo es una pradera por la que corre

libre Nelson Valdez. Cabañas solo tiene que ponerle el balón en ventaja para que el 9 haga el resto: mandarla a la jaula de un latigazo cruzado. Una explosión de júbilo sacude cada rincón del estadio. Asunción es una fiesta. Hasta Martino lo festeja. La celebración en el propio césped termina con una danza guaraní ante la mirada tiesa de Maradona. La felicidad en ese momento es completa pero efímera. Salvador Cabañas nunca acudirá a Sudáfrica. No lo frenará una lesión, ni un bajón en su rendimiento, tampoco la pérdida de confianza por parte del entrenador. Será una bala en una noche turbia la que se cruce en su camino.

> *Se viene el avance de Salvador Cabañas, ahí está Cabañas, hizo una vueltita, otra vueltita, sale bien de la pared, se viene, cuidado, Haedo, Haedo, Haedo, Haedooooooo, go, go, go, go, go, gooooooool, goooooool, gooooooool de la albirro, gooooool de la albirroja. Aparece una gran jugada colectiva para que lo festeje y lo grite todo el Paraguay. ¡Qué golazo, señores! ¡Grande Cabañas! ¡Sensacional Salvador y el pase! Punto más para Nelson que no perdona, Nelson Haedo Valdez, su quinto gol en las eliminatorias, Nelson, sí. Gana la albirroja 1-0.*
>
> ***Salvador Hicar. Periodista paraguayo.***

El Mariscal de las Águilas

En septiembre de 2009 Salvador Cabañas no solo era un héroe nacional en Paraguay, también era el atacante estrella del Club América de México, uno de los más laureados del continente. Ese año cumplía su cuarta temporada con las Águilas después de haber fichado por el club capitalino tras el Mundial de Alemania 2006. Cabañas estuvo en tierras germanas con la selección guaraní, aunque su paso por aquella cita mundialista fue testimonial, pues no disputó ni un minuto en los tres partidos que jugó Paraguay. Aquella era la selección del Toro Acuña, de Carlos Gamarra y de delanteros que habían dado muy pronto el salto a Europa e intentaban hacerse un hueco en los equipos punteros del Viejo continente, como Roque Santa Cruz o Nelson Haedo Valdez. Ambos le cerraban el paso.

A Cabañas lo llamaban Chava, cuando debutó con la absoluta en 2004, solo un año después de haber dado el salto a México. Allí empezó a jugar en los Jaguares de Chiapas y en tan solo tres campañas se convirtió en el máximo goleador de la historia de club con 59 dianas. Gracias a sus goles los chiapanecos elevaron sus aspiraciones y Salvador entró en la pugna por hacerse con el título de máximo goleador. Algo que consiguió en el Clausura de 2006, tras marcar once goles.

México fue el trampolín definitivo para este delantero nacido en Itaguá, a 30 kilómetros de Asunción, en el seno de una familia pobre y con escasos recursos. Salvador encontró pronto en el balón una vía de escape y su facilidad para marcar goles hizo el resto. "Siempre soñé con ser futbolista. Desde chiquito les dije a mis padres: 'Algún día voy a salir en televisión jugando en el seccionado. Y siendo el capitán'". Sus primeros pasos con el balón fueron en el modesto club 12 de Octubre de su ciudad natal, aunque tuvo que insistir para hacerse un hueco. "El entrenador me dijo que era muy petiso (pequeño) para jugar al fútbol. Que tenía que crecer más. Yo era jovencito y no me di por vencido. Por eso siempre digo que mis padres fueron fundamentales en mi carrera". Ellos estuvieron ahí para que lo siguiera intentando y por eso el día de su debut con el 12 de Octubre, en 1998 y con 18 años, resultó inolvidable para toda la familia. Solo un año después, Guaraní se interesó por él. Pero el salto a la capital se le atragantó y la aventura con el club del Barrio Pinozá fue breve, pues apenas jugó. Tras aquella mala experiencia regresó a casa, al 12, para recobrar la confianza perdida y volver a su cita con el gol. Los ocho tantos que marcó en la temporada 2000-2001 le valió su fichaje por el Audax italiano de Chile. Hasta el barrio de La Florida de la capital chilena llegó más maduro y dispuesto para aprovechar la oportunidad, en lo que era su primera experiencia fuera de su país. Con los audinos completó dos temporadas y en el Torneo Apertura 2003 Cabañas convirtió 18 goles, proclamándose máximo goleador del torneo.

En agosto de 2006 se enfundó por primera vez la casaca azulcrema y de nuevo los inicios fueron complicados. Salvador estaba rodeado de ídolos como Cuauhtémoc Blanco, segundo máximo goleador del América (153 goles) o Claudio Piojo López y de compatriotas como Nelson Cuevas, por lo que hacerse un hueco en la delantera estaba muy caro. Pese a todo, ese primer año terminó siendo titular, gracias en gran medida a la marcha de Cuauhtémoc a mitad de temporada rumbo a los Chicago Fire de la liga estadounidense. Cabañas anotó 18 goles

en la liga mexicana y 11 más en la Copa Libertadores, para un total de 29 en su primera campaña.

Su eclosión en el continente había sido tardía y no fue hasta los 26 años cuando respondió con creces al desafío de representar a uno de los grandes de México. Su figura emergía en la imponente casa del América, el estadio Azteca, cada noche de Copa Libertadores. Su idilio con la copa más deseada al otro lado del Atlántico fue apasionado, pues resultó el máximo goleador de la competición tanto en 2007 (11 goles) como en 2008 (13). Esos goles le llevaron a ser elegido por el diario *El País* de Uruguay como el mejor futbolista de América del año 2007. Sus compatriotas le eligieron como el mejor futbolista paraguayo durante tres años consecutivos (2007, 2008 y 2009). Salvador heredó el 10 de Blanco tras su marcha y junto con Guillermo Ochoa en la portería, se convirtió en la principal referencia del conjunto mexicano. Pero sus grandes registros goleadores (66 en 115 partidos de Liga) resultaron insuficientes para alcanzar el campeonato liguero de México en las cuatro temporadas que estuvo defendiendo a las Águilas.

El paraguayo era un delantero engañoso, porque tras su figura achaparrada y su correr tosco, se escondía un futbolista al que le gustaba asociarse con sus compañeros, con la calidad necesaria para dar el último pase y con la voracidad que siempre caracteriza al delantero centro. Un 9 con alma de 10. Con carisma y liderazgo para comandar las ofensivas de su equipo así como ser un referente para el vestuario. Jesús Ramírez, su último entrenador en el América de México revela otra veta de su personalidad. "Dentro de la caseta era un jugador introvertido aunque tenía un carácter fuerte, yo nunca tuve un problema con él. Era el que daba la dosis de gol necesaria al equipo". Cabañas era el encargado de tejer el juego ofensivo de sus equipos, el puente necesario con los centrocampistas para acelerar las jugadas de ataque y alcanzar el área rival en busca del gol. "A la hora de generar fútbol tenemos un antes y un después de Salvador Cabañas en ese equipo", recordaba Tata Martino tras su paso por la selección de Paraguay. "Era nuestro Messi, nuestro Maradona. Con Cabañas el equipo jugaba diferente. Cuando Martino ya no pudo contar con él, tuvo que buscar la variante, cambiar el sistema de juego. Fue una gran pérdida para el equipo", afirmaba Elvio Paolorroso, preparador físico de aquella selección.

Y es que la albirroja se aprovechó del gran momento que vivía Salvador Cabañas en México. Chava había contado con la confianza del Tata Martino desde su llegada al banquillo de Paraguay. Ya en el Copa

América de 2007, celebrada en Venezuela, se había hecho un hueco en el once y colaboró con tres goles en la clasificación para los cuartos de final del combinado nacional. Allí fueron arrollados por México (6-0). Pero su ascensión en el fútbol mexicano fue de la mano de la progresión que la selección de Martino iba experimentando a medida que las piezas encajaban en la albirroja. En las exigentes eliminatorias sudamericanas para el Mundial de 2010, Cabañas ya se había convertido en el Mariscal, la pieza alrededor de la cual se orquestaba todo el juego del equipo. Y en plena madurez, Cabañas respondió al desafío. Camino de Sudáfrica anotó 6 goles y repartió 2 asistencias, convirtiéndose así en el máximo goleador del equipo.

Cuando fuimos con Paraguay a la Copa del Mundo tras unas buenas eliminatorias y un buen proceso a nivel grupal, las ilusiones iban mucho más allá de aquel quinto partido. Hoy nos seguimos preguntando qué hubiera pasado si a Salvador no le hubiera pasado lo que le pasó en México. No hubiera sido de extrañar que Paraguay hubiese jugado las semifinales de esa competencia. Gerardo Tata Martino.

México, trampolín y condena

Fue en la penúltima jornada de las eliminatorias del Mundial de Sudáfrica 2010, cuando Cabañas anotó su último gol vestido con la albirroja, el décimo en 44 apariciones. Sucedió en Puerto Ordaz, Venezuela, en la victoria por 1-2 frente a la vinotinto. El Mariscal abrió el marcador a los 55 minutos y Cardozo certificó la victoria con el segundo gol a once minutos para el final. El postrero tanto de Rondón solo sirvió para maquillar el resultado. En esos momentos, la selección paraguaya encabezaba la clasificación de Conmebol con 33 puntos junto a Brasil. La derrota en la última jornada dejó finalmente a los de Martino como terceros, aunque empatada a puntos con Chile. La gran clasificación desató las expectativas para Sudáfrica. Paraguay llegaba a su cuarto mundial consecutivo con una selección renovada, ambiciosa, con un plan de juego definido y con el objetivo de superar el listón de los octavos de final que Chilavert, Gamarra, Acuña y compañía habían alcanzado en Francia'98 y en Corea y Japón 2002.

Cabañas guió durante el último semestre de 2009 al América hasta el tercer puesto del Apertura de la Liga Mexicana. El paraguayo marcó 11 goles y en los playoffs un nuevo tanto suyo empató la eliminatoria

frente a Monterrey. Los rayados habían ganado por la mínima en su casa y en el partido de vuelta sufrían las acometidas de las Águilas en el Azteca. Pero a diez minutos para el final, el chileno Humberto Chupete Suazo apagó la esperanza con un gol, el del empate del Monterrey, que dejaba en la cuneta al América. Los rayados se proclamarían finalmente vencedores de ese torneo.

Pero esa decepción se enjugó apenas una semana después con el sorteo del Mundial de Sudáfrica. Se celebró en el Centro Internacional de Convenciones de Ciudad del Cabo, el 4 de diciembre, y entre las manos inocentes destacaban personalidades del mundo del deporte como David Beckham, el maratoniano etíope Haile Gebrselassie, el jugador de rugby John Smit, los futbolistas Matthew Booth y Simphiwe Dludlu y el jugador de criquet Makhaya Ntini. Los cuatro últimos, compatriotas de Nelson Mandela.

Paraguay quedó encuadrada en el Grupo F junto a Italia, vigente campeona del mundo, Eslovaquia y Nueva Zelanda. A priori era un grupo asequible para pasar a la siguiente ronda, y con el nivel futbolístico y de confianza demostrado por los guaraníes se podía aspirar, incluso, a pelear el primer puesto a la favorita Italia. La Federación de Fútbol de Paraguay comenzó entonces los preparativos para la cita mundialista y fijó su cuartel general en Pietermaritzburg, ciudad cercana a Durban, situada al este del país. Allí se concentrarían durante la fase de grupos, después de una estancia previa realizada en la frontera entre Francia y Suiza. La fiebre del Mundial también se desató entre los patrocinadores y televisiones paraguayas, que aprovecharon la cita para publicitarse. Uno de los más destacados fue el de una empresa argentina de telefonía móvil que recreó los instantes previos a una batalla. Salvador Cabañas aparecía ataviado con una chaqueta militar al estilo del siglo XIX, a lomos de un caballo blanco y alentando a sus compañeros. La escena evocaba también la figura del mariscal Francisco Solano López, presidente considerado general heroico en Paraguay por su rol desempeñado en la guerra contra la Triple Alianza (1864-1870), en la que fuerzas militares guaraníes lucharon contra sus vecinos de Brasil, Argentina y Uruguay.

Tuvimos grandes victorias para llegar hasta acá, pero eso quedó atrás, este es el momento de la verdad. Siete batallas más y la victoria será nuestra. Yo no llegué acá para morir en octavos, ni en cuartos de final. Yo quiero más, Paraguay quiere más, ¿quién quiere más? ¿Quién quiere conmigo el Mundial? ¡Vaaaaaaamos, Paraguay! Salvador Cabañas.

Icono para la publicidad, líder y capitán de su país y estrella de su equipo en México, Salvador surfeaba la ola de su vida y nada parecía detenerle, aupado a ese "Yo quiero más" que gritaba con orgullo en los anuncios. El dinero llovía a espuertas hasta convertirle en el mejor pagado de su equipo, a razón de 2,5 millones de dólares por año, y Europa, ahora sí, había puesto sus ojos en él. El todopoderoso Manchester United llevaba tiempo tras él, pero el América negaba una y otra vez su pase: "El América no me quiso vender al Manchester United. Me aseguraron que me iban a duplicar el sueldo y a regalar dos apartamentos en Cancún y Acapulco para retenerme. Cumplieron. Aparte, los premios que yo percibía eran muy elevados con respecto a mis compañeros. Ahí, cuando uno está bien, siempre están contigo. Te agradecen todo. Pero después se olvidan de muchas cosas", revelaba Cabañas en una entrevista en 2014. Menos conocido fue el interés del Villarreal, que también se interesó por los servicios del guaraní. Su cuñado, Amancio Rojas, ha asegurado en varias entrevistas posteriores que en aquel momento ya existía un precontrato con Salvador para convertirlo en el primer *Red Devil* guaraní de la historia del United. Cabañas confirmó los rumores. "Cuando me dispararon yo tenía un acuerdo por más de un millón de libras con el Manchester United".

El domingo 24 de enero de 2010 Cabañas quería olvidar la derrota de su equipo, 2-0 frente a Monarcas de Michoacán. Era la segunda jornada del Clausura y la primera derrota llegaba tras la goleada en la jornada inaugural frente a San Luis (5-1) con dos goles del Chava. Así que con la intención de olvidar la derrota, aprovechó su día libre para disfrutar de la ciudad con su esposa, María Lorgia Alonso, y su cuñado, Amancio Rojas, de visita en México DF. Los tres acudieron a uno de los clubes nocturnos más exclusivos de la ciudad, por el que se habían dejado ver personalidades como Madonna, Diego Armando Maradona o Bon Jovi. El Bar-Bar, situado al sur de la ciudad, era uno de los pubs de moda, y el whisky regó una velada que se extendió hasta casi el amanecer. Alrededor de las seis de la mañana, según el informe policial, Cabañas fue al baño y allí comenzó una discusión con dos hombres. Uno de ellos era José Jorge Balderas, apodado JJ, reconocido narcotraficante del cartel de los hermanos Beltrán Leyva, establecidos en Sinaloa. Los ánimos se caldearon y Balderas sacó una pistola negra. Cabañas no se amedrentó y le dijo que disparara si se atrevía. "Le temblaban las piernas cuando puso la pistola en mi cabeza", recordaba tiempo después Cabañas.

La bala de calibre 38 se alojó en el hemisferio izquierdo de su cerebro y Cabañas cayó fulminado al suelo. Un charco de sangre comenzaba a brotar a su alrededor. La incertidumbre se apoderó de la escena, en la que paradójicamente fue Cabañas el único que no perdió el control. Tampoco el conocimiento, en el cuarto de hora que duró el trayecto del club nocturno al hospital Ángeles Pedregal. El Mariscal dirimía su batalla contra la muerte convencido de ganarla: "vamos a salir de esta", repetía en la ambulancia. El fundido a negro se produjo en el hospital, Cabañas fue puesto en coma inducido nada más llegar. Las muestras de cariño y apoyo fueron inmediatas. Un grupo de aficionados del América acudieron a las puertas del hospital tras conocer la noticia que saltó a los noticieros de todo el mundo.

Salvador Cabañas en grave estado. **BBC Mundo**.

Salvador Cabañas fue baleado y está muy grave. **Clarín**.

Agresión armada contra el futbolista Salvador Cabañas. El narcotráfico está detrás. **AZTECA TV.**

La Policía mexicana identifica a los sospechosos en el tiroteo de Cabañas. **The Guardian.**

El edema cerebral de Cabañas empeora y su situación es grave. **Marca.**

Después de esas primeras noticias, llegaron los análisis y la búsqueda de los porqués sobre ese intento de asesinato. Las especulaciones se multiplicaron y el abanico abarcaba desde un asunto sentimental, de celos entre las respectivas parejas, hasta aspectos futbolísticos y económicos a raíz del alto sueldo cobrado por Cabañas. Los planes conspiratorios también aparecieron y se aseguró que todo respondía a una estrategia para evitar que Cabañas jugase el Mundial y arrebatar toda su fortuna al delantero. Como si de una telenovela se tratara, los tentáculos del intento de asesinato salpicaron también al grupo Televisa (propietarios del América) y al mismísimo dueño del Bar-Bar, antiguo socio del canal de televisión, en una trama que nunca se demostró. Todavía hoy no se ha esclarecido totalmente el móvil del crimen, pero al menos el agresor terminó entre rejas, con una condena de más de 20 años.

Veintinueve tenía Salvador Cabañas cuando sobrevivió de forma milagrosa al impacto de bala. Los médicos le dieron un 15% de posibilidades y fue Ernesto Martínez Duhart, neurocirujano del hospital

Ángeles Pedregal, quien descartó extraer la bala tras la primera intervención. Para entonces, todo Paraguay era un puño apretado ante la desazón y la angustia por su máxima estrella. Se sucedían los rezos y se alargaba la vigilia en las puertas del hospital a la espera de noticias esperanzadoras. Los cirujanos tuvieron que realizarle un procedimiento quirúrgico de emergencia que duró siete horas. En ese intervalo, los padres de Cabañas volaron hasta Ciudad de México para estar junto a su hijo. El 10 luchó por la remontada durante siete días, los que tardó en despertar del coma y abrir los ojos ante su nueva realidad. El tratamiento había surtido efecto. El futbolista respondía bien al mismo. La bala seguía alojada en su cabeza pero eso no impedía que su recuperación progresase. En total, fueron 37 días en el hospital antes de ser trasladado a una clínica de rehabilitación en Ciudad de México. Casi dos meses después del intento de asesinato, el 21 de marzo de 2010, Cabañas viajó a Buenos Aires para seguir la terapia cognitiva que tenía que realizar en la Clínica Fleni de la capital argentina. Allí recibió una visita inesperada y sorprendente:

"Estuvo como 10 minutos conmigo y nadie sabía que iba a venir. Mi ex-mujer estaba entonces conmigo y me dijo que había alguien muy famoso que quería pasar a verme, pero no quería decirme su nombre para no condicionarme. Yo dije que pasara, que no había ningún problema. Y entonces apareció Maradona. Estuvimos 10 minutos, él y yo, solos en la habitación y me recalcó: 'Siempre voy a estar a tus órdenes para ayudarte. Te dejo mi teléfono y llámame'. Me ofreció de todo para ayudarme: casa, dinero, 'te voy a dar lo que necesites', pero yo le dije que no había problemas en lo económico porque el Club América se había hecho cargo de mi recuperación. Incluso antes de irse me recalcó: 'Un jugador nunca va a estar solo en una situación así porque hay muchos colegas que saben de dónde salen y siempre estarán dispuestos a ayudar'. Fue la alegría más importante de mi recuperación", confesaba Cabañas.

Unas semanas después, a principios de abril, el Manchester United anunció la contratación de Javier Chicharito Hernández, delantero proveniente del eterno rival del América, las Chivas de Guadalajara. El 4 de mayo la Asociación Paraguaya de Fútbol dio la lista para el Mundial, y Salvador Cabañas no formaba parte de ella. Cuatro meses después de aquel infausto 24 de enero Chava volvió a casa, a su Paraguay natal, con una cicatriz de aproximadamente dos pulgadas de diámetro que surcaba su cabeza de sien a sien. Símbolo del punto y aparte que había sufrido su vida.

Volver a empezar

Diluido el sueño del Mundial y truncado su fichaje por un gran club europeo, a Salvador le queda el consuelo de las segundas oportunidades. Mientras, ve por el televisor cómo su selección cae en cuartos de final de Sudáfrica 2010, después de un igualadísimo encuentro frente a España, en el que incluso Paraguay desaprovecha una pena máxima a su favor con 0-0 en el marcador. Cabañas se promete volver al fútbol. Ese sentimiento se alimenta en cada uno de los homenajes que recibe en los siguientes meses. Ninguno tan especial como el que en 2011 le ofrece su antiguo club, el América de México, en un partido celebrado en el Azteca entre las Águilas y la selección de Paraguay. Cabañas, vestido de azulcrema, da la vuelta de honor alrededor de su cancha, sintiendo intacto el calor de la grada.

Pero sus ganas de volver a vestirse de futbolista chocan con las recomendaciones de los médicos. Los galenos le aseguran que una vez sufrida una lesión en el cerebro, hay consecuencias que no se palpan a simple vista, más aún si se trata de una lesión penetrativa como lo es el impacto de una bala. "Se pueden producir problemas tales como cambios súbitos de ánimo, dificultad en la toma de decisiones y de organización general", explicaba el doctor Ramón Díaz-Arrastia, profesor presidencial y director de investigaciones clínicas traumatológicas de lesiones cerebrales de la Escuela Perelman de Medicina de la Universidad de Pennsylvania. La epilepsia post-traumática y la demencia son otros daños colaterales que pueden aparecer con el tiempo, aclaraba también el doctor.

Pero el optimismo y la cabezonería de Cabañas propiciaron que volviera a los terrenos de juego. Fue ese mismo 2011 cuando comenzó a entrenar en Libertad, el primer equipo que le abrió las puertas tras rescindir contrato con el América. Muy pronto quedó claro que el daño causado por el proyectil alojado en su cráneo le había dejado sin posibilidad alguna para competir al más alto nivel en Paraguay. La velocidad a la que se movía el balón o los rivales era superior a la que podía desarrollar Cabañas. Pese a todo, Salvador no se resignó y tocó a la puerta del 12 de Octubre, el club en el que se formó. Allí le volvieron a dar cobijo, e incluso en 2012 volvió a vestirse de corto y jugó dos partidos con ellos en segunda división. Aquella segunda primera vez resultó imborrable para el antiguo capitán guaraní.

Apenas jugó dos partidos, pero en ninguno de los dos completó los noventa minutos. Sin embargo, de alguna manera aquella resurrección le daba la razón y le alejaba de los sinsabores con los que la vida le había obsequiado en los últimos meses. Los últimos coletazos del Cabañas futbolista se pudieron ver en la Serie D del torneo paulista de São Paulo en 2014. Allí se enfundó la camiseta del Tanabi antes de retirarse definitivamente. Para entonces, ya Salvador se había quedado solo. Los amigos, su mujer, los representantes, la Federación de Fútbol paraguaya o la mayoría de sus antiguos clubes le habían dado la espalda. "No es que sus ex compañeros vengan a verlo. Eso incomoda a la familia. Antes él era amigo de todos, pero ahora que Salvador está así, nadie se aparece ni para decirle 'hola'", explicaba Dionisio Cabañas, padre del futbolista en 2014.

En ese instante la situación económica del Mariscal era muy delicada. Había sido víctima de una estafa por valor de 17 millones de dólares por parte de sus abogados, encabezada por Óscar Latorre. Pero más que el bolsillo dolía el alma, pues su esposa, María Lorgia, había sido la primera en dejarle en la estacada. A los pocos meses del intento de asesinato solicitó el divorcio, y poco después su buen amigo y representante, José María González, también le abandonó toda vez que los contratos millonarios se habían acabado. Entre los tres controlaban la fortuna del jugador después de que en su estancia en el hospital, todavía convaleciente, tomaran las huellas dactilares del futbolista como firma, ante el riesgo inminente de una posible muerte que nunca se produjo.

Mi hijo es doble víctima. Fue víctima aquel 25 de enero cuando un criminal le disparó a matar. Hoy es víctima de su ex mujer, de su propio abogado y su ex representante. Le quitaron todo lo que ganó con su esfuerzo personal. Es muy injusto y ya no se puede callar lo que están haciendo.

Dionisio Cabañas, en una entrevista en febrero de 2014.

La vida de Salvador tornó entonces en un torbellino de acusaciones y especulaciones con respecto a lo ocurrido con su fortuna. Juicios, denuncias, informaciones confusas que afirmaban que la familia no le administraba los medicamentos necesarios para mantener su toma de decisiones, o demandas interpuestas por su ex-esposa sobre la manipulación que había sufrido Cabañas por parte de sus familiares más cercanos. Todo ello desembocó en el regreso del jugador a la casa de sus padres, al hogar de Itaguá, refugio en medio de la tempestad. Allí volvió a colaborar en la panadería familiar que él mismo había montado a sus padres. Aquello dio pie para que la BBC, entre otros medios, al interesarse por su caso titularan la historia con un llamativo: "Salvador Cabañas: con un balazo en la cabeza, en bancarrota y trabajando en una panadería". "Estoy apoyando a mis padres, a mis familiares. Repartimos por los alrededores de Itaguá, Ypacaraí, San Bernardino. La gente me reconoce y me pregunta... sobre fútbol, claro. Yo les digo que me divierte mucho hacer el reparto", fue la respuesta del propio Cabañas en 2014.

En todo este tiempo, la persona que se ha convertido prácticamente en su sombra es su cuñado, Amancio Rojas, marido de su hermana Clara Mabel. Es él quien aseguraba recientemente que Cabañas contaba con estabilidad económica al confirmar que es propietario de un complejo deportivo en las cercanías de Asunción, que todos los asuntos económicos se arreglaron con su ex esposa y que el ex-futbolista "ganó mucho dinero en su día y lo tiene bien guardado". Una vez que Salvador hubo recuperado gran parte de sus posesiones, la familia Cabañas decidió cerrar la panadería ubicada al lado de la casa familiar, que en los peores momentos se convirtió en el sustento fundamental. La accesibilidad con la que cuentan las grandes cadenas de supermercados en los últimos años ha hecho que los domicilios tradicionales caigan en desuso, según explicaba Dionisio, padre de Cabañas.

Lo que nunca cayó en desuso en todo este tiempo fueron las visitas de Salvador a sus dos hijos, Santiago (17 años) y Mía Ivonne (14), cuyos nombres lleva tatuado en el antebrazo y que residen habitualmente con su madre. Santiago, además, sigue los pasos de su padre y es hoy un talentoso centrocampista. Salvador, por su parte, ha ido reduciendo sus apariciones en los terrenos de juego y cada vez es más complicado verle en partidos amistosos que antes jugaba por dinero, o en viajes al extranjero para contar su experiencia y utilizar su imagen pública en alguna causa benéfica. Cabañas ahora tiene otras metas en el horizonte. El próximo partido lo quiere jugar desde el banquillo.

El banquillo, último refugio

Salvador Cabañas comenzó a trabajar en la cantera del Deportivo Capiatá, un club de primera división situado a poco más de 20 minutos de su casa, en enero de 2017. En menos de dos años, en octubre de 2018, ya se había convertido en uno de los asistentes del técnico del primer equipo, Pablo Caballero. Ambos se conocieron en México, pues Caballero jugó en Pumas y Puebla, antes de volver a Cerro Porteño. Pero Cabañas no reconoció a su compatriota en un principio, como consecuencia de las malas pasadas que le juega ahora su memoria. Varias conversaciones después, las vivencias entre ambos comenzaron a florecer en su mente. De hecho, Caballero se convirtió en pieza clave para devolverle al fútbol profesional paraguayo.

"Pedí permiso al club para incorporarlo porque aquí la gente no lo quiere, increíbles que somos los paraguayos", explicó Caballero, para quien Cabañas es un "ídolo" y tiene cualidades suficientes para convertirse en un gran técnico, por más que le esté siendo difícil encontrar una oportunidad para empezar en los banquillos. De hecho, Cabañas no se sentaba en los partidos en el banquillo del estadio Licenciado Erico Galeano Segovia, al lado de Caballero, para evitar discrepancias con la grada, y durante los entrenamientos mantenía una distancia prudencial con el resto del cuerpo técnico, como si fuera un aprendiz observándolo todo desde la distancia, en lugar de un miembro del staff. El propio Caballero confesó que el dinero percibido por Cabañas por su trabajo en el Capiatá fue pagado por él mismo y no directamente por el club. Pero su primera aventura en los banquillos se terminó de manera abrupta en diciembre de 2018, cuando Caballero fue despedido del Capiatá. Su siguiente club fue el Deportivo Santaní, también paraguayo, al que llegó de la mano de Caballero como ayudante en abril de 2019. En mayo de ese mismo año, le llegó una oferta desde México para sumarse al cuerpo técnico del Cafetaleros de Chiapas, una zona que conocía de su época de futbolista. Como auxiliar del entrenador principal, Gabriel Pereyra, Cabañas permaneció en la entidad mexicana hasta finales de 2019, regresando posteriormente a Paraguay, aunque con el anhelo de algún día volver al América como técnico.

En su etapa en Capiatá, Cabañas alternaba su puesto de ayudante con la dirección del Aquidaban, un equipo de la segunda división de la liga local de Itaguá. Allí desplegaba su estilo de juego: "A mí me gusta siempre el fútbol ofensivo y tener mucho el balón, que es lo más interesante. Mis jugadores deben tener mucho el balón, eso es lo que pretendo yo cuando sea técnico, y ojalá sea dentro de poco". Actualmente Cabañas se muestra confiado tras aceptar su nueva realidad y no pierde de vista sus sueños, a pesar de las dificultades

que tiene para ver por el ojo izquierdo. Es una consecuencia más de aquella noche turbia en México DF: "Sueño muchas cosas y ojalá en algún momento llegue a ser un gran profesional, un gran técnico y, por qué no, llegar a la selección".

Cabañas lo repite cada vez que pasa por delante del cartel que le regaló el América de México y que preside la habitación de su casa en la que guarda sus trofeos: "Grandeza es no dejarse vencer por nada".

Salvador Cabañas en el Mundial de Clubes 2006. Partido por el tercer puesto frente al Al Ahly disputado en el Estadio Internacional de Yokohama.

CAPÍTULO 10

ROBERTO BAGGIO. Y EL PENALTI QUE MARCÓ A TODA UNA GENERACIÓN

La frase revoloteaba desde hacía tiempo en su cabeza. Un budista como él la había leído en una de sus primeras aproximaciones a Buda: "Lo tapado se pudre, lo desvelado no. ¡Por tanto averigua qué está tapado, para que no se pudra!". Y con la intención de acudir a Estados Unidos con la mente limpia, concertó una cita con su maestro espiritual, Daisaku Ikeda, la víspera del viaje a la Copa del Mundo de 1994. Este le aseguró que pelearía por el título hasta el final con una frase que entonces resonó tan profética como hoy: "Ganarás o perderás el Mundial en el último segundo".

Esas palabras se repitieron en la cabeza de Roberto Baggio durante todo el Mundial. Día y noche, hasta ese 17 de julio de 1994 en el que se encaminó hacia su particular cadalso. Había llevado a su país hasta allí, liderando a una Italia que había revivido en cada partido gracias a sus goles. Y ahora, ante ese abismo que emerge a once pasos de la portería, un lugar que no tenía secretos para él, había entendido por fin aquella premonición de Daisaku. La tenía delante de sus ojos mientras posaba el balón con mimo ante el sol abrasador de Los Ángeles. Luego cinco, seis, siete, ocho pasos hacia atrás para coger carrera. Un par de miradas furtivas al árbitro. Y el peso de la historia cayendo sobre esa coleta saltarina que se mece por encima del número 10 de la Azzurra.

Cuando fui hacia el punto de penalti estaba todo lo lúcido que se puede estar en esos momentos. Sabía que Taffarel se tiraba siempre, por eso decidí lanzar al centro, a media altura, lo justo para que no pudiera despejar con los pies. Era una elección inteligente, ya que Taffarel se lanzó a su izquierda y nunca hubiese alcanzado el tiro que yo había planeado. Sin embargo, el balón –no sé cómo– se elevó tres metros y voló por encima del larguero. Estaba agotado, pero era el primer lanzador de penaltis en el equipo y nunca he huido de esa responsabilidad (...). Fue el momento más duro de mi carrera y me condicionó durante años. Todavía sueño con ello. Fue difícil salir de aquella pesadilla. Si pudiera borrar una imagen de mi vida deportiva sería esa. El recuerdo se me ha quedado grabado. No olvidaré el abrazo de Riva, el afecto del cuerpo técnico de la selección... pero yo ya no tenía la cabeza allí. Cuando mis compañeros fueron a cenar, me encerré en mi habitación. Una vez más, elegí el aislamiento para resolver mis problemas. Perdimos por penaltis, como en 1990. Y eso es algo que no acepto. Perder en el campo, aunque no lo merezcas, puede ser justo. Pero perder en los penaltis, nunca. ¿Les parece concebible que cuatro años de trabajo se pueden borrar en tres minutos de penaltis? A mí, desde luego, no.

Roberto Baggio.

Si Miguel Ángel, Donatello o Bernini hubieran tenido que esculpir la derrota, no hubieran encontrado mejor imagen que la de Baggio en Pasadena, en un gesto tan hierático como simbólico. Las manos en la cintura, la cabeza gacha, los pies clavados en el punto fatídico. No hay aspavientos ni dramatismos ante la derrota de tu vida, en el preciso instante en que el mundo se te viene encima, y la historia del fútbol escribe las últimas palabras con las que serás recordado por los siglos de los siglos. Falló Baggio. Y todo lo demás, lo que pasó antes y lo que vendrá después, queda difuminado como esas pinturas abstractas hechas a base de acuarelas. *Il Divino* se quiebra luego sobre sus rodillas, pero el 10 ya no está allí cuando Brasil celebra y toda Italia le consuela a través del abrazo de Riva. Mientras tanto un estigma se le ha anudado a su divina coleta, en el momento más álgido de su carrera el balón le ha desobedecido, pero esta vez no será una cabalgada de las suyas, ni un quiebro, ni un gol con lo que se le asocie. Será con el infortunio del único penalti que en toda su vida se marchó fuera del arco. Y aquella sombra le acompañará ya para siempre.

Nadie lo recuerda ahora pero antes que Baggio, otra leyenda del fútbol italiano, el veterano capitán de la Azzurra, Franco Baresi, había lanzado su penalti al limbo. El del ariete Massaro lo había detenido Taffarel, pero los dos pasaron de puntillas por la historia. Esos penaltis no los vieron Carlos Alberto Parreira y Mario Zagallo, primer entrenador y asistente principal de la *canarinha* en aquel Mundial. El veterano Zagallo, amante de las cábalas, pidió al cuerpo técnico que diera la espalda al terreno de juego en la tanda de penaltis. Así lo hicieron hasta que Baggio se encaminó al punto fatídico y Zagallo se percató. "Ya está, podéis giraros", dijo el entrenador que había alineado a los cinco dieces en México 1970. Poco le importaba en ese momento que *Il Divino* hubiera marcado los siete penaltis que había lanzado con la Azzurra. No hay estadística más fiable que la cábala para quien cree en ella. "Roberto Baggio tiene 13 letras, fallará", dijo con rotundidad, y así fue como el Lobo y su discípulo Parreira disfrutaron del último lanzamiento italiano. La anécdota la contó el propio Zagallo tiempo después, aunque no es la única leyenda que circuló alrededor del lanzamiento de Baggio esos días:

> Los brasileños dicen que fue Ayrton Senna –fallecido dos meses antes– desde el cielo el que elevó la pelota. Quién sabe. Es la explicación romántica a un acto inexplicable, a no ser por el cansancio.
>
> ***Roberto Baggio.***

Un Mundial maradoniano

Roberto Baggio acudió a Estados Unidos en el verano del 94 con el Balón de Oro bajo el brazo y el título de mejor jugador de la FIFA, pero con la necesidad de una actuación descollante en un escenario global que terminara de confirmar todas las expectativas. En Italia nadie dudaba del talento de *Il Divin Codino*, pero lo cierto es que hasta 1993,

cuando la Juventus ganó la UEFA, su deslumbrante calidad nunca había guiado a sus equipos hasta el título. Su leyenda se había construido sobre arrebatos de genialidad que luego no bastaban para levantar una copa. Así ocurrió en Italia'90 cuando se presentó al mundo como savia nueva para los transalpinos. Pero cuatro años después, Italia era ya el equipo de Baggio y aquel Mundial, su momento.

La FIFA había llevado su mayor evento a la tierra del *soccer*, en lo que debía ser el pistoletazo definitivo del deporte rey en el país de las oportunidades. Aquella presentación no se la quiso perder ni Maradona, que tras una preparación exprés –tres meses en la Pampa argentina con Signorini– llegó a Estados Unidos con ansias de revancha tras Italia'90. Pero aquella última función mundial del Diego sonó a réquiem desde que "le cortaron las piernas" y el fútbol, siempre deseoso de encumbrar a nuevos ídolos, miraba a Romario y a Baggio como los relevos con los que perpetuar la estirpe. La de los elegidos, capaces de ganar un partido por sí solos.

Haciendo gala de una tradición que daría para otro libro, Italia comenzó de manera desastrosa el Mundial y tras superar milagrosamente la fase de grupos, los transalpinos estuvieron a punto de llevarse el título. Lo bueno y lo malo de esa Azzurra se explica a través de un hombre: Roberto Baggio. El combinado entrenado por Arrigo Sacchi era uno de los favoritos al título mundial y había sido encuadrado en un grupo asequible (Irlanda, Noruega y México). Pero la inesperada derrota frente a Irlanda en el debut (0-1) cambió el panorama en el seno de la *Nazionale*. La victoria ante Noruega por la mínima (1-0) no despejó dudas y la incertidumbre se estiró hasta límites insospechados con el empate frente a México (1-1). Italia se clasificaba para la siguiente ronda, sí, pero como tercera clasificada y dependiendo de los resultados ajenos en un grupo con sus cuatro integrantes empatados a puntos (4). La diferencia de goles benefició a los italianos. Aunque su juego mediocre y falto de ideas estaba lejos de parecerse al prodigio táctico y técnico que Sacchi había montado en su Milan. Los *rossoneri* componían la espina dorsal de aquel equipo pero las piezas no terminaban de encajar. Roberto Baggio era la llave maestra.

El 10 había pasado totalmente desapercibido en esta primera fase y su sintonía con un estratega como Arrigo Sacchi estaba lejos de ser la mejor. Para muestra, una imagen. Sucedió en el segundo partido frente a Noruega. A los 22 minutos el encuentro se puso cuesta arriba para los transalpinos, después de que Pagliuca cortara un contragolpe de los noruegos. El portero de la Sampdoria fue expulsado y Arrigo Sacchi sorprendió a todos quitando del campo a Baggio para dar entrada a Marchegiani, el guardameta suplente. Cuando *Il Divino* vio que era el sacrificado no pudo reprimirse, "este hombre está loco", pudo leerse en sus labios. El ambiente ya estaba enrarecido tanto dentro como fuera de la *Nazionale*, jugadores como Maldini asumían que Italia no podía jugar tan mal, y las críticas arreciaron contra Arrigo Sacchi desde todos los sectores.

Todo cambió desde el momento en que empaté contra Nigeria en los últimos minutos. Recibí el balón, chuté, fue entre las piernas del defensa y aterrizó en el poste derecho. Era imposible de parar. Mucha gente dijo que se había tratado de suerte, y cuando marcas en el minuto 90 siempre hay un toque de suerte... quizá se produjo algo especial en aquel momento. Después de aquel gol dejé de sentirme tan ansioso. Empecé a jugar con facilidad. Me sentí libre otra vez. De ahí en adelante, mi Copa del Mundo fue muchísimo mejor.

Italia en el alambre. Un clásico. También en el partido de octavos de final que les enfrentaba en Boston a Nigeria. El combinado africano había reunido a un puñado de talentosos futbolistas que destacaban también por su buen físico (Amunike, Finidi, Okocha, Oliseh, Yekini...) y ya habían plantado cara a Argentina o Bulgaria. A los 25 minutos, Amunike adelantaba a las Águilas Verdes y aunque el dominio era alterno, los africanos mantuvieron su ventaja hasta los instantes finales del encuentro. Italia se precipitaba hacia el desastre y lo hacía con uno menos después de la expulsión de Gianfranco Zola faltando 14 minutos para el final. Sacchi se desgañitaba desde la banda a falta de dos minutos para el 90 y entonces las musas acudieron al Foxboro Stadium. Roberto Mussi se internó en el área por el flanco derecho, intentó un regate y el balón le favoreció en el rechace. El pase raso le llegó a Roberto Baggio dentro del área. El golpeo del 10 es directo pero acompasado. La pelota dibuja una trayectoria perfecta capaz de esquivar los obstáculos que se encuentra por el camino. El esférico termina acariciando la red ante la mirada impotente de Rufai. *Il Divin Codino* acaba de liberarse. Su genio brotaba en la tierra del Tío Sam.

Tras salvar a su país, Baggio juega la prórroga acalambrado pero todavía tiene un ramalazo de calidad para inventarse un penalti. El 10 dibuja una vaselina desde el pico izquierdo ante la internada de Benarrivo. El lateral ha ganado la posición cuando es atropellado por el defensor nigeriano, Eguawoen. El colegiado no duda en señalar los once metros y allí posa la pelota Roberto como el primer lanzador del equipo. Baggio, como es habitual, no falla. El esférico besa el palo

antes de colarse definitivamente en la portería nigeriana. Su actuación es catalogada como de divina providencia por la prensa internacional. Italia alcanza los cuartos de final con una vida extra. Y el Mundial, tras la suspensión a Maradona, da la bienvenida a su nuevo superhéroe. Pero a *Il Divino* todavía le quedan hazañas por hacer.

En cuartos esperaba la España de Javier Clemente, que llegaba a la cita henchida después del cómodo triunfo en octavos frente a Suiza (3-0). Los españoles eran un ramillete de buenos jugadores con la base del *Dream Team* de Cruyff, pero sin ninguna gran estrella en su plantel. Un equipo repleto de centrocampistas o de defensas reconvertidos en centrocampistas, acusado de ser excesivamente defensivo pese a contar con jugadores como Guardiola, Caminero, Guerrero o Luis Enrique. Italia era su bestia negra en los cruces. Pero los transalpinos no se fiaban, ni siquiera Roberto Baggio, el más inspirado de ellos, que aseguró en la previa que España era "un rival temible". A la hora de la verdad a España le asaltaron todos los fantasmas. El propio Baggio pudo abrir el marcador tras una cabalgada de Massaro. Roberto se desmarcó al segundo palo, escabulléndose de la vigilancia de sus dos marcadores. Su remate forzado fue interceptado providencialmente por Ferrer. Así que fue otro Baggio, Dino (sin parentesco alguno con Roberto), el que abrió el marcador con un derechazo desde 30 metros. Era una de sus grandes especialidades y Zubizarreta reaccionó demasiado tarde ante el obús.

España se vio obligada a dar un paso al frente y el premio fue el empate. Tras una buena internada por la izquierda, el balón le llegó franco a Caminero en el corazón del área. El 21, con ayuda de Benarrivo, superó a Pagliuca. España creyó entonces en la victoria y dispuso de ocasiones para ello. Un disparo escorado de Goikoetxea, otro chut lejano de Hierro y sobre todo el mano a mano de Julio Salinas, que no supo resolver ante la salida a la desesperada de Pagliuca. Faltaban cinco minutos para el final del encuentro e Italia volvía a salir indemne. Ante la perspectiva de una prórroga toda una generación de españoles descubrimos lo que era la zona Cesarini. Y en esa porción de tiempo nadie bailaba como Baggio. Una pugna ganada por Signori, un error defensivo garrafal y una coleta saltarina corriendo hacia la pelota fueron las notas previas. La letra es obra de Víctor Hugo Morales:

Roberto Baggio, un predestinado, un iluminado, tocado por una varita mágica, un jugador nacido con estrella, una estrella que no alumbra salvo en el momento decisivo. Roberto Baggio escapa del arquero Zubizarreta, después, casi sin ángulo, atina un remate con la suficiente dirección como para convertir el segundo gol sobre el cierre de Abelardo. Gana Italia 2-1 y no hay tiempo para más nada. En el final del partido se salvó contra Nigeria, en el final del partido encuentra la victoria frente a España, tras un regalo increíble de los españoles. En algún momento se veía venir. Italia sin dar nada se mete en las semifinales del Mundial.

El gol es un compendio de clase, frialdad y precisión milimétrica en el momento culmen del partido. Otro milagro *made in* Baggio que a punto estuvo de arruinar Tassotti con su impresentable codazo a Luis Enrique. Pero Sándor Puhl no quería más sobresaltos y miró para otro lado.

Así que Italia se presentó en las semifinales del Mundial sin terminar de despejar las dudas pero abrazados a la inspiración de un talento descomunal. Un futbolista que había ido ganando adeptos y desnudando a los críticos a medida que iba resolviendo eliminatorias. En el escalón previo a la final, la Azzurra se las vería con el equipo revelación del torneo, la Bulgaria de Hristo Stoichkov. El delantero del Barça era el líder espiritual de los búlgaros. Otro talento diferencial tan visceral como inspirado en aquel verano estadounidense. No obstante, había anotado cinco goles para guiar a su selección a la penúltima ronda. La selección dirigida por Dimitar Penev venía de remontar y eliminar a los vigentes campeones, la Alemania ya reunificada, y a lo largo del Mundial se habían mostrado como un equipo anárquico, al que le gustaba el intercambio de golpes. Capaz de partirse la cara con cualquiera. Capaz de pegársela con cualquiera. Italia sería el examen definitivo.

Y Roberto Baggio dejó claro desde el principio que quería llegar a la final. Y quería llegar pronto. Así que lideró desde el inicio la salida furibunda de los transalpinos. A los 20 minutos, tras un reverso y un quiebro en la frontal, culminó la jugada con un golpeo excelso, con la rosca adecuada para superar al portero, Mihaylov, y adelantar a los suyos. Pero el tsunami *azzurro* no se detuvo ahí. Baggio le cedió la pelota a Costacurta para que la empotrara contra el palo, luego fue Albertini el que probó los reflejos del cancerbero búlgaro con una vaselina que despejó con los dedos. Finalmente tuvo que ser *Il Divino* quien abriera aún más la brecha en el marcador. El pase picado de Albertini a la espalda de la defensa búlgara lo convirtió en extraordinario Baggio con un golpeo al primer toque. El tiro cruzado se coló por el segundo palo. Era su quinto gol en el Mundial. Era la locura desatada en la colonia italiana de Nueva York. Era el billete de Italia para la final de la Copa del Mundo.

Stoichkov intentó mantener el pulso desigual con Italia y acortó distancias desde los once metros antes del descanso. Pero los pupilos de Sacchi sacaron a relucir su mayor aplomo y experiencia para evitar sobresaltos. Durmieron el partido con un ritmo de juego bajo con el que desactivaron a Bulgaria. Hristo se tuvo que conformar con ser el pichichi de aquel Mundial. Baggio, sin embargo, estaba a las puertas del cielo.

Esos eran mis grandes momentos. Mi mente se volvía fría. Me divertía buscar soluciones difíciles. ¿Cuál era el riesgo, de todos modos? Quizá me arriesgaba a perder el balón, lo que no es muy perjudicial estando en el área contraria. Pero si el defensa cometía un error o era engañado por mi amago, entonces se convertía en un tiro decisivo. Siempre he vivido así el fútbol, desde que era un niño: para mí, un gol ha de estar acompañado por algo importante. Un regate, un invento. De lo contrario, no me divierte.

Roberto Baggio.

Ícaro en Pasadena

La sangre se heló en el minuto 71 de la semifinal. Con 2-1, Baggio había controlado un balón escorado en el área búlgara y había retado a Zlatko Yankov en un uno contra uno. El centrocampista búlgaro le arrebató la pelota con suma facilidad. La mueca de Roberto resultó significativa. Algo no iba bien. *Il Divino* se palpó el muslo y se quebró sobre sus rodillas. Los masajes del doctor no surtían el efecto deseado, el músculo estaba contracturado y si seguía sobre el césped solo podía agravar la lesión. Conocida la situación, Sacchi no dudó ni un instante. Tocaba mimar a su mejor jugador porque si había alguna opción de bordar la cuarta estrella antes que nadie era con *Il Divino* jugando la final. Giuseppe Signori entró en su lugar y Roberto Baggio, cabizbajo y con lágrimas en los ojos, recibió el consuelo de Sacchi.

Esas lágrimas no desaparecieron con el pitido final. Mientras todos sus compañeros festejaban, Baggio albergaba un cóctel de sentimientos que lo llevaban de la risa al llanto en un parpadeo. Las emociones se agolpaban en su garganta y el temor anidaba en su cabeza: ¿llegaré a tiempo para la final? Era la duda que le carcomía a cuatro días de la gran cita. Baggio tenía una distensión en el ligamento y su ausencia se sumaría a la baja en defensa del capitán Franco Baresi. El central del Milan se había roto el menisco interno en el segundo partido frente a Noruega y su presencia en la gran final estaba prácticamente descartada. Pero Baresi, al que le habían practicado una artroscopia en un hospital de Manhattan, apuraba en esos días su recuperación haciendo buenos los pronósticos del doctor Ferreti: "La artroscopia fue muy limpia. No estaban lesionados ni los cartílagos ni los ligamentos. Técnicamente podría jugar una hipotética final el próximo día 17". Tanto Baresi como Baggio saltarían el 17 de julio de 1994 al Rose Bowl de Pasadena para disputar el último partido del Mundial de Estados Unidos.

Un Mundial de película en lo deportivo y en lo económico terminaba con el partido soñado en la meca del cine. Los dos equipos más laureados del planeta se veían las caras en la final con el anhelo de ceñirse la cuarta corona mundial y ser los primeros en coleccionar cuatro estrellas en su pecho. El duelo sobre el césped se representaba con los dos actores principales del fútbol mundial en aquel momento: Baggio y Romario, líderes y héroes de sus respectivas escuadras con goles decisivos camino de la final. Aunque serían los directores de cada bando los que escribirían un guión soso y decepcionante para la última batalla. Italia y Brasil fueron más el reflejo de sus entrenadores, Sacchi y Parreira, que la representación del talento que albergaba aquella tarde el Rose Bowl. Se impusieron el miedo y los marcajes férreos, la disciplina le ganó la partida a la creatividad y de aquel tedio tampoco escaparon Baggio y Romario.

Il Divin Codino, pese a todo, gozó de oportunidades para evitar el desenlace conocido por todos. La primera fue en el minuto 81, en ese impás de tiempo en el que Baggio parecía salir de su letargo para decidir los partidos. La jugada había nacido en los pies de Donadoni, quien desde el costado derecho se había zafado de dos defensores brasileños y había puesto un centro raso. En las inmediaciones del punto de penalti apareció Baggio, quien en esta ocasión eligió controlar y colocarse el balón antes de chutar. Quizá el esférico se le había quedado ligeramente atrás para golpear de primeras —como había hecho en anteriores partidos. El caso es que el cuero se marchó alto, por encima del travesaño. Como si el destino le estuviera avisando.

Ya en la primera parte de la prórroga, el 10 empalmó un balón suelto lejos del balcón del área, con el que intentó sorprender a Taffarel. La volea cogió altura y bajó justo cuando llegaba a portería, pero el cancerbero brasileño desvió a córner para evitar problemas mayores. La más clara, sin embargo, fue la última. Corría el minuto 113 de la prórroga cuando Baggio controló el balón en tres cuartos de cancha. Levantó la cabeza y tiró una pared con Massaro para adentrarse en el área. *Il Divin Codino*, medias bajadas y espinilleras al aire, chutaba con el alma pero el balón caía manso en las manos de Taffarel. Las musas ya no estaban allí. Las señales eran inequívocas. Pero el destino estaba marcado. Quizá el verdadero fallo de Roberto Baggio fue no haber evitado aquella tanda de penaltis que le marcaría de por vida. *Il Divino* había rozado el sol y ya solo quedaba quemarse.

El budista que revolucionó el Calcio

Hay dos monumentos en Caldogno. Uno es la Villa Paladiana, atribuida al importantísimo arquitecto del siglo XVI, Andrea Palladio. Villa Caldogno fue catalogada como Patrimonio de la Humanidad por la Unesco y es uno de los reclamos de esta pequeña localidad de poco más de 10.000 habitantes. El otro monumento es Roberto Baggio, Patrimonio de la Humanidad futbolística. Roberto es el sexto de ocho hermanos y nació y creció en este asentamiento feudal situado en el Véneto, rodeado de campos y de historia, sobre la que se edificaron las dos pasiones de Baggio: el fútbol y la caza. La escopeta la heredó de su padre, con el que salía a cazar y a perfeccionar su puntería milimétrica entre partido y partido. Luego la pelota lo ocupó todo y su fútbol salvaje representaba de alguna manera ese instinto de supervivencia que impregna la naturaleza. Una especie en extinción. Dotado con la técnica que se cultiva en la calle, elegante y señorial como su villa, anárquico y libre como los conejos que perseguía con su escopeta.

Ese talento precoz no siguió los pasos de su padre en el deporte. Florindo Baggio era un amante del ciclismo (a uno de sus hijos lo puso Eddy, en honor del campeón belga Eddy Merckx) pero Roberto siempre prefirió el balón a la bici. Nada más salir del colegio, se marchaba a divertirse en las interminables tardes del *Calcio di Strada* (fútbol callejero) y a menudo su padre tenía que ir a buscarle para llevárselo a casa. Pero Roberto se zafaba de su progenitor con la misma facilidad con la que años después dejaría tirados a los defensas. Viendo sus destrezas, a los nueve años ingresó en la modesta U.S.D. Calidonense para jugar en las ligas de la región del Véneto. Sus números hablaban del diamante que tenían entre manos: 45 goles y 20 asistencias en 26 partidos disputados. Al reclamo de aquellas exhibiciones, Antonio Mora acudió al Comunale Vía Torino para ver qué había de cierto en aquellos rumores. Ese día Roby marcó seis goles. Tras el pitido final se abalanzó sobre él y le convenció para que fichara por el Vicenza, el club de la modesta capital de la región. Luego hubo que convencer a Florindo, que cedió ante el deseo de su hijo. 500.000 liras (algo menos de 300 euros) pagó el Vicenza por llevarse a su joya.

Un par de anécdotas ilustran aquellos años. El colegio siempre fue un lugar de paso para Roberto, un paréntesis a la espera del siguiente partido. Así lo entendieron también sus profesores; uno de ellos habló de la obsesión de Baggio por la pelota: "Si los libros fueran redondos, Roberto sería Einstein". Luego saltaba al terreno de juego, su patio de recreo particular, y las miradas se clavaban indiscriminadamente en aquel número 10, por mucho que su juego fuera tan egoísta como hedonista. Para intentar reconducirle, su primer entrenador lo sacó del equipo titular por no pasar nunca el balón a sus compañeros. "Volverás a jugar si haces lo que yo te digo", le dijo. Tras un par de encuentros en el banquillo, el técnico pensó que habría entendido la lección. Baggio lo entendió a su manera, sin atender a obligaciones defensivas o tácticas, pero marcando siete goles. Al terminar el partido le estrechó la mano a su entrenador. El verso libre del Calcio se alimentaba a base de actuaciones como aquellas.

Hay dos frases a tener en cuenta cuando se intenta comprender a Baggio. Una: Baggio no debe ser entendido, debe ser amado. Dos: Baggio es poesía, y uno no intenta entender la poesía, sino que trata de apreciarla.

Vittorio Oreggia, director de la Agencia de Prensa *La Presse*.

Con ese estilo ingobernable, su posición en el terreno de juego tampoco estaba mucho más clara. Roberto no era un centrocampista, pues no le gustaba organizar a su equipo o sobar en exceso el balón en zonas intrascendentes. Pero tampoco era un delantero que viviera en el área, ni siquiera un mediapunta clásico que acelerara las jugadas de su equipo desde el carril central. Michel Platini, uno de sus referentes, denominó esta figura como la del "nueve y medio" para definir a ese segundo punta capaz de aparecer por todo el frente de ataque, más pendiente de olisquear las debilidades y las fisuras en la

defensa rival y solo entonces lanzarse en una jugada individual, o con un toque magistral para dejar solo a un compañero, o con un golpeo exquisito para desnivelar el partido. En Italia a ese tipo de jugador se le denomina *trequartista* por la zona donde marca diferencias. Aunque es la denominación de *fantasista* la que encaja como un guante en el caso de Baggio.

En 1982, Roberto Baggio tenía 15 años. A esa edad debutaba profesionalmente con el equipo juvenil del Vicenza. En las categorías inferiores del club *biancorossi* había roto todos los registros, y aunque esa temporada alternó el primer equipo con el Primavera, no fue hasta el 5 de junio de 1983 cuando debutó con los mayores en la derrota por 1-0 frente al Piacenza. En sus dos primeras temporadas, su presencia en el primer equipo fue testimonial aunque le dio tiempo a estrenarse con gol en la Serie C, el tercer escalón del fútbol italiano. El gol, por cierto, lo marcó desde el punto de penalti.

Sin embargo, fue en su tercera temporada en el Vicenza, en la campaña 84/85, cuando Baggio se convirtió en un ídolo para la afición *berici*. Bajo la dirección de Bruno Giorgi, Roby lideró el ascenso del Vicenza a la Serie B con 12 goles en 29 partidos. La promesa, todavía un juvenil, comenzaba a hacerse realidad y el eco de sus exhibiciones alcanzaba las altas instancias del Calcio. Su juego se empezaba a comparar con el de Zico, el Pelé blanco, y esa temporada alzaría el *Guerin d'Oro* como el mejor jugador de la Serie C, una liga que ya se le quedaba pequeña. Su destino era la Serie A. La liga más exigente y competitiva del mundo había puesto sus ojos en él, pero antes Baggio tendría que sortear otro de sus lastres más comunes. Justo en el último partido disputado con el Vicenza se rompió el ligamento cruzado anterior y el menisco de su rodilla derecha. Ocurrió el 5 de mayo y su fichaje por la Fiorentina estaba ya apalabrado, aunque no firmado. De pronto su carrera, a los 18 años, pendía de un hilo, eran varios los médicos que dudaban de la recuperación de esa rodilla y de que Baggio pudiera volver a jugar al fútbol. Pero la Fiore mantuvo la fe en él, pagó el traspaso al Vicenza (1,5 millones de libras) e incluso financió la cirugía de su flamante fichaje.

Pero sus dos primeras temporadas como viola se las pasó en el dique seco. Fue ahí donde se estrechó el vínculo con la Fiore, porque en los peores momentos de su vida el club de la Toscana nunca le abandonó. Tras un largo período de recuperación no debutó en la Serie A con la camiseta *gigliati* hasta el 21 de septiembre de 1986 en la victoria de la Fiorentina por 2-0 frente a la Sampdoria. Unos días antes había debutado en la Copa de la UEFA frente al Boavista. Pero los fantasmas volverían tan solo una semana después, cuando su rodilla volvió a hacer crac. La nueva operación requirió 220 puntos de sutura para reconstruir la rodilla, perdió 12 kilos, cayó en una depresión y se perdió lo que restaba de temporada. Fue en aquellos días cuando pidió a su madre que lo matara si no se recuperaba. Fue en aquellos días cuando perdida toda la fe, abrazó el budismo.

> *Es un carácter contradictorio. Es un tipo introvertido en una nación de gente que habla agitando los brazos. Tiene pinta de Don Juan pero sigue casado con la mujer a la que dio su primer beso cuando tenía quince años. Y de la manera más discordante con sus compatriotas, es un budista en la tierra de la Santa Madre Iglesia.*
>
> ***Michael Farber en Sports Illustrated.***

Aquel nuevo contratiempo sacó a relucir el lado más espiritual de Baggio. Roberto se había criado en una familia y en un país católico que tomaba la religión como una rutina. El 10 era un habitual de la iglesia a pesar de que su fe iba extinguiéndose a medida que ascendía en el Calcio, hasta que a los 20 años dio un giro radical a su vida. Tumbado e impedido, sin balón con el que disfrutar, los porqués se acumulaban en su cabeza: "Yo había perdido la fe en mí mismo, salía muy poco y me sentía muy triste. Empecé a leer sobre el budismo, entonces un día, el 1 de enero de 1988, llamé a la puerta de Maurizio (un amigo) a las siete y media de la mañana y le dije: 'Tengo que empezar mi viaje ahora'". En ese viaje, Baggio buscaba por encima de todo la serenidad interna con la que gestionar y superar sus lesiones. Solo así podría volver a ser ese jugador por el que la Fiorentina había pagado 1,5 millones de libras.

Que el camino emprendido era el correcto, lo empezó a comprender Baggio el 10 de mayo de 1987. Ese día, recuperado de su doble operación de rodilla, volvía a jugar con la Fiorentina y marcó su primer gol de libre directo. Lo hizo frente a uno de sus ídolos, un Diego Armando Maradona que estaba a punto de proclamarse campeón de la Serie A. Ese día la Fiore se salvó del descenso con el empate a uno en San Paolo. Baggio y Maradona fueron los goleadores. La amistad entre ambos también nació aquel día. "El 'Bello' es uno de los grandes, aunque nunca ha llegado a desarrollar todo su potencial", dijo en una ocasión Maradona.

Baggio no le quitó la razón: "Después de aquella lesión y durante toda mi carrera, jugué con una pierna y media".

Convertido en héroe para los tifosi viola, Baggio dio un paso adelante en la siguiente campaña. El ascenso a la cima del fútbol mundial lo reinició en la temporada 1987/88, en la que *Il Divino* se hizo un hueco en el once titular a base de genialidades. Italia descubría por fin a Baggio, al que todavía le faltaba cierta regularidad para liderar a la Fiorentina a cotas mayores. Formó una buena dupla con Ramón Díaz, pero los viola solo pudieron ser octavos ese año en que el Milan de Sacchi reinó por primera vez en el Calcio. Su eclosión definitiva llegó en la temporada 88/89. Con 21 años ya era el ídolo del Artemio Franchi y en un Calcio cada vez más táctico y asfixiante, Baggio sufría los rigores de los defensas con estrictos marcajes individuales. Pero a *Il Divino* le dio igual, porque acabó la temporada con 15 goles, solo por detrás de Van Basten y Careca (19) para llevar a la Fiorentina al séptimo puesto y clasificarse para Europa. En la Copa marcó otros 9 tantos, para un total de 24 en 41 partidos esa temporada. Las cifras iban a mejorar al año siguiente. Baggio resultó imparable en la 89/90, como en aquel eslalon en San Paolo ante la atenta mirada de Maradona. En aquella ultradefensiva Serie A marcó 17 goles y solo un inspirado Van Basten (19) anotó más que él. Pese a todo, la Fiorentina sufrió en Liga para mantener la categoría, porque la cabeza de los violas estaba centrada en su aventura europea. Baggio guió a la Fiore hasta la final de la Copa de la UEFA. El adversario, y a la postre campeón, fue la Juventus de Turín, que ya había hecho una de las suyas antes de levantar el título: fichar a la estrella del equipo contrario.

Mientras tanto, Italia se frotaba los ojos a las puertas de su Mundial. Al fin y al cabo ninguna selección contaba con un talento emergente como el de Roberto Baggio, que en los últimos tres años había mostrado toda la paleta de colores que impregnaba su juego. Capaz de comandar contraataques fulgurantes gracias a su velocidad y sus cambios de ritmo, poco importaba en qué lugar del campo recibiera la pelota. La tempestad podía desatarse en segundos. Siempre con el balón pegado al pie y dispuesto para una finta o un quiebro con el que deshacerse de los rivales en cualquier situación. Su regate era sencillo pero eficaz, alejado de barroquismos, especialmente letal ante los porteros. Un toque sutil en una baldosa era suficiente para hacerlos descarrilar. Pero Baggio también suponía una amenaza desde la media o larga distancia gracias a su excelso golpeo, con el que se convirtió en uno de los mejores lanzadores de faltas de su tiempo, quizá solo superado por su ídolo Maradona. Sus controles también eran exquisitos y en muchas ocasiones los utilizaba para zafarse de los rivales, a los que dentro del área sorprendía rematando al primer toque para que no tuvieran capacidad de reacción.

Así marcó 55 goles en 136 partidos vestido de viola, antes de cambiar Florencia por Turín.

Una traición obligada

> *¿Por qué la Juve? Porque lo ha decidido el presidente. No me ha dado otra alternativa.*
>
> ***Roberto Baggio.***

Antes de jugar el que sería su primer Mundial, Baggio tuvo que gestionar el adiós más traumático de cuantos equipos militó a lo largo de su carrera. Solo un día después de haber perdido la final de la Copa de la UEFA frente a la Juventus (los *bianconeri* habían ganado en la ida 3-1 y en la vuelta certificaron el título empatando a cero) se anunciaba su fichaje por los turineses. La radio confirmaba los peores presagios: "Baggio se va, el joven prodigio que ha llevado a la Fiorentina a cotas desconocidas es vendido a la opulenta Juventus". Todavía escuece la derrota y esta nueva pérdida recrudece la herida. Los tifosi, que han vivido los últimos meses con la esperanza de retener a su estrella, no aguantan más. Se sienten engañados y traicionados, así que minutos después del anuncio oficial acuden a la sede de la Fiorentina y se arremolinan en torno al estadio para pedir explicaciones. Los *carabinieri* intentan despejar la zona pero los ánimos están muy caldeados y se producen los primeros altercados. Las riñas y manifestaciones durarán tres días y el saldo de heridos ascenderá hasta los cincuenta. En medio del tumulto, Baggio aparecerá cabizbajo ante la prensa: "me han forzado a aceptar el traspaso".

En realidad, se trata de la crónica de un fichaje anunciado, cuyo máximo responsable es Flavio Callisto Pontello. El presidente del club es el heredero de un emporio inmobiliario que se hizo con la presidencia de la Fiorentina en 1980. Durante una década regirá los designios violas y bajo su mandato pasarán por Florencia jugadores de la talla de Sócrates, Daniel Passarella, Dunga, Bertoni o el mencionado Baggio. Pero al margen de esas incorporaciones mediáticas, su gestión económica es errática y las arcas del club están famélicas en el verano de 1990. Vender a Baggio es la única salida para no caer en la bancarrota, o eso aseguran desde el club. Aunque durante meses tanto el club como el jugador han negado los rumores, lo que ha provocado que una parte de la prensa local se haya enfrentado al ídolo: "Querido Roberto: no sigas mintiendo", se pudo leer en alguna portada.

Pero el negocio resultó redondo para las tres partes. Los casi 13 millones de euros que la Juventus desembolsó aliviaron la delicada situación económica de la Fiorentina. El club presidido por Pontello había fichado a una promesa de 18 años procedente de un equipo de segunda división y cinco años después, la venta de ese jugador había evitado la bancarrota. Baggio, camino de la cima del fútbol mundial, se convertía en el futbolista más caro de la historia y al abrigo de la *Vecchia Signora* podría proyectar su fútbol en un club tan grande como él. Sus regates, sus goles y sus cabalgadas tendrían ahora el eco merecido no solo en Italia, sino en el resto del mundo. Para los *bianconeri,* la contratación de Baggio suponía el pilar maestro sobre el que edificar una nueva era en la Juventus. Platini había dejado huérfana a la *Vecchia Signora* con su retirada y nadie mejor que *Il Divin Codino* para heredar su número 10. Además, con Baggio en sus filas, la Juve podía volver a mirar a la cara al Milan de Sacchi, el Inter de los alemanes o el Nápoles de Maradona. Pero tras el Mundial de Italia'90, Baggio va a tener que ganarse a su nueva afición.

Juventus, claros y oscuros

Convertido en la nueva sensación del fútbol italiano, la única afición que recelaba de su estrella era precisamente la juventina. Baggio tuvo un papel de revulsivo en Italia'90 y sus actuaciones le confirmaron como el genio emergente de la Azzurra. Con esa etiqueta se presentó en Turín donde los tifosi no olvidaban su amor truncado con la Fiore. Baggio arrancó como un tiro la temporada, asentándose en el once titular de Luigi Manfredi y anotando tres goles en sus tres primeros partidos. Su primera temporada como *bianconeri* la cerró con 27 tantos (14 en Liga) y récord de asistencias, pero pese a sus números no pudo evitar que la Juventus acabara en un decepcionante séptimo puesto, fuera de Europa. Tan espectacular o más resultó su actuación en la Recopa, con 9 tantos en 8 partidos. Hasta que el Barça se cruzó en su camino en semifinales y les eliminó. El gol de Baggio en la vuelta resultó insuficiente para remontar el 3-1 de la ida. Junto a aquella eliminación otra imagen marcó su primer año en Turín. Sucedió en el regreso a la que fue su casa, la primera vez que pisó el Artemio Franchi con otra camiseta. La pitada inicial afectó a Baggio, que no jugó un gran partido. Falto de confianza se negó a tirar un penalti que hubiera supuesto el 1-1. Fuser lo falló y la Juve perdió 1-0. Camino de los vestuarios, al final del partido, alguien le tiró una camiseta. Baggio la recogió del suelo, la besó y se la llevó consigo. "En el fondo de mi corazón, siempre seré púrpura", dijo. En Turín trinaban.

Baggio ni se inmutó y en la siguiente temporada mejoró sus registros y mejoró a la Juventus. De la mano de Trapattoni, el equipo ganó en consistencia defensiva y la magia de *Il Divin Codino* hizo el resto. Baggio volvió a ser el máximo goleador de su equipo y solo Marco Van Basten (25) marcó más goles que él. Con sus goles la Juventus fue subcampeona y se clasificó para la Copa de la UEFA. Solo el primer Milan de Fabio Capello, que se alzó con el *Scudetto* sin perder un partido, les superó en la tabla. Gracias a sus exhibiciones, Baggio conquistó aquel año el cariño de su hinchada y su ascendencia sobre el resto de sus compañeros creció hasta el punto de entregarle la cinta de capitán con apenas 25 años. La Mole Antonelliana ya tenía compañía en Turín. Otro monumento emergía en la capital del Piamonte.

Porque la siguiente temporada de Baggio fue monumental. La cúspide de su carrera. Y eso que la Juventus solo pudo ser cuarta en la Serie A. Pero a cambio dejó recitales como en la victoria en San Siro ante el invencible Milan de Capello (1-3) con aquel gol extraordinario de *Il Divino*, dejando tirado a Costacurta en el centro del campo y corriendo endiablado hacia la portería *rossoneri*. Baggio anotó 21 goles en la Serie A pero su fama internacional se catapultó con sus exhibiciones en la Copa de la UEFA. En el segundo torneo europeo guió a la Juventus hasta la final. Por el camino había dejado en la cuneta al Benfica y al emergente PSG. Pero fue en la final a doble partido frente al potente Borussia Dortmund en el que terminó de coronarse. El WestfalenStadion enmudeció ante los dos zarpazos con los que Baggio remontó el partido (1-3). En Delle Alpi certificó el título con un sublime pase de tacón que sorprendió hasta el mismísimo Andreas Möller, autor del gol.

Aquel título inauguraba la Era Baggio en la Juventus y llenaba de razones a unos y a otros. La gran joya italiana se había terminado de

pulir. No estaban tan locos aquellos que habían convertido a *La Divina Coleta* en el jugador más caro de todos los tiempos. Y su reinado se adivinaba largo tras la caída libre de Maradona y las recurrentes lesiones de Van Basten. El juego del *fantasista* por fin se vio ratificado con la purpurina de los premios. *France Football* le otorgó el Balón de Oro en diciembre de 1993 y la FIFA le premió con el galardón de Jugador del año. Su temporada volvió a rayar a gran altura, anotando 17 goles en la Serie A y guiando a la Juventus hasta un nuevo subcampeonato. A la escuadra de Trapattoni se le seguía resistiendo el *Scudetto* pero el Milan estaba cada vez más cerca. En medio de esa pugna, la figura de Baggio ocupaba la *pole position* para convertirse en la próxima gran estrella de la Copa del Mundo.

La alargada sombra de un secundario de lujo

Tú, bella y triste, tú
me dijiste, cuando te dejé:
"No se puede morir por dentro"
y muriendo yo me fui

La estrofa del cantante italiano Gianni Bella, perteneciente a su canción *Non si può morire dentro* bien podría ilustrar la etapa vital de Baggio tras haber acariciado la Copa del Mundo. Porque los efectos secundarios de aquel penalti lanzado al limbo se extendieron más allá de los meses posteriores. Primero se quebró el ánimo. Más tarde fueron las piernas. Una mala sombra persiguió a Baggio durante toda la temporada 1994/95, cuando las lesiones volvieron a hacer acto de presencia. Era la primera campaña de Marcello Lippi al frente de la *Vecchia Signora* y Roberto se pasó tres meses de baja por una nueva lesión en la rodilla. Pese a ello, tuvo su cuota de participación en los éxitos que por fin arribaron a Turín. Los *bianconeri* reconquistaron Italia ganando la Liga y la Copa, y se quedaron con la miel en los labios en la UEFA, al perder la final frente al Parma. Pero Lippi nunca consideró imprescindible a Baggio. Por el contrario, la irrupción del joven Alessandro Del Piero señalaba al próximo estandarte juventino y facilitaba la salida de Baggio. El técnico italiano demandaba trabajo, entrega y esfuerzo en un fútbol cada vez más físico, donde la inspiración y el talento se asfixiaban. Ante ese escenario, disminuido por las lesiones y asediado por los recuerdos amargos del Mundial, Baggio buscó una salida. Lippi, como tantos otros en Italia, no había comprendido al genio.

Para disgusto de los tifosi juventinos, Baggio fue vendido al Milan, enconado rival por esos años. *Il Divino* demostró en San Siro que todavía tenía fútbol en sus piernas y colaboró en la consecución del *Scudetto* para los *rossoneri*. Su dupla con Weah resultó fundamental, y eso que físicamente le costó seguir el ritmo alto de juego que Capello imponía a sus equipos. Su cambio se convirtió en recurrente. Al fin y al cabo el técnico italiano era de la escuela de Lippi, por lo que el fútbol *fantasista* e intermitente de Baggio no se adaptaba a su pizarra. Tras aquel título, Capello se marchó a Madrid, pero con el maestro Óscar Washington Tabárez el panorama iba a variar poco. Al menos a sus 30 años, Baggio debutaría en la remozada Copa de Europa.

Y la experiencia no pudo salir peor. El Milan fue eliminado en la primera fase, a Tabárez le costó confiar en Baggio y lo relegó habitualmente al banquillo. El uruguayo fue destituido por los malos resultados cosechados y su sucesor fue Arrigo Sacchi, que ya había mostrado las reticencias hacia Baggio. Si en su momento cumbre, USA'94, le costó encajarle en su pizarra, en la Euro'96 directamente ni le convocó. Con la relación rota a Baggio solo le quedaba cortarse la coleta. Sacchi comunicó al club que no contaba con él.

Lo que parecía una salida traumática resultó ser un renacimiento inesperado. Cierto que Baggio, ya en la treintena, bajó varios peldaños para reencontrarse como futbolista. Fueron muchos los que pensaron que Bologna era el paso previo a la retirada. Pero la actuación de Baggio con los *rossoblù* resultó soberbia. En un club sin grandes estrellas y más preocupado por no pasar agobios a final de temporada que por ocupar la planta noble de la clasificación, todos los focos apuntaron a Baggio. En la 97/98 marcó 22 goles, solo superado por Bierhoff y Ronaldo, y por delante de delanteros como Batistuta, Del Piero e Inzaghi. Mejoró sus cifras de la temporada mágica, la 92/93, y guió al modesto Bologna a clasificarse para la Copa de la UEFA. Su regreso a la Azzurra tras dos años desaparecido de las convocatorias se convirtió en un clamor popular. Cesare Maldini, seleccionador nacional, terminó claudicando y llevó al genio de Caldogno al Mundial de Francia'98.

Su caché se relanzó tras aquella Copa del Mundo y el Inter fantaseó con una dupla mágica: Ronaldo Nazario y Roberto Baggio. Vestirse de azul y negro era la única combinación que le faltaba a Roberto entre los colosos italianos, y Moratti, empeñado en crear una constelación

galáctica, se lanzó a por *Il Divino*. El Inter venía de ganar la Copa de la UEFA y con la plantilla que estaba formando era un claro aspirante a todo. En sus filas relucían jugadores como Zamorano, Djorkaeff, Zanetti, Simeone, Bergomi o Pagliuca. Y Baggio cedió a la tentación de jugar con *O Fenomeno*. Fenomenal fue el trastazo que se dieron.

Porque Luigi Simoni era un técnico rácano y estricto, incapaz de gestionar aquella pléyade de estrellas. Para colmo, Ronaldo se perdió media temporada por problemas físicos y Zamorano estaba varias estratosferas por debajo del brasileño. A Baggio le tocó entonces volver a ser el estandarte ofensivo, pero camino de los 32 años ya no podía resolver los partidos como antes. Desde la mediapunta sus arrancadas no resultaban tan letales, su explosividad había disminuido y su capacidad física era reducida. Pese a todo, aún tuvo tiempo de darse un festín de Champions frente al Madrid, en una victoria por 3-1 con dos goles suyos. Aquello fue un espejismo, el equipo nunca llegó a carburar. La temporada resultó caótica, hasta cuatro técnicos pasaron por el banquillo del Giuseppe Meazza y el Inter terminó en un decepcionante octavo puesto en la Serie A. Baggio vivía un *dejá vu*, no solo porque las dudas sobre su juego y su condición física hubieran saltado a la prensa y los aficionados, también porque el nuevo giro de timón en el banquillo *neroazzurri* le volvería a cruzar con Marcello Lippi. El entrenador que lo desterró de Turín, lo relegaría al banquillo en el Inter. El final solo podía ser el esperado. Tras una temporada con contrato de alquiler en el banquillo, Baggio ponía fin a su etapa azul oscura casi negra.

Entonces llegó Brescia. Y a los 33 años Baggio resucitó. La coleta, también. El veterano futbolista repitió la fórmula y fichó por un club menor en el que poder saborear los últimos coletazos de su fútbol. Lo que ni él mismo esperaba fue que la estancia en esta ciudad situada al este de Lombardía se alargara cuatro años. En su primera campaña rindió a un buen nivel, marcó 10 goles en 25 partidos y un equipo recién ascendido como el Brescia terminó octavo en la Serie A. Pero lo mejor y lo peor estaba por llegar. En la segunda temporada, Baggio y su equipo comenzaron como un tiro. 8 goles de *Il Divin Codino* en los primeros 9 partidos volvieron a colocar al Brescia en la parte noble de la clasificación. Aquellas actuaciones asombrosas se truncaron tras una nueva lesión de Baggio que lo dejó en el dique seco prácticamente toda la temporada. El Brescia cayó en picado sin su estandarte y ya coqueteaba con el descenso cuando el *trequartista* reapareció. De los últimos tres partidos Baggio ganó dos y el equipo se salvó. Pese a haber pasado casi toda la temporada en blanco, su nombre volvió a sonar para la Azzurra a las puertas del Mundial del 2002, pero esta vez Trapattoni lo "desilusionó"[7].

Baggio todavía jugó dos temporadas más en el Brescia, en ese tiempo alcanzó los 200 goles en Serie A, compartió vestuario con Pep Guardiola y dejó a su último equipo instalado en la máxima categoría. A sus 37 años, con un historial tremebundo de lesiones y tras alargar su carrera más incluso de lo que él mismo podía imaginar, colgó las botas. El Brescia retiró el 10 en su honor y la Azzurra organizó un amistoso para despedir al mayor *fantasista* que han tenido en el país transalpino.

Los otros Mundiales de Baggio

El de Italia'90 es un Mundial agridulce para Baggio. En su primera aparición en la escena internacional, Roberto ya es el jugador más caro del momento, después del pastizal desembolsado por la Juventus, pero a sus 23 años todavía es una promesa. De hecho, para el seleccionador Azeglio Vicini es suplente, al igual que Salvatore Schillaci, aunque su rol variará a lo largo del campeonato. Los dos primeros partidos, por lo pronto, los vio desde el banquillo. Italia ganó por la mínima a Austria y a Estados Unidos y Vicini decidió dar la alternativa a su pareja de delanteros suplentes. Ante los checos, tanto Schillaci –ya enrachado– como Baggio van a poner el Olímpico patas arriba. Sobre todo *Il Divino*, que se sacó un gol estratosférico de la chistera en una cabalgada que se inició en el centro del campo. El resultado fue uno de los goles de la historia de los Mundiales. Así que tras el 2-0 Vicini repitió la fórmula. Baggio puso la fantasía ante Uruguay en octavos e Irlanda en cuartos. Los goles seguían siendo obra de Schillaci, convertido ya en héroe nacional.

En las semis esperaba su ídolo Maradona, renqueante de un tobillo pero con la astucia suficiente para convertir el encuentro en una disputa social y política entre el norte y el sur de Italia. Ese día Baggio se quedó en el banquillo de San Paolo. Vicini prefirió la brega y la experiencia de Vialli en el clima enrarecido que se respiraba en Nápoles y Roberto

---

7 Trapattoni era el seleccionador italiano en el Mundial de Corea y Japón 2002 y uno de los técnicos con los que mejor rindió Baggio. Según explicó *Il Divino* en su biografía, el técnico le dijo que no le convocaba porque no le veía en condiciones tras su lesión, aunque se recuperó a tiempo para salvar al Brescia y demostrar a todos su gran momento de forma.

rumió solo la decepción: "Con lo que me gusta lucirme ante Maradona". El caso es que el encuentro se complicó tras el empate de Cannighia y Vicini tuvo que tirar de Baggio. *Il Divino* entró a quince minutos para el final pero su incidencia fue nula. En la prórroga, sin embargo, ya había entrado en calor y a punto estuvo de dar a Italia la victoria. Lo intentó con un tiro lejano y sobre todo con una falta que Goycoechea salvó milagrosamente cuando se colaba por la escuadra. San Paolo cantó gol. Pero el primer finalista de aquel mundial se dirimiría desde los once metros. Baggio ya era un consumado especialista desde el punto de penalti y no rehuyó su responsabilidad. Fue el segundo lanzador y marcó con suspense, ya que Sergio Goycoechea adivinó la trayectoria y desvió ligeramente el balón, aunque no lo suficiente. Posteriormente los fallos de Donadoni y Serena condenarían a los transalpinos y dejarían a Baggio sin su primera final de un Mundial.

Ocho años después su papel también iba a ser de revulsivo. O eso se presuponía cuando entró en la convocatoria para el Mundial de Francia'98. Baggio había demostrado en la fase de clasificación que todavía podía ser determinante y su rendimiento con el modesto Bologna hizo el resto. Para Cesare Maldini, otro entrenador de esos que apostaban por el cerrojazo, su *trequartista* titular era Alessandro Del Piero. Pero el 10 de la Juve llegó tocado al inicio del Campeonato del Mundo y Baggio se coló en el once inicial. Su calidad volvió a salvar a Italia de un descalabro después de dar la asistencia a Vieri y marcar el 2-2 de penalti frente a Chile. Con ese gol se convirtió en el primer futbolista italiano en marcar en tres Mundiales y repitió titularidad con Camerún. Ese día le anularon un gol bastante dudoso y dio otra asistencia a Vieri en la victoria por 3-0. En el tercer partido, Baggio fue suplente, y con 1-0 a favor de los italianos, Maldini dio descanso a Del Piero. En poco más de quince minutos Baggio volvió a dejar su firma con el 2-0 que certificó la victoria, pero aquello no le valió para retornar a la titularidad. *Il Divin Codino* vio los octavos frente a Noruega (1-0) desde el banquillo.

Los cuartos ante Francia tuvieron aroma a final. El 0-0 se mantenía inalterable cuando en el minuto 67 Baggio saltó a Saint-Dennis para sustituir a un desacertado Del Piero. El encuentro cerradísimo se marchó a la prórroga y allí volvió a surgir *Il Divino*, con una aparición de las suyas. El pase filtrado de Albertini cogió por sorpresa a la defensa gala. La pelota llovida desde el costado derecho cayó a la espalda de Desailly, mientras Baggio se relamía en pleno vuelo. La volea que inventó de primeras y con el exterior del pie daría para otra escultura. Barthez

aparece en las imágenes intentando evitar la caída ante tanta belleza. El balón sobrevuela su arco sin el efecto suficiente para introducirse dentro de él. Baggio salta maldiciendo a las musas. Esta vez tampoco va a evitar los penaltis.

Italia y Francia se citan con el destino a once pasos de la portería. Saint-Dennis ruge cuando Baggio coloca el balón en el punto fatídico. Es el primero de Italia, después de que Zidane haya marcado el suyo. 80.000 personas intentan despertar todos los fantasmas cuatro años después del penalti ante Brasil, como si fuera la primera vez que se reencontrara con el abismo. Su golpeo tenso se cuela impecable por el costado derecho, engañando por completo a Barthez. Su rostro no cambia ni antes ni después del lanzamiento, pero en un ejercicio de elegancia y contención a partes iguales, Baggio coloca su dedo índice sobre sus labios. "Silencio, artista trabajando", parece reclamar al respetable. Y así se despide, quizá sin saberlo, de la Copa del Mundo. Marcando, esta vez sí, en una de sus especialidades, pero perdiendo nuevamente una tanda de penaltis.

Una frase inauguraba la nota de prensa de la biografía de Baggio: "Siempre es recordado por el motivo equivocado". Es lo que le ocurrió a mi generación, la que descubrió el Mundial en el verano estadounidense del 94. La que alucinó con aquella coleta de la que manaba el talento. La que quedó marcada por aquel penalti fatídico. Luego descubrimos lo que significaba *Il Divin Codino* en toda su expresión y admiramos esa aureola que portó durante toda su carrera: lo que pudo haber sido y no fue. Como si sus mejores momentos se vieran siempre empañados por la mala fortuna, por las lesiones o por el escaso entendimiento con los entrenadores. Como si a Baggio hubiera que entenderle y no disfrutarle. Para restañar ese recuerdo se escribieron estas líneas.

> "Baggio es lo imposible hecho posible, una nevada de una puerta abierta en el cielo"
>
> **Lucio Dalla, compositor italiano.**

Final del Mundial de Estados Unidos 1994. Baggio acaba de fallar el penalti.

CAPÍTULO 11

CANHOTEIRO. LA ZURDA PROHIBIDA

Cuando no está con un balón en los pies, tiene un violón entre las manos. O una copa. La otra gran pasión de José Ribamar de Oliveira es la música y en busca de ella escapa cada noche. Poco importa que al día siguiente haya partido o que su equipo, el São Paulo, esté concentrado en un hotel para evitar tentaciones. El cuerpo le pide marcha y las horas en esas habitaciones pasan lentas y tediosas. Por eso, a José Ribamar no le importa saltar la tapia y dejar atrás la jaula en la que Vicente Italo Feola, el entrenador paulista, les tiene recluidos. No es la primera vez que lo hace ni será la última. Así que cuando llega al club nocturno saluda a sus compañeros de orquesta, repasa las partituras y se pone a tocar con ellos, ya habrá tiempo de bailar a lo largo de la noche. Pero esta se complica cuando el Gordo Feola se presenta en la puerta del bar. Toca activar el plan B. Lo hace el portero del club, que nada más reconocer al entrenador hace llegar el chivatazo al delantero. Ribamar, un experto del regate tanto dentro como fuera del terreno de juego, sale con toda tranquilidad del escenario y se intercambia el uniforme con el portero, sombrero incluido. El futbolista se sube las solapas y se pone unas gafas de sol con las que ocultar su penetrante mirada. Para culminar su estrategia de distracción se pone de puntillas en la puerta del club con la intención de limar las diferencias con su predecesor.

Feola sale furioso del club y vuelve a preguntar: "¿No vieron por aquí a Canhoteiro?". Intentando mantener la compostura, el nuevo portero contesta: "No, señor, por aquí no vino". Y el Míster se marcha contrariado. Canhoteiro lo había vuelto a hacer, pero de aquel regate no saldría indemne.

Una canción de Chico Buarque

El sueño imposible quedó escrito en forma de canciones. Un reproche eterno al equipo que nunca fue. Un rosario de genios que el mundo se perdió. Todo eso resuena de fondo en la letra de *O Futebol*, obra de Chico Buarque. El artista y escritor brasileño, compositor de bossa nova y apasionado del fútbol, cantó a la libertad y contra las injusticias que sufría su pueblo. Chico, perseguido por la dictadura militar, elevó a la categoría de injusticia la ausencia de Canhoteiro en aquella selección que partió rumbo a Suecia para conquistar el mundo. El compositor era seguidor acérrimo del Fluminense pero sabía apreciar la calidad y el talento de los rivales. Por eso era un enamorado de José Ribamar de Oliveira, Canhoteiro, un músico con el balón en los pies.

La indignación de Chico Buarque es la de cualquiera que se zambulla en la historia. Para una generación de brasileños que intentaban levantar cabeza tras el desastre nacional del Maracanazo, nada resultaba más estimulante que una delantera formada por Garrincha, Didí, Pagão, Pelé y Canhoteiro. Aún hoy resulta inexplicable que Feola, el mismo hombre que apostó por *A Alegría do Povo* y por *O Rei,* negara al mundo la magia que se escondía en ese botín izquierdo. Lo que ocurre es que el seleccionador brasileño conocía la extrema calidad de su jugador y también sus actos de indisciplina. Feola, de hecho, fue el primer valedor de Canhoteiro cuando llegó al São Paulo. Siendo entrenador del club tricolor lo convirtió en el jugador emblema y desde el costado izquierdo del estadio Pacaembú, primero, y Morumbí, después, la torcida paulista asistió al alumbramiento de una estrella. Llegado el momento, Feola se cobró todas aquellas facturas. El 11 en Suecia 1958 lo llevó Mario Lobo Zagallo, que tuvo una actuación impecable. Pero ni aquello, ni ser el padre del Brasil de los cinco dieces, le valió a Zagallo para tener su cancionero particular. Un lujo solo al alcance de tipos como Canhoteiro.

Canhoteiro, zurdo o diestro

En el país de la samba, el carnaval y las *caipirinhas*, el balón siempre se ha golpeado con la derecha. Resulta abrumadora la cantidad de talento y la técnica exquisita que ha florecido al sur de las tierras bañadas por el Amazonas. Desde Arthur Friedenreich hasta Ronaldinho o Neymar, pasando por Leônidas, Pelé, Garrincha, Sócrates, Zico o el mismísimo

Ronaldo Nazario, todos fueron diestros a la hora de amansar la pelota. En la otra orilla la lista es más reducida: Rivelino la tocaba de zurda en la orquesta de los cinco dieces y el patizambo Rivaldo, para los más jóvenes, escondía un cañón en su botín izquierdo. Como si de un híbrido se tratara, Canhoteiro navega entre dos aguas, por más que su apodo signifique zurdito en portugués, el niño José Ribamar de Oliveira era diestro de nacimiento.

Coroatá es una localidad en el corazón del estado de Maranhão, al noreste de Brasil, que surgió como un asentamiento de los colonos portugueses a mediados del siglo XIX y no fue hasta 1920, ya con el ferrocarril conectando la localidad con las principales urbes, cuando alcanzó la distinción de ciudad. Allí nació el 24 de septiembre de 1932 José Ribamar de Oliveira, en el seno de una familia humilde. Desde muy pequeño comenzó a mostrar una habilidad innata con el balón. La voz se corrió pronto por el barrio, entre vecinos y compañeros de juego, ante el talento que demostraba con cualquier pelota de trapo. Las destrezas de José Ribamar también llegaron a oídos de don Cecilio, su padre. En la década de los treinta el fútbol no era el camino más corto hacia la fama en Brasil, de hecho, los futbolistas no gozaban de una alta estima por parte de la sociedad brasileña, pese a la transición del fútbol en deporte de masas. Esa situación estaba a punto de cambiar en el país del *Ordem e Progresso* gracias a actuaciones como las de Leônidas en el Mundial de Francia 1938, pero don Cecilio era reacio a que su pequeño se convirtiera en futbolista. Por eso le apuntó a clases de música con la única intención de que se olvidara de la pelota.

Aquello no fue suficiente. Así que redobló la apuesta. En un intento de convertir a su hijo en un hombre de provecho, lo encerraba por las tardes en una habitación de casa, con los libros abiertos para que hiciera los deberes y estudiara. El detalle era que ataba la pierna derecha del pequeño José, la pierna buena, a una pata de la mesa, para que no se escapara y para que no pudiera dar patadas a nada que se pareciera a un balón. Lo que ocurre es que la pasión siempre encuentra un atajo. Así que el pequeñajo, en cuanto su padre se marchaba de casa, dejaba a un lado los libros y se fabricaba una pelota de papel. Entonces comenzaba a golpear la bola con la pierna izquierda, y así horas y horas, hasta alcanzar una técnica depurada. Cientos y cientos de *embaixadinhas* (toques) para forjar a un futbolista más completo. Así se pulió la que hoy es considerada como la mejor zurda de la historia del fútbol brasileño.

Un diamante en Coroatá

Los esfuerzos de don Cecilio fueron en vano y los primeros pasos de aquel zurdo menudito y rápido fueron en el Coroatá, el equipo del barrio. Fue en aquellos años de fútbol entre amigos cuando a José Ribamar de Oliveira lo empezaron a llamar Canhoteiro, un apodo tan elocuente como su juego. Desde su llegada al club su desparpajo con el balón llamó la atención de todos y las ofertas no tardaron en llegar. Otros clubes de la zona le ofrecían participar en diferentes torneos regionales con ellos. En uno de esos partidos fue descubierto por directivos del América de Fortaleza, un club del estado vecino de Ceará, que le hizo una oferta con contrato de por medio. Y hasta allí se marchó Canhoteiro siendo un adolescente. Con apenas 17 años ya estaba debutando en el primer equipo del América y solo unas semanas después fue convocado con la selección local de Ceará. Esas convocatorias eran habituales en el fútbol brasileño de la década de los 40 y 50, con el objetivo de organizar y canalizar el talento de los mejores jugadores de cada una de las zonas geográficas del país.

Aquel era un fútbol poco profesionalizado, en el que solo los jugadores que alcanzaban los grandes equipos de Río de Janeiro o São Paulo conseguían unos sueldos dignos para vivir. El resto, como Canhoteiro, tenía que alternar los entrenamientos y los partidos en el América de Fortaleza con su trabajo de camionero. El extremo izquierdo, pese a ser un malabarista del balón, no era conocido en el resto del país y eso le permitía alguna que otra licencia, como compaginar el fútbol y la música. Los fines de semana tocaba el violón en una banda de música. Algo que se repitió durante los cinco años que estuvo en Fortaleza y gracias a lo cual sacaba algo de dinero con el instrumento que aprendió a tocar cuando era un niño. En ese lustro se convirtió también en el jugador franquicia del América y todavía hoy es considerado como uno de los futbolistas más influyentes de la historia del club.

Debido a esas convocatorias en las que jugaba partidos interestatales con otros combinados de las diferentes regiones del país, llamó la atención de técnicos y ojeadores de varios equipos. La ciudad de Belem sería su siguiente destino. El Paysandú Sport Clube, uno de los equipos más importantes de la región norte del país y el mayor ganador del Campeonato Paranaense, se había hecho con sus servicios. Aunque su estancia allí solo duraría unos meses.

São Paulo: la prueba del algodón

Porque el siguiente que llamó a la puerta era un gigante del país. El verano austral del 54 agonizaba en Brasil cuando un ojeador del São Paulo viajó al norte del país en busca de talentos por descubrir. En Fortaleza se encontró con un diamante en bruto, se llamaba José Ribamar de Oliveira, pero todos lo conocían como Canhoteiro, jugaba de punta izquierdo y le ofrecieron una prueba con el Tricolor tras verle jugar en uno de sus primeros partidos con Paysandú. El delantero no se lo pensó, pues aquella oportunidad le permitiría dejar su labor como camionero y dedicarse solo al fútbol. Así que se embarcó rumbo al sur con destino el estadio de Pacaembú, la casa en ese momento del São Paulo. Allí le esperaba el examen definitivo.

La prueba era en realidad una encerrona. Pacaembú se convirtió ese día en un peculiar circo romano, sin espectadores en las gradas, pero con los directivos del São Paulo FC cual Césares, dispuestos a decidir la suerte de Canhoteiro. En el césped dos gladiadores, frente a frente. Por un lado el futbolista y músico, por otro Turcão, el capitán del Tricolor. Alberto Chuari Turcão era un defensa duro y experimentado, jugaba como lateral y se había ofrecido para poner a prueba al recién llegado. El objetivo era comprobar si tenía calidad y arrestos para vestir la camiseta del Club da Fe. Y vaya si los tenía. Canhoteiro le bailó por un costado y por el contrario, le retó en carrera y le volvió loco a base de fintas y amagues. El defensor no pudo arrebatarle el esférico ni una sola vez. Cuando terminó la prueba, al ser Turcão preguntado por los directivos, no pudo ser más elocuente: "¿Qué le voy a hacer? Es bueno y rápido. Es bueno porque me regatea con la cintura. Y es rápido porque ni siquiera me ha dejado pegarle una patada. Que lo fichen". Dicho y hecho, el São Paulo llevaba tiempo buscando un sustituto para su veterano delantero Teixerinha, quien a sus 32 años todavía compartiría vestuario dos campañas con Canhoteiro. El São Paulo desembolsó 100.000 cruzeiros de la época por hacerse con los servicios del ex jugador de Paysandú, donde apenas le disfrutaron.

El São Paulo al que llegó Canhoteiro era un equipo campeón. El Tricolor venía de ganar el campeonato paulista de 1953 y la Copa de Campeones Estatales Rio-São Paulo. El club había vivido una reconstrucción tras el Mundial de Brasil y estaba pendiente de la construcción del nuevo estadio, el Morumbí, cuyas obras se iniciaron ese mismo año. Al frente del equipo había estado Vicente Feola, quien había conseguido los últimos éxitos, pero a su llegada a São Paulo, Canhoteiro se encontró

con el argentino Jim López como director de la orquesta tricolor. El extremo izquierdo se puso por primera vez la camiseta del São Paulo el 18 de abril de 1954, en un amistoso frente al Linense, que los paulistas perdieron por 2-1. En esos primeros partidos Canhoteiro no se atrevía a mostrar todo su repertorio, como cohibido ante el nuevo escenario. Centraba más disparaba. Corría más que regateaba.

Cuando se soltó el corsé, los aficionados no se lo podían creer. Fue en el Paulista del 54 en el que se popularizó su regate más icónico. Indefendible para los rivales. Inimitable incluso para los futbolistas más destacados de la época. El regate recibió el nombre de *Solavanco* (sacudida en portugués) y el señuelo se encontraba en su cintura. Con un ligero movimiento de su cuerpo embaucaba a los rivales, luego arrancaba a correr con los pies clavados en el suelo, la pelota inmóvil y volvía tras sus pasos. Para entonces, la sacudida había mandado al contrario fuera del encuadre y el camino hacia portería aparecía libre, despejado, solos la pelota y él. Otro de sus regates preferidos era acudir hasta el banderín de córner con el balón y entonces citar al rival colocándose de espaldas. Cuando este arremetía enfurecido, Canhoteiro fintaba ante su llegada y siempre encontraba la salida en dirección a portería. Su 1,67 de estatura y su centro de gravedad bajo le ayudaba a realizar los recortes y quiebros más inverosímiles en un palmo de terreno. En parado o a la carrera, Canhoteiro resultaba indescifrable. Pero su fantasía solo dio al São Paulo para ser terceros en el Paulista de 1954.

Fue con Vicente Feola, quien volvió a entrenar al São Paulo entre 1955 y 1957, el que lo convirtió en la máxima estrella tricolor. Su leyenda traspasó las fronteras brasileñas cuando disputó el trofeo Jarrito de Oro en México en 1955. El torneo de pretemporada enfrentaba en sus primeras ediciones a equipos brasileños frente a los conjuntos mexicanos más potentes (Atlante, Nexaca y América), y el São Paulo se impuso a todos ellos en aquella edición. La fama de Canhoteiro y sus malabarismos creció tanto que en los preámbulos de los partidos no eran pocos los curiosos y privilegiados que accedían al camerino para verle dar toques a una naranja, a una pelota de papel e incluso a una taza de café, hasta ese punto llegaba su dominio con el pie. Canhoteiro solo entendía la parte lúdica del juego, el punto de divertimento y admiración que provocaba en el espectador era el combustible para sus piernas, siempre dispuestas a inventar sorpresas eficaces. Hasta tal punto llegaron sus habilidades que los defensores empezaron a limitar sus entradas. Incapaces de desarmar a su rival o de robarle la pelota, mantenían una distancia de seguridad, para evitar básicamente ser ridiculizados.

Un toque húngaro para desatar la magia

En la temporada 1957-1958 el São Paulo iba a hacer un par de incorporaciones definitivas. La primera en el banquillo, donde un trotamundos del fútbol iba a dotar de una pátina europea al equipo. Béla Guttmann había llegado a Brasil huyendo del comunismo junto a los últimos estertores del Honvéd Budapest. En aquella gira para recaudar fondos los Puskás, Bozsik, Czibor, Grosics y compañía se dieron un último baño de gloria tanto en las playas como en los terrenos de juego de Río de Janeiro. El Honvéd jugó cinco partidos ante Flamengo, Botafogo y un combinado de ambos conjuntos. Tras aquellas exhibiciones, el São Paulo se interesó por uno de los mayores estrategas del fútbol en la primera mitad del siglo XX y contrató a Guttmann para su banquillo. El otro gran fichaje fue el de Thomaz Soares da Silva, Zizinho, ídolo de Pelé y uno de los señalados tras el Maracanazo. En opinión del maestro Ziza, que fue compañero de equipo de Canhoteiro, este fue el mejor regateador que jamás se haya visto en Brasil. Cuando Guttmann llegó al equipo, los dos únicos jugadores que no estaban presentes en la charla técnica eran Zizinho y Canhoteiro: "Estos dos no necesitan saber nada más, qué podía decirles yo", explicó más tarde el técnico húngaro.

Béla Guttmann dejó una profunda huella en su breve paso por Brasil. Nada más llegar a São Paulo revolucionó los entrenamientos con sus métodos. La preparación física comenzó a tener protagonismo y también la táctica a través de la repetición de determinadas jugadas y patrones de juego. La puntería se mejoró y perfeccionó a través de las señales que ponía en los postes de la portería, para que luego sus jugadores dispararan ahí. En los partidos el São Paulo comenzó a desplegarse a través de 4-2-4, el sistema de juego implantado por el técnico húngaro. De hecho, no son pocos los que aseguran que aquellas innovaciones resultaron fundamentales en el camino hacia el primer título mundial de Brasil en Suecia 1958.

El entrenador húngaro marcó también la diferencia a partir de la dupla demoledora que formaron Zizinho y Canhoteiro. El São Paulo se impuso en el campeonato paulista de 1957 por delante del Santos de un tal Pelé, que había hecho su irrupción el año anterior. También salió campeón de la Pequeña Copa del Mundo de Clubes celebrada en Venezuela. En noviembre de 1957 el São Paulo goleaba 6-2 al Santos con una actuación magistral de Zizinho, que ya contaba con 36 años, y de Canhoteiro, autor de dos goles. Una de las anécdotas que mejor retratan al puntero izquierdo fue la ocurrida en el partido frente al Corinthians, el último de esa temporada. Fue Zizinho quien pidió al 11 que aguantara el balón en los últimos minutos, ya con el marcador resuelto a su favor (3-1). Canhoteiro agarró el balón en el mediocampo y se puso a driblar a cuantos defensores salían a su paso hasta que llegó al área rival. Entonces recordó la premisa de Zizinho y volvió tras sus pasos, regateando de nuevo a los rivales hasta volver al punto de partida en la medular.

Idario, mítico lateral del Corinthians, fue uno de los que sufrió esa afrenta aquella tarde. No era la primera vez. En uno de los partidos de aquella temporada le dribló, según las crónicas, hasta en 14 ocasiones provocando el delirio en la torcida local. La osadía de Canhoteiro tiene aún más mérito por haber salido vivo de la cacería a la que Idario le sometió aquella tarde, pues las patadas nunca le alcanzaban. El delantero del São Paulo, nada más acabar el partido, se acercó al defensor y lejos de reprocharle nada, le invitó a tomar una copa con él esa noche. Desde ese momento surgió una buena amistad y un pacto entre ambos. Cada cuatro jugadas que Canhoteiro intentara marcharse de Idario, este le arrebataría el balón en una de ellas. Así era el jugador paulista, un hedonista del balón que no quería humillar a nadie.

Pero hubo quien no pactó con él y le fue peor. Fue lo que le ocurrió a Antoninho, defensor del Palmeiras, en un recién inaugurado Morumbí. El estadio se había levantado en tiempo récord y aunque todavía no estaba totalmente terminado, el São Paulo ya jugaba allí en octubre de 1960. En ese partido, Antoninho sufrió en sus propias carnes el *Solavanco* y terminó lesionado tras lanzarse al suelo para cazar a su rival. Canhoteiro se percató de sus intenciones y cimbreó su cintura, lo fintó y protegió la bola. El lateral se salió del campo en su embestida y terminó cayendo escaleras abajo hacia el túnel de vestuarios. Para entonces el atacante ya enfilaba la portería entre las carcajadas de la grada.

En otras ocasiones dejó claro su bonhomía como cuando pidió a sus compañeros que no le pasaran la pelota para no machacar más a un equipo que tenía problemas de cobro. Y en otros momentos parecía no tomarse el fútbol demasiado en serio, como cuando en un amistoso con la selección salió en gayumbos, sin los pantalones cortos puestos y el árbitro le impidió entrar en sustitución de Pepe. Estaba a medio camino entre el despiste y la irreverencia. Fuera del campo sus despistes y su irreverencia eran de otro tipo. Los guateques que montaban siempre empezaban en el mismo sitio. Uno de sus vicios era acudir con algunos compañeros de equipo y otros amigos a comerse los bocadillos de Bauru, en el entonces famoso Ponto Chic, restaurante de moda situado en la Calle Largo do Paissandú. Pero aquello era solo la primera estación del viaje. Bohemio y noctámbulo, resultaba un habitual de los clubes con música en directo y, para no captar las miradas ajenas cuando era ya la estrella del São Paulo, acudía a esos lugares disfrazado. Feola, como ya sabemos, salió a buscarlo en más de una ocasión.

Canhoteiro y Brasil, una bossa nova amarga

La primera llamada de la *canarinha* iba a llegar a finales de 1955. Canhoteiro era ya el estandarte del São Paulo y su capacidad de escapismo para sortear las patadas y las emboscadas de los rivales, conocida en todo el país. Su pierna izquierda se puso al servicio de la *verdeamarela* el 17 de noviembre en un partido frente a Paraguay. Canhoteiro jugaba en casa, en el estadio Pacaembú, y marcó diferencias desde el primer minuto. El debut con la absoluta no le pesó lo más mínimo e incluso colaboró con un gol en el empate a tres frente a los paraguayos. El puntero izquierdo también formó parte de un partido histórico para Brasil. No tanto por el resultado como por el escenario. La *canarinha* abría por primera vez las puertas de la catedral del fútbol, el antiguo Wembley, en 1956, para enfrentarse a los creadores del fútbol.

> "Los futbolistas brasileños que se enfrentarán a Inglaterra en Wembley el miércoles, estarán muy atentos a los cambios de temperatura. Del termómetro dependerán los colores que usarán para el partido. Si el clima es cálido, los brasileños saldrán con camisetas amarillas de algodón y de manga corta. Si el clima se vuelve frío, usarán jerséis azules de lana de manga larga".
>
> ***The Belfast Telegraph. 7 de mayo de 1956.***

Brasil saltó de amarillo al cuidado césped de Wembley, pero tardó en entrar en calor. La pradera que se extendía ante sus ojos pronto se convirtió en un infierno. Cinco minutos necesitó Inglaterra para marcar dos goles. Las 97.000 almas que abarrotaban la Catedral rugían ante el desempeño de los suyos. El desconcierto de los brasileños alcanzaba a los más veteranos, a tipos como Nilton y Djalma Santos o Didí, y también a los más inexpertos como Canhoteiro. El extremo izquierdo apareció en la foto del segundo gol inglés. Sucedió cuando Stanley Matthews recogió una pelota cerca de su área y el 11 carioca acudió a la ayuda defensiva. Matthews se las apañó para lanzar el balón descaradamente entre las piernas de Canhoteiro y el pase raso encontró a Jeff Hall que corrió por la banda. La jugada continuó por el costado derecho hasta que el centro al primer palo fue prolongado por Haynes. Finalmente Colin Granger hizo el 2-0 a puerta vacía. Antes, a los tres minutos, Tomy Taylor había inaugurado el marcador.

Aquel caño despertó a Canhoteiro, quien con el marcador adverso se echó el equipo a la espalda. En la primera acometida de la *verdeamarela* el extremo izquierdo se zafó de su defensor, soltó un zapatazo que se estrelló en el poste y llevó el "¡Ooooohhhh!" a la grada. Brasil no se iba a rendir tan fácilmente. La primera parte acabó con ventaja para los locales merced a su arrollador arranque. Pero en la segunda mitad Brasil iba a igualar la contienda en un parpadeo. Paulinho, primero y Didí con un potente disparo (presagio de su famosa *folha* seca) que dobló las manos de Reginald Matthews, pusieron la igualada. Tras el empate llegaron las alternativas y la polémica. Inglaterra gozó de dos penaltis a favor y desaprovechó los dos, ante la indignación brasileña que amenazó con abandonar el campo. Nilton Santos calmó a sus compañeros y Gilmar, con dos grandes intervenciones, detuvo ambos lanzamientos. Pero no pudo hacer nada ante los remates de cabeza de Tommy Taylor y Colin Granger, tras sendos centros laterales. Stanley Matthews, que ese año se alzaría con el primer Balón de Oro otorgado por la revista francesa *France Football*, resultó imparable para los brasileños. Él fue el cerebro de la victoria de los *Pross* por 4-2.

"Al final del choque, Nilton Santos fue lo suficientemente deportivo como para decir: 'Señor Matthews, usted es el rey'", escribió el veterano periodista deportivo británico Norman Giller.

Tanto Flavio Costa como Vicente Feola, que cogió las riendas del combinado brasileño antes del Mundial, contaron con Canhoteiro en las convocatorias previas al Mundial. De hecho en 1957, José Ribamar de Oliveira estuvo presente en los tres acontecimientos deportivos que precedieron a la cita mundialista. Canhoteiro participó en el Campeonato Sudamericano de Lima (antiguo nombre de la Copa América) celebrado entre el 6 de marzo y el 7 de abril de ese mismo año, y en el que la Argentina de los carasucias se impuso en el partido definitivo a Brasil. La *verdeamarela* acudió luego a la Copa Oswaldo Cruz, un torneo que se disputó desde 1950 hasta 1976 entre las federaciones paraguayas y brasileñas para favorecer el intercambio deportivo y la competitividad entre ambos países. Incluso Canhoteiro participó en el último partido amistoso disputado en suelo brasileño justo antes de partir a Suecia. Fue en la victoria por 3-1 frente a Bulgaria en el Pacaembú.

Suecia, una ausencia inexplicable o un alivio

El alumbramiento del *Jogo Bonito* estaba a punto de suceder. Pero las desgracias, prejuicios y derrotas deportivas precedieron ese momento. El Mundial de Suecia 1958 resultó para los brasileños una especie de bisagra psicológica que los catapultó hacia un nuevo tiempo. No solo desterraron los maleficios y el poder de superstición que se habían alimentado tras el Maracanazo (Mundial 1950) y la Batalla de Berna (Mundial 1954), sino que se convencieron por fin de que el fútbol-arte era la esencia de su juego. Y que ese estilo iba a ser el camino más corto para marcar las diferencias con el resto de potencias mundiales en pos de la victoria. Fue el sociólogo y escritor brasileño, Gilberto Freire, y no Pelé (como se cree equivocadamente después de que *O Rei* incluyera el término en su biografía de 1977), quien definió el estilo de Brasil como el del *Jogo Bonito*. Un fútbol basado en la elegancia, la naturalidad, la precisión y el objetivo final de devolver la alegría al pueblo en forma de goles.

Pero para ello Brasil tuvo que romper antes otras barreras. El escritor brasileño Mario Filho había denunciado con su estilo punzante, antes incluso de la celebración del Mundial de 1950, la segregación que sufría el jugador brasileño de raza negra. En aquella época una gran parte de la sociedad brasileña todavía consideraba el fútbol como una actividad exclusiva para las clases de élite, mientras Filho se afanaba en proclamar que el futbolista negro era el que podía llevar la popularización del fútbol en Brasil. La década de los 50 supuso un aperturismo con la inclusión cada vez más habitual del jugador de raza negra, pero todavía quedaban ramalazos de discriminación racial,

representada en la persecución que vivieron futbolistas negros como Barbosa o Bigode, dos de los señalados tras el Maracanazo.

Con ese caldo de cultivo Brasil iba a inaugurar en 1958 "la democracia racial en su fútbol", en palabras de Gilberto Freire. Aunque para ello resultaría indispensable la aportación de Béla Guttmann. Un magiar para enriquecer la samba. La influencia húngara se manifestó en el São Paulo, al que Guttmann guió hacia el campeonato paulista del 57 a partir de su dibujo táctico 4-2-4. Esa fue una de las enseñanzas que Brasil había sacado de la Batalla de Berna en el Mundial anterior. Allí perdieron precisamente frente a Hungría (2-4) en un partido en el que el 3-2-5 de la *canarinha* se vio desbordado por el fútbol total de los magiares. Junto a Béla Guttmann, en el banquillo del São Paulo, el veterano técnico Vicente Feola hacía las veces de ayudante y traductor. Pero meses antes de la cita mundialista, la Confederación Brasileña de Fútbol le encargó el reto de dirigir a Brasil en el Mundial en sustitución de Osvaldo Brandão. Feola, muy influenciado por Guttmann, intentó adaptar el estilo de la selección a un sistema similar al utilizado por el São Paulo y con raíces evidentes en los magiares mágicos. Encuadrado en un grupo con rivales tan duros como la URSS, Austria e Inglaterra, Brasil no se podía permitir un despiste. Y Feola preparó la cita mundialista a conciencia.

Siguiendo los consejos de Guttmann, Feola controló todo lo que tenía que ver con el viaje y la estancia en Suecia. Desde los vuelos a la alimentación, pasando por los lugares de concentración o los estadios. El seleccionador incluyó también un código de conducta para los jugadores, que contaba con 40 puntos y normas tan curiosas como usar sombreros cuando se vistiera de calle, no poder fumar cuando se llevaba puesto el uniforme de la delegación, salir con paraguas a la calle o hablar con la prensa solo en las ruedas de prensa habilitadas para ello. Aunque lo más novedoso para la época fue la incursión en la expedición de un psicólogo que a punto estuvo de privarnos de la magia de Pelé y Garrincha. Peor suerte corrió Canhoteiro.

Porque el extremo izquierdo del São Paulo no se subió al avión en el último momento, después de que Feola lo dejara fuera junto a otros como Zizinho o Julinho. La ausencia de Canhoteiro dividió a la prensa brasileña y supuso toda una decepción en la torcida paulista. No se podían creer que su veloz puntero izquierdo, el mejor regateador brasileño del momento (la explosión de Garrincha estaba por llegar) no estuviera en la lista para el Mundial. "Era el inventor de la doble aceleración y el mundo se privó de verlo", contarían tiempo después las crónicas. Pero en este punto cabe preguntarse si la gloria escapó a Canhoteiro o fue él quien la regateó.

No cabe duda que el estricto régimen interno impuesto por Feola para Suecia'58 chocaba con el estilo de vida y la personalidad de Canhoteiro. Porque el extremo zurdo, un bohemio amante de la noche y la buena música, repitió sus escapadas nocturnas en las concentraciones previas al Mundial. En ocasiones, incluso, para tocar de incógnito con alguna banda. Esas salidas le hacían llegar tarde a los entrenamientos o no rendir al máximo nivel en ellos. Canhoteiro, sin embargo, encontró otra explicación a su desgana en la preparación. Decía el puntero izquierdo que su mejor amigo en la *canarinha* era Djalma Santos, el zaguero encargado de marcarle en los entrenamientos, y que si jugaba a su nivel habitual iba a dejar mal a su amigo, al ser incapaz de robarle un balón. Como no quería que Djalma fuera uno de los sacrificados en la convocatoria de Suecia'58, el delantero no se esforzó en los entrenos. Canhoteiro regateaba hasta para dar explicaciones. Algunos medios de comunicación argumentaron su miedo a volar como el motivo de su ausencia, aunque el jugador se había subido a un avión en otras ocasiones. Y también hubo quien defendió que la situación había sido provocada por el futbolista para el que no estar finalmente en la lista supuso todo un alivio. Un año después del Mundial, con Brasil ya campeón, le preguntaron a Canhoteiro si lamentaba aún más su ausencia. Su respuesta fue un túnel entre las piernas:

> "Dios me hizo un jugador frío y no voy a cambiar".

El caso es que Vicente el Gordo Feola, conocedor de sus vicios y sus miedos, imaginó que esos actos de indisciplina se pudieran repetir en un país tan exótico (para los brasileños) como Suecia y aquello alterara el destino futbolístico de Brasil. Así que relevó al díscolo zurdo por otros dos compatriotas, los teóricos suplentes de Canhoteiro, Pepe, del Santos y Mario Zagallo, del Botafogo. Sobre el césped el entrenador brasileño estaba convencido de desplegar con la *canarinha* el 4-2-4 de los magiares mágicos. Pero Feola también era consciente de que en su plantel no había ningún jugador que pudiera replicar el rol de Zakarías ni de Hidekguti, claves en la interpretación del sistema de los húngaros. Así que Feola eligió a Mario Zagallo para jugar como teórico extremo izquierdo, consciente de que su sacrificio y capacidad de trabajo en el campo le aseguraba tanto la presencia ofensiva como las ayudas

en defensa. El extremo del Botafogo bajaba hasta medio campo para generar la superioridad en esa zona, tener más dominio de balón y alterar el dibujo que pasaba en esos momentos a un 4-3-3. Por su parte, los laterales se proyectaban al ataque tal y como hacían los magiares mágicos para aparecer por sorpresa en zonas ofensivas. La brújula del equipo la llevaba Didí y el tremendo arsenal ofensivo era canalizado a través de Vavá, Altafini, Garrincha y Pelé. Estos dos últimos no hicieron su aparición en el campeonato hasta el tercer partido, cuando los compañeros se rebelaron ante el diagnóstico del psicólogo. Según él no estaban preparados para superar la presión de un Mundial. Feola escuchó más a sus jugadores que al psicólogo y Suecia encumbró a *O Rei*. Brasil abría una nueva dinastía en el fútbol mundial, en la que Canhoteiro no tenía sitio en la corte.

Lesiones, alcohol y mariachis

Pasado el Mundial, Canhoteiro siguió siendo el jugador referencia del São Paulo. Como si quisiera resarcirse de lo vivido, o mejor dicho, de lo perdido, el extremo paulista dio una auténtica exhibición en el último partido del Campeonato Paulista de 1958. Enfrente nada más y nada menos que el Santos de Pelé, que se había proclamado campeón en la jornada anterior. Ese primer año de reinado de Pelé concluía con una visita al Pacaembú y el São Paulo, que ya era subcampeón, le iba a poner las cosas difíciles. Sobre todo Canhoteiro, que se tomó el partido como si de un duelo personal con el nuevo astro del fútbol mundial se tratara. Pelé no rehuyó la pelea y a cada gol de Canhoteiro respondía *O Rei* con otro. El 2-2 definitivo resultó una exhibición de ambos y uno de los partidos más exuberantes del delantero del São Paulo.

Su carrera, sin embargo, iba a dar un vuelco en 1960. Su fútbol comenzó a resentirse de los golpes y las lesiones empezaron a apagar su magia. "Quiero volver a ser el que fui en este campeonato", decía a la *Gazeta Esportiva Ilustrada* en julio de ese año. Para entonces ya había sufrido una grave lesión de rodilla por la que tuvo que pasar por el quirófano. La rotura se produjo tras un choque accidental con el defensa central Olavo. "La rodilla no me preocupa, sé que la recuperación es cuestión de tiempo. Aunque nunca había estado tantos días tumbado en una cama. Estoy cansado de esto, la verdad. El dinero que gano lo gano por jugar al fútbol y lo que quiero es jugar", explicaba en la misma publicación. Llegó a tiempo para el estreno del nuevo estadio de Morumbí frente al

Sporting de Lisboa, inaugurado el 2 de octubre de 1960, pero su nivel nunca volvió a ser el mismo.

Tampoco ayudó el brutal encontronazo que sufrió en 1961 con el defensa Homero, zaguero del Corinthians. El choque le produjo lesiones en el cerebro que terminaron de mermar su desarrollo sobre el terreno de juego. Pese a seguir jugando en el São Paulo en 1962, su estrella estaba ya en franca decadencia y en ningún momento entró en los planes del seleccionador Aymoré Moreira para el Mundial de Chile 1962. Canhoteiro nunca volvió a disputar un partido oficial con Brasil tras su exclusión de la lista del Mundial de Suecia, y solo se puso la camiseta *verdeamarela* tres veces más, la última en septiembre de 1959 en un amistoso frente a Chile.

Así que en 1963 cuando le llegó una suculenta oferta del fútbol mexicano, no se lo pensó y emprendió la aventura azteca. Allí jugó primero en el Deportivo Nacional y luego en el Toluca. Cuando defendió la camiseta escarlata recuperó también otra de sus grandes pasiones, al ingresar en un grupo de mariachis para tocar el violón. El fútbol mexicano era entonces un fútbol menos exigente, de escaso rigor táctico y con mucha menos presión que la que existía en el São Paulo. En la experiencia azteca disfrutó de la vida y del fútbol durante tres años, antes de volver de nuevo a Brasil. Canhoteiro se negó entonces a colgar las botas cumpliendo además los peores presagios de su padre, don Cecilio. ¿Qué iba a hacer si no sabía hacer otra cosa que jugar al fútbol? Preso de ese miedo estiró su carrera y se enroló en el Nacional Atlético Clube de São Paulo. Posteriormente fue traspasado al SAAD de São Caetano do Sul, en el que jugó su última temporada antes de colgar las botas en 1968.

En ese tiempo, el alcohol le había empezado a carcomer por dentro. Fueron amigos suyos y excompañeros los que le ayudaron a conseguir un trabajo providencial en el Banco del Estado de São Paulo, cuando las deudas ya amenazaban con arruinarle. Sin fútbol pero con un pequeño sueldo, malvivió a partir de entonces, hasta que una tarde, la del 13 de agosto de 1974, después de haber comido con amigos una feijoada bien regada con cerveza y *caipirinha*, comenzó a dolerle la cabeza. Antes de volver al banco decidió descansar en casa de su amigo, pero rápidamente se desmayó. Eran los primeros síntomas del derrame cerebral que sufrió. Tres días después y con solo 41 años, moría en el hospital.

José Ribamar de Oliveira, Canhoteiro, es todavía hoy una página agridulce en la historia del fútbol brasileño. Leyenda del São Paulo, emblema del equipo tricolor de mitad de siglo y apenas una línea difuminada en el periplo hacia la gloria de la *canarinha*. Una especie de Garrincha zurdo, genial y vividor, canalla y regateador, músico y futbolista, que jugó 402 partidos con el São Paulo y marcó 104 goles en los 9 años (1954-1963) que defendió su camiseta. Un artículo de lujo, en definitiva, que solo degustaron en Brasil, escondido como una especie en extinción del Amazonas, justo antes de que el fútbol brasileño exportara su talento al resto del planeta. Si alguna vez el fútbol tuvo música, como diría José Antonio Martín Otín "Petón", fue con Canhoteiro.

Un belo drible
Decide o jogo
No grande baile do futebol
Só um artista
Um Canhoteiro
Acende a tarde inventa o sol

Canhoteiro
Fagner y Zeca Baleiro

Canhoteiro posa despreocupado con la pelota ante los fotografos. Temporada 55-56.

EPÍLOGO

LA VICTORIA DE LA DERROTA

Toda derrota alberga en su interior un acto de valentía.

El competidor se expone y se arriesga. A menudo, el batacazo que puede sufrir es mucho más contundente que el premio que soñó. La distancia entre la victoria y la derrota puede medirse en milímetros, pero también en abismos, y nunca deja indiferente. Nadie ha sido jamás ajeno a la derrota, ni siquiera aquellos que creímos invencibles y de los que no recordamos sus caídas. También ellos las sufrieron, sin discusión, aunque el mito y la desmemoria hayan tendido un manto de olvido. El deportista siempre gana algo en la derrota: aprende, experimenta, comprende, se endurece o, simplemente, sobrevive, que no es poco. Cualquiera que sea el grado de sufrimiento padecido, y por extraordinario que sea su talento, el jugador convive con la derrota. Lo hace con desagrado, como el gato que rechaza el agua, pero con la certera percepción de que se trata de una experiencia inevitable.

La derrota es una escuela. En su interior encierra un catálogo de enseñanzas y experiencias que ningún deportista puede interiorizar sin haber catado antes el amargo sabor de la caída, por más que un genio de las victorias como Manel Estiarte nos dijera que siempre prefirió aprender ganando. Pero también él perdió, y de sus derrotas resurgió con más energía para volver a vencer.

La magnitud del deportista se mide en la derrota. Hay de las que paralizan por un instante y de las que liquidan una carrera deportiva. Toda derrota hiere, pero al mismo tiempo, define y calibra. La capacidad de reacción del jugador en la caída nos dice quién y cómo es. Su destino se configura en ellas mucho más que en los triunfos, porque es en las derrotas donde se construyen los siguientes pasos a dar. Si son titubeantes, erráticos y compungidos, quizás nos hallemos ante

un deportista vacilante que no logrará convivir con la cara amarga de esta actividad. Si son difíciles y lentos, pero firmes y continuados, probablemente estemos frente a alguien resuelto a superar cualquier obstáculo que se le oponga. La derrota es la gran unidad de medida del deportista.

Puede ser un reinicio, aunque también puede ser un final. Hay derrotas que te dejan KO y otras que significan un reinicio completo. Hay de las que son el muro contra el que te estrellas y de las que sirven de trampolín. El deportista elige cómo encaja cada derrota y para qué le va a servir en el futuro. Ocurre, sin embargo, que se precisa mucha clarividencia y fuerza interior para pensar en el futuro cuando el presente te acaba de regalar un bofetón colosal y andas malherido por el vestuario, la cabeza gacha, el corazón agujereado por la aguda espada de la derrota.

¿Veneno letal o gasolina estimulante? He ahí el dilema perpetuo del deportista ante la derrota sufrida y su posterior uso. Emplearla para resurgir o usarla como argumento para abandonar. Siempre es así, siempre fue así. La derrota como punto final o la derrota como punto y aparte.

Las victorias están llenas de ilustres perdedores.

Martí Perarnau

AGRADECIMIENTOS

Sin aquella primera llamada de Mauro Medvetkin y sin la posterior, tiempo después, de Alberto Cosín, este libro nunca hubiera existido. Gracias a su confianza y sobre todo a la paciencia que tuvieron conmigo y con mi visión optimista del tiempo.

Han sido varios los maestros en la sombra los que con sus consejos, correcciones, indicaciones y oportunidades también han ido moldeando esta obra. Pero dos destacan por encima del resto. Es un honor y un lujo haber montado un Madrid-Barça entre el prólogo y el epílogo del libro. Gracias, Juanma Trueba. Gracias, Martí Perarnau.

Este libro es mucho más completo gracias a la generosidad y conocimientos de Eduardo Verdú, Camilo Francka, Samuel Okunowo, Oriol Grangou, Luis Fando y Andrés Ramírez.

Y tampoco me puedo olvidar del envoltorio, una maravilla creada por Rafael Vázquez. La portada y contraportada son obra suya.

La última línea es para la familia y amigos que siempre estuvieron ahí cuando arreciaba la marea. Sobre todo tú, Yenthel de la Torre, fantástica surcadora de mares.

SOBRE EL AUTOR

Emmanuel Ramiro Fernández, nacido en 1987 en Guadalupe, Cáceres. Es periodista licenciado por la Universidad Carlos III de Madrid (2010). Posteriormente completó sus estudios con un Máster de radio en la Universidad CEU San Pablo de Madrid. Entre tanto comenzó a forjar una carrera profesional en la que ha pisado diversas redacciones, aunque siempre con las zapatillas puestas, pues el deporte es una de sus grandes pasiones. A lo largo de una década ha trabajado en televisión (La Sexta), radio (Cadena Cope) y prensa escrita (Diario Hoy). Además ha colaborado en medios digitales como Marca Plus o The Tactical Room. En la actualidad trabaja en CMMedia; a la vez, es colaborar en Alacontra.es y en la Revista Guadalupe.

www.ingramcontent.com/pod-product-compliance
Ingram Content Group UK Ltd.
Pitfield, Milton Keynes, MK11 3LW, UK
UKHW021906190726
13853UKWH00002B/537